大予言「歴史の尺度」が示す未来

吉見俊哉
Yoshimi Shunya

a pilot of wisdom

JN177743

目次

編集協力／加藤裕子
図版作成／クリエイティブメッセンジャー

序章　歴史のメガネをかける

（フランス革命やナポレオンの生涯のような）出来事は、それがどんなに目をみはるようなものであっても、流れゆく時の歴史全体ではなく、たかだかその表面を見せているにすぎません。歴史とは出来事の物語に尽きないのです。歴史は特定の人間、特定の個人の尺度ばかりでなく、多くの人々の、すべての人々の、彼らの集合体が成す諸現実の尺度でもあるからです。私は本書〔ブローデルは『世界の尺度としての歴史』を出版する予定であった〕を通じて絶えずこの点に立ち戻るつもりです。（フェルナン・ブローデル『歴史学の野心』三六頁）

一時的ではあるが最高の権限を持った歴史的権力が発生すると、あらゆる種類の現世の生活形式、すなわち国家体制、特権階級、世俗的なもの全体と深くからみ合っている宗教、莫《ばく》大《だい》な資産、完備した社会慣習、特定の法律観がこの権力から生じ、もしくはこの権力と結びつき、時を経るにつれてこうしたものは、自分たちがこの権力の支柱である、それどころか時代の倫理的諸力の唯一可能な担い手であるとさえ考えるようになる。だが精神は休みなく働き続けるもぐらのようなものであり、さらに働き続けてゆく。無論これらの生活形式は変化することに抵抗する。だがどのみち、革命によるのであれ、漸次的腐敗によるのであれ、破綻はやってくる、道徳と宗教の崩壊、世にいわゆる滅亡というもの、それどころか世界の滅亡さえやってくる。こうしている間にも精神は新しいものを築きあげるが、その外側を覆う容器は時とともに同じ運命を辿《たど》ることになるのである。

（ヤーコプ・ブルクハルト『世界史的考察』二〇頁）

混迷の時代と歴史のメガネ

未来が見えない――ブレクジット（イギリスのEU脱退）とトランピズム（トランプ米政権誕生）、深刻な中東情勢とテロリズムの蔓延《まんえん》、拡大する中国とロシア復活、気候変動と巨大災害リスク、アベノミクスと莫大な日本の国家債務、終わりなき少子超高齢化、地方衰退、格差拡大、非正規雇用による職の不安定、過激なネット世論といった時代風景のなかで、今、私たちは底知れぬ不安を抱えて暮らしています。こうした不安は、すでに二〇一一年の東日本大震災と福島原発事故はもちろん、二〇〇八年のリーマン・ショック、二〇〇一年のアメリカ同時多発テロ、さらには一九九五年に阪神・淡路大震災とオウム真理教事件が起き、日本経済のバブルが無惨に崩壊していったあたりから感じられ始めていたことかもしれません。

一九九五年と二〇一一年の二つの大災害の後の時代を、御厨《みくりや》貴《たかし》らに倣って「災後」と総称するなら（『「災後」の文明』）、日本の「戦後」と「災後」は、はっきり異なる様相を呈しています。「戦後」とはすなわち右肩上がりの時代、その「右肩上がり」をこの国の人々がおよそ等しく享受し、その中で浮かれていった時代でした。この時代には、偶然にも大災害は少なく、耳目集める犯罪や若者たちの反乱はあっても、「未来」は望むと望まざるとにかかわらず、すでに用意されていると信じられていました。これに対して「災後」は、そうした「未来」の存在感が著しく不安定になった時代です。長期的な右肩上がりなどもはや望むべくもなく、それどころか人々の生活の安定性も、国家の官僚機構の狡猾《こうかつ》さも、さらにはマスメディアの世論形成力も著しく損なわれ、格差と分断、債務とコンプライアンス、炎上するネット世論の氾濫のなかで私たちの未来ははなはだ脆《もろ》い不安定性のなかにしか存在しないようです。

「戦後」は、たしかに終わったのです。しかし、「災後」はどこに向かっているのでしょうか。私は、この未来を見通すには、「歴史の尺度」が必要だと考えています。そして、二五年、一五〇年、五〇〇年という三つの尺度が、これから本書がみなさんに提案していく尺度です。歴史は二五年単位で変化してきたし、一五〇年単位でも変化してきた。さらには五〇〇年の単位でひとまとまりの大きな歴史を考えることができる。——これが、本書が示す基本テーゼです。

複雑な歴史がこんな単純に、しかも一定間隔で変化し続けるはずがない。社会の複雑性や流動性はどんどん増しているのだから、過去を未来に延長させるのは疑わしい推論でしかない。そう反論したくなる人もいるでしょう。しかし、歴史がまったく不規則に、その都度その都度の出来事の集積として生起してきたと考えるのも怪しい推論なのです。歴史にはきわめて長い時間をかけてしか変わらない構造的な層があるはずです。また、変化も突発的なものだけでなく、比較的長い時間をかけ、しばしば周期的に変化していく層もあります。そうした構造的で周期的な歴史は、過去のみならず未来にも継続的に生起していくはずです。

とはいえ、そうして歴史を継続させ、変化させていく構造的ないしは周期的なメカニズムがどのようなものであるかを特定するのが本書の目的ではありません。このメカニズムの解明をめぐっては、これまでマルクス主義と自由主義、あるいはポスト構造主義といった諸潮流で数々の論争がたたかわされてきました。私が本書で試みるのは、そうした歴史に内在する変化の原因解明ではなく、歴史の持続や変化を測定・考察していく際の基本単位、つまり歴史の尺度の検討です。これはいわば歴史を理解し、未来を見通していくためのメガネです。二五年というメガネは、比較的近くを見るためのメガネです。五〇〇年というのは、ずっと遠くを見るためのメガネです。そうした遠近のメガネを組み合わせることで、個人や集団、ローカルな世代単位の歴史とグローバルな近代世界史を結んでいくことが可能になるはずです。

大きな未来と小さな未来

今、二五年の尺度は比較的近くを見るものだと述べましたが、実をいうとそれほど「近く」ではないかもしれません。今日の私たちの時間感覚からすれば、「二五年」は十分に長いと感じられるでしょう。私たちは現在、多くの場合に数カ月から一年、せいぜい三年、五年といった単位で目標を定め、生活を送っています。そこからすると、二五年は多くの人の人生のおよそ三分の一ですから、十分に長いのです。戦後でいえば一九四五年から七〇年までの二五年、七〇年から九五年までの二五年、そして九五年以降という三つの二五年単位の歴史が流れてきました。人の人生でいえば、生まれてから成年に達するまで、あるいは結婚してから子どもがひとり立ちしていくまでの長さで、日常語的には「半生」という言葉の語感に近いでしょう。

したがって、私が本書で提示するのは、いずれにしてもかなり長い単位での「歴史の尺度」です。換言するなら、遠くから歴史を見通すメガネだとも言えます。近くから歴史を見るのと、遠くから歴史を見るのでどちらが有益か――これは、もちろん愚問です。カルロ・ギンズブルグのミクロストリアを持ち出すまでもなく、近くの歴史を微細な次元まで掘り下げていく記述の魅力は明らかで、これは容易な作業ではありません。他方で非常に長い時間にわたって起きたことを遠くまで見通していく歴史の魅力も大きく、もちろんこれも容易な作業ではありません。過去についてはその通りですが、未来についてはどうでしょうか。

大雑把に言うならば、未来の予測や予言が最も難しいのは、近くと遠くの中間、数年から十数年の範囲の近くも遠くもない出来事です。もちろん二〇一六年の米大統領選のように、世界の未来にとって重大な出来事でありながら、一日前でも予測困難だった例もありますから、近い未来が予測容易だとは必ずしも言えません。しかし、数年から十数年の範囲にある出来事を予測するのはかなり困難であるのに対し、三〇年、五〇年、一〇〇年後の未来となってしまうと、抽象度が一段上がることで、むしろ見通しが良くなります。森に入り込んで抜け道を見つけるのは至難の業ですが、離れたところから山々の稜線《りょうせん》を眺め、その形状から地域の地勢を把握するのはもう少し容易です。個々の出来事がどんな帰趨《きすう》になるかは予言できませんが、歴史の大きな流れがどちらに向かっているかは、ある程度は予言可能だということです。

鬼面人を嚇《おど》すかの本書のタイトルは、そのような意味での「大」予言です。つまり、「小」予言は「大」予言よりも容易だとは言えず、「中」予言は明らかに「小」予言や「大」予言よりも困難です。なぜならば、数年から十数年の単位の歴史では、個人の力量や政治のドラマティックな動きが歴史に作用する可能性が高いからです。二〇一六年の米大統領選で選ばれたのが誰であったかは、今後十数年の世界の歴史に大きく影響を及ぼすでしょう。しかし、三〇年、五〇年のより大きな尺度の歴史における影響は限定的です。未来を出来事の歴史の延長線上にではなく、「集合体が成す諸現実」の構造的な変動として把握していくには、「小予言」や「中予言」よりも「大予言」のほうが取り組むべき課題であるように思われます。

未来を予測することの彼岸

それにしても、歴史を分節し、未来を予言するというのはいかなる行為なのでしょう。このように問うのは、法則定立的な自然科学と個性記述的な人文科学の対立という、よく知られた一九世紀末以来の「理系」と「文系」の認識論的関係にここで眼を向けておきたいからです。拙著『「文系学部廃止」の衝撃』ですでに詳論したところですが、一九世紀を通じ、産業革命と並行して自然科学や工学が大発展を遂げていくなかで、「文系」の知、とりわけ人文科学系の知の存在意義が問われていました。自然科学的な知とは自然の秩序のなかに法則を発見し、それを新しい技術や治療法に応用していく知です。つまり、そうした何らかの法則は未来に対しても作用しますから、その次元での未来予測が精密に可能になるわけです。

ところが人間社会や歴史、文化を相手にする「文系」の知では、自然科学と同様の意味での法則性が成り立つことは稀《まれ》です。本書で紹介するマルサスの原理は、そうしたなかでは数少ない法則性に近い原理と言えるかもしれませんが、人文社会科学の醍醐味《だいごみ》は、あらゆるところにマルサス的な原理を発見することにあるのではなく、一定の環境条件下で個人や集団、それぞれの社会がいかに自らを環境に適応させ、同時に環境条件を変化させてきたのかを洞察していくことにあります。つまり、一般的な法則性よりも一つひとつの歴史的実践のなかで生み出される価値や意味、自己についての革新がテーマとなるのです。そのようなわけですから、一九世紀末から二〇世紀にかけて、マックス・ウェーバーをはじめ新カント学派の人々は、法則定立的な自然科学に対して個性記述的な人文科学の役割を明らかにしていこうとしました。

しかし、二〇世紀の人文社会科学は、法則定立的な知と画然と袂《たもと》を分かったということはなく、経済学や人口学、さらに政治学や社会学でもたびたび法則性に近いものが探究されてきました。そして当然、法則定立的な知であれば、どの分野でも未来に起こることの予測と結びついてきたのです。しかし、経済や人口のように変数を一元的に指標化できる分野はともかく、政治や社会、文化を扱おうとすれば、それらの全体性が何らかの法則性に包摂されることなどあり得ません。歴史を無理にそうした法則性で説明しようとすれば、多くの場合、その論述は形式的で空疎なものになります。したがって、人口や経済については法則に従い未来を予測することが有益だとしても、政治や社会、文化を含めた過去の歴史の総体とそれらの未来との関係は、自然科学的な意味での「予測」とは異なる地平で構想されるべきなのです。

しかし、科学的な「予測」とは異なる仕方で未来を語るのは、いかなる方法で可能なのでしょうか。たとえば若林幹夫は『未来の社会学』で、「予言」と「予測」の違いを明快に整理しました。今日の私たちの語感では、予言とは「人間の理性を超えた存在や摂理、具体的には神や悪魔や精霊の意思や働き、世界のすべてをつかさどるとされる法や摂理を読み解いたり、占術の手続きによって占ったり、啓示を受けたり、いわゆる第六感を働かせたりすることによって、これから起こることを予《あらかじ》め知り、言葉にすること」です。これに対して予測は、「科学的知識や常識的な知にもとづく合理的推論や計算によって」、未来に起こりうることの蓋然性を推定します（『未来の社会学』六二〜六三頁）。「予言」は、超越的で非科学的な根拠により未来を断定的に語るもので、「予測」は経験的で科学的な根拠に基づき未来の蓋然性を語るものです。したがって、近代以前の時代に溢《あふ》れていた諸々の「予言」は、近代化のなかで「予測」に駆逐されてきたのです。今日では、「予言」には何やら秘教的な、怪しげな語感がつきまといます。

しかし、若林が示したように、「科学的な根拠と論理にもとづく推論であるか否かによって予言と予測を区別するのは、近代的理性に依《よ》って立つ時にのみ妥当な区別」です。近代的世界観とは異なり、古代や中世の世界像のなかにいた人々にとっては、予言を成り立たせる「力や摂理や存在について考え、それについて探究したり、その啓示を受けたり、前兆を読み取ったりすることは、その社会において一定の合理性をもっていた」のです（同書、六六〜六七頁）。

したがって、「予言」が「予測」から区別される真のポイントは、それが「非科学的なこと」ではありません。そうではなく、この予言という行為のなかに、古代から一貫して決定論と主体性の根源的な拮抗《きっこう》が内在し、それが問われ続けてきたことにあるのです。予言はしばしば、断定的な口調で未来が決定論的な必然性に支配されていると主張します。しかし、古代のプトレマイオスですら、人間が必要な手を加えるならば予言された運命は生じないと考えていました。一方の「決定論や運命論と、それを前提にしたうえである程度の人間の主体的選択の意味や効果を認める立場が、『占い』や『予言』の前提をなして」（同書、六九頁）きたのです。まさにこの運命と主体的選択の間で演じられる劇的なる衝突こそ、古代においては『オイディプス王』の、近世にあっては『マクベス』のテーマでした。逆に言えば、「予言」という言語行為を息づかせてきた思考は、『オイディプス王』から『マクベス』までの演劇的世界像を成り立たせてきた地平に通じます。近代の科学的世界像は、客体的秩序についての法則的な予測と主体の自由意志を分離することで、こうした演劇的拮抗の力を弱めました。

ブルクハルトは、すでに未来を予知することの逆説に自覚的でした。彼は、「未来を知ることは望ましいとは言えない」と主張します。彼からすれば、「予知された未来とは愚にもつかぬたわごと」です。そもそも未来の予知では、その未来に過度に期待したり、それを怖れたりする私たちの反応が、逆に未来を別方向に導いてしまいます。つまり、「われわれの願望、希望そして危惧の念によって認識が誤謬《ごびゅう》におちいる」のです。しかも、様々な潜勢力、すなわち社会が意識する地平には上ってこない力の蠢《うごめ》きを、多くの場合、私たちは知りません。ところがその地平線下からの潜勢力（『マクベス』におけるバーナムの森）の作用こそが、私たちの未来を導いているのです。ブルクハルトは、人類が未来を切り開いていく「意欲と努力は、個人や国民が『盲目的に』、ということは、すなわち己れ自身のために、己れの内面的諸力のつき動かすままに生き、そして行動する場合にしか完全にその実が発揮されることはない」と論じました（『世界史的考察』三〇〜三一頁）。いわば予知の不在が、未来の実現を可能にするのです。

私が本書を、大「予測」ではなく大「予言」という書名にあえてしたのは、このような歴史の必然と主体の企図との果てしない葛藤に留意したいからに他なりません。本書が目指しているのは、大きな未来についての大胆な「予測」ではないのです。そうではなく、未来についての歴史的思考を可能にする条件を本書は示そうとしています。『オイディプス王』であれ『マクベス』であれ、予言の決定論と人間の主体的営為の間の葛藤の「あらすじ」は様々ですが、それらはすべて悲劇の劇作法に従って演じられていきます。つまり、悲劇には悲劇のドラマトゥルギーが存在するのです。本書が注目するのは、個々の出来事の連なりとしての歴史の「あらすじ」ではなく、そのような歴史の「ドラマトゥルギー」の基本単位です。ケネス・バークに倣って歴史も未来も語られ、書かれる言説行為なのだと考えると、まさにその言説行為の劇作法、過去のドラマも未来のドラマもくっきりとした相貌をもって浮かび上がることを可能にする尺度について考えていきたいのです。

冒頭の二つの引用に立ち戻るならば、ブルクハルトが独仏の両列強に挟まれた小国バーゼルの地で、後に『世界史的考察』にまとめられる連続講義をしたのは、普墺戦争や普仏戦争がプロイセンの大勝利に終わり、第二帝政が崩壊へ向かっていく一八七〇年前後の激動の時代でした。他方、ブローデルの未刊の書となった『世界の尺度としての歴史』の草稿が書かれたのは、第二次大戦末期、彼がドイツ軍の捕虜になっていたときです。（獄中から）「リュシアン・フェーヴルに定期的に送られたノートのうち、ブローデルは一冊しか保存しなかった」（『歴史学の野心』一四頁）のですが、その唯一のノートとして残されたのが、同書の草稿だったそうです。

二つの文章が誕生した時点には、約七五年の開きがありますが、誕生の状況が似ていることに驚かされます。拡張するドイツ帝国の圧力を周縁から痛いほど感じながら、「休みなく働き続けるもぐら」としての歴史の潜勢力について二人は考えています。このような巨人たちに倣うのははなはだ僭越《せんえつ》ですが、ブローデルのノートから約七五年後、ブルクハルトの講義から約一五〇年後の今、私は「歴史の尺度」についてのこの一冊を世に送ります。

第一章　二五年単位説

——一八四五年から二〇二〇年まで

1　歴史の尺度――その効用と限界

「年代」と「世代」――一〇年単位の歴史

歴史は二五年（quarter-century）ごとに変化してきた。これが、本書で私が主張しようとしている第一のテーゼです。この第一テーゼ、「二五年単位」の歴史を説明する前に、私たちが歴史を解釈する時に使う様々な「歴史の尺度」について検証してみたいと思います。

なかでも一〇年（decade）単位で歴史を区切る「年代」は最もよく使われる尺度です。一九六〇年代、七〇年代、八〇年代といったそれぞれの年代についての固有のイメージは広く共有されています。たとえば一九六〇年代と聞いてまず思い浮かぶイメージは、六〇年安保、所得倍増、高度成長、一九六四年の東京オリンピック、あるいはベトナム反戦運動や大学紛争といったものです。一九六〇年代とは戦後日本が高度経済成長を謳歌《おうか》した時代であり、またその一〇年間の後半には成長の様々な矛盾が噴出していきました。六〇年代の中核を成すイメージは、「日本が高度成長を突き進んだ疾風怒濤《どとう》の時代」といったものでしょう。

ここで付け加えておきたいのは、こうした「年代」のイメージが「世代」のイメージと結びつけられてきたことです。たとえば、六〇年代は「団塊の世代」、つまり一九四六年から五〇年前後にかけて生まれた「ベビーブーム」世代と結びつけられてきました。この世代が大学生になるのが六〇年代後半で、その大きな世代的な塊が、六〇年代末の大学紛争の担い手となったのです。つまり、「団塊の世代」は「全共闘世代」に転化したというイメージです。誰だって一〇代後半から二〇代前半にかけては人生で最も多感な時代です。そこで、ある時代に起きた社会的事象とその時に二〇歳前後だった世代層が結びつけられていくのです。

さて、一九七〇年代になると時代の様相は変化を見せます。一九七〇年の大阪万博に始まる七〇年代は、その直後にあさま山荘事件、経済面ではオイルショックと続きますが、日本はこのオイルショックを乗り越えながら「豊かな」社会を実現し、やがて広告やパルコ文化が一世を風靡《ふうび》する時代が到来します。したがって七〇年代は、消費社会に変容していく八〇年代以降の日本に繋《つな》がる転換期だったわけです。

六〇年代が「団塊の世代」と結びついていたのに対し、七〇年代と結びついたのは、「しらけ世代」「モラトリアム世代」と呼ばれた一九五〇年代後半に生まれた人々でした。一九五七年生まれである私自身もその一人ですが、もう少し後になると田中康夫の小説『なんとなく、クリスタル』の流行を反映して「なんクリ世代」という言葉も生まれます。一九七六年に大学に入った私自身の学生時代を振り返っても、私より三年くらい前、つまり七三年くらいまでに入学した一九五〇年代前半生まれの世代は、大学に入った時にはもう「紛争」という政治劇が終わってしまっていた「遅れて来た世代」であるという意識を強烈に持っていたのですが、私たち、つまり五〇年代後半生まれの世代からそれが急速に薄らいで、むしろどうせもう世の中は変わらないのだから文化を楽しんでいこうという意識に変化していました。一九七〇年代後半は、消費社会のなかで時代が止まっている感覚が広がっていた時代でした。

七〇年代に起こり始めた消費社会への変化が全面展開するのが一九八〇年代です。その象徴的な出来事が一九八三年の東京ディズニーランド開園で、八〇年代後半に日本は一挙にバブル経済に突入します。多幸症的とも言える豊かな消費社会を大勢の日本人が享受し、その繁栄がずっと続くという幻想を抱いていた時代、それが八〇年代でした。また、八〇年代は中曽根政権によって国鉄民営化をはじめとする民活路線が推進され、ネオリベラリズムの影響が日本にも及び始めた時期と重なっています。そして、こうした時代イメージと結びついたのが、「新人類」「バブル世代」と名づけられた、一九六〇年代後半生まれの世代でした。彼らは八〇年代後半に若者となり、消費社会の主役となっていきました。

しかし、そのようなバブルの時代も、八〇年代末には変化の予兆を見せるようになります。一九八八年から八九年にかけての昭和天皇の危篤から死去までの一連の出来事、そして一九八八年に始まったリクルート事件は、まさに時代が転換する兆しだったと言えるでしょう。

そして、一九九〇年代のイメージは、八〇年代とはガラリと変わります。バブル経済は九〇年代初頭まで続くのですが、その後急速にバブルは崩壊、政治においても大きな転換が相次ぎ、海外では冷戦終結に続いて一九九一年にはソ連の消滅という歴史的出来事がありました。国内では、長い間日本の基本的政治体制だった五五年体制が崩れ、細川護熙《もりひろ》政権が誕生しますが、

表1-1　年代と世代の対応

年代	世代の呼称
1960年代	団塊の世代、ベビーブーム世代、 全共闘世代（1946～1950年前後生まれ）
1970年代	しらけ世代、モラトリアム世代、 なんクリ世代、オタク世代 （1950年代後半～1960年代前半生まれ）
1980年代	新人類、バブル世代（1960年代後半生まれ）
1990年代	氷河期世代、失われた世代、 団塊ジュニア世代（1970年代生まれ）

各呼称の生まれの年代には諸説あるが、一般的なものを採用した。

野党となった自民党は長年対立していた社会党と連立することで政権を奪取します。そのような大きな変化が相次いで起こり、さらにグローバル化の波が徐々に本格的に押し寄せるなかで、一九九五年、二つの決定的な事件が起こります。言うまでもなく、一月の阪神・淡路大震災、そしてやがてオウム真理教事件へと発展していく、三月の地下鉄サリン事件です。この二つの出来事が起こる前と後とで、人々の意識は明らかに変化したと言えるでしょう。

そうした激動の九〇年代のイメージは、九〇年代半ば以降のバブル崩壊後の風景と重なります。それは、しばしば「失われた世代」「氷河期世代」と呼ばれる一九七〇年代生まれの団塊ジュニアたちと結びつけられます。彼らは六〇年代を先導した「団塊の世代」の子世代に当たるのですが、「失われた世代」という呼び名が示すように、日本社会が経済的に厳しい時代に入っていく九〇年代半ば以降に成人し、その後の就職活動で様々な困難を経験していくのです。

「年代」という尺度の限界

一〇年単位で歴史を区切る「年代」という尺度は、私たちが現代史を見ていく際の常套《じょうとう》手段になっています。しかし、時代は本当に一〇年で区切ることができるのでしょうか。たしかにこの尺度は、一九九〇年代頃までを解釈するにはそれなりに説得力があります。しかし、二〇〇〇年代以降は経済の長期低落傾向が続き、九〇年代のイメージが引き継がれたまま現在に至っています。二〇〇〇年代、それに続く二〇一〇年代には、郵政民営化、民主党政権成立、東日本大震災、アベノミクスといった大きな時代の変化が次々と起こってきたのですが、それらと一〇年単位の年代とは、あまりもう結びつかなくなっています。

それだけではありません。先ほど一九六〇年代を「高度成長を突き進んだ疾風怒濤の時代」と呼びましたが、高度成長に向かう流れはすでに一九五〇年代後半から始まっていました。政府の『経済白書』が「もはや戦後ではない」と宣言したのは一九五六年です。一九五五年から五七年にかけての「神武《じんむ》景気」、五八年から六一年にかけての「岩戸景気」と好景気が続き、冷蔵庫、洗濯機、白黒テレビの三つの家電製品が「三種の神器」と呼ばれ人々に消費の夢を語っていきました。一九五八年の東京タワー完成、五九年の皇太子成婚パレードと、世の中は一気に明るい方向に向かっていたのです。そうした意味では、一九六〇年代の高度成長はすでに五〇年代後半に始まっていたと言えるでしょう。ですから、一九五〇年代と六〇年代の二つを合わせて「成長の時代」として一括《ひとくく》りにするほうが歴史の理解としては適切です。

同様に、一九八〇年代に消費社会として全面化する多くの現象はすでに七〇年代に各地で起こり始めていましたから、この二つをやはり一括りにして「豊かさの時代」と位置づけることができるでしょう。そして、九〇年代半ばに始まった日本の衰退は九〇年代だけに収まらず、二〇〇〇年代、二〇一〇年代になっても続いており、それはつまり、日本の経済や社会が後退し、危機に向かっていく数十年にも及ぶ時代の大きな流れを示唆しています。

「一九二〇年代」という両義性

一〇年単位の「年代」という尺度の限界は、戦前の歴史に関しても当てはまります。「年代」で議論されてきた戦前の代表例は、一九二〇年代と三〇年代です。実際、この二つの年代の一般的なイメージは対照的です。まず、一九二〇年代のイメージは、都市生活やモダニズム、様々な新しいメディアが花開いた「明るいモダニズムの時代」というものです。他方、一九三〇年代は「暗いファシズムの時代」として理解されることが多く、一九二〇年代から三〇年代に転換する過程で解放から抑圧への逆転が起こったと捉えられがちです。この一九二〇年代から三〇年代の逆転は、消費や豊かさや解放感を謳歌する時代から暗く抑圧的な時代に変化していく「時代の暗転」のメタファーとしてよく使われます。実際、一九六〇年代から七〇年代の変化、あるいは一九八〇年代から九〇年代の変化、そして二〇一〇年代の現在を、一九二〇年代から三〇年代の転換に対比させる議論がしばしば見られます。

しかし、一九二〇年代と一九三〇年代を詳細に見ていくと、それほど単純な話ではないことに気づくでしょう。事実、「一九二〇年代＝明るいモダニズム」と「一九三〇年代＝暗いファシズム」というステレオタイプとは矛盾する多くの時代様相が、一九九〇年代頃から盛んに論じられるようになりました。その代表的な研究である山之内靖らの「総力戦体制」論では、二〇年代は三〇年代や四〇年代のファシズム体制、さらには戦後の高度経済成長へと続く総力戦体制が形成されてくる重要な時期です。つまり、二〇年代に形成された「国家的規模で高度な資源動員を達成する能力を備え、かつ、社会工学的なデザイン能力を身につけた行政官僚制の整備」(『総力戦体制』三三六頁)が三〇年代に明確なかたちで構築されていき、戦後の占領期を経て、高度経済成長の日本を用意したのです。この見方では、二〇年代と三〇年代は非連続ではなく連続的で、その連続性にこそ注目すべきだ、ということになります。

一九二〇年代を「解放」の時代と捉えるにせよ、あるいは戦中から戦後に至る「総力戦体制」の形成期として見るにせよ、一九二〇年代はその一〇年だけで区切られるのではなく、その前後の時代とオーバーラップしています。一方で、「解放」の時代はすでに一九〇〇年代初頭の日露戦争直後から始まっており、新興ブルジョワジーの意識、デモクラシーやマルクス主義などの思想潮流、マスメディア、生活の合理化、個人主義など、人々の意識の転換の訪れと呼べるような新しい経済的・社会的・文化的動向が大都市から溢れ出るように生じていました。また、それが一九三〇年代の開始とともに終わってしまったわけでもなく、少なくとも三〇年代半ばまでは、映画からカフェまで都会的なモダニズムの隆盛は続いていました。他方、戦時体制に向かう動きはすでに二〇年代初頭から始まっており、それが「一五年戦争」、つまり一九三一年の満州事変以降のなし崩し的な戦争への突入へと続いて一九四五年に破局を迎えるわけですから、私たちは少なくとも一九四五年までの連続性を考えることができます。

おそらく一九二〇年代の最も妥当な位置づけは、日露戦争後の都会的モダニズムが広がっていくプロセスとアジア太平洋戦争のカタストロフに至るプロセスが重なり合う転形期だったというものです。つまり、日清と日露の二つの戦争で日本はアジアに広がる帝国になっていったのですが、その結果、本土の都市部では経済的豊かさが実現されていく。他方、それと同時並行的にアジアでの泥沼の戦争に向かっていった。二〇世紀初頭の日本を特徴づけるこの二つの動きが一九二〇年代には顕著に重なっていたのです。

たしかに一九二〇年代には、一九二三年の関東大震災、大正から昭和への改元、一九二七年の昭和金融恐慌、そして一九二九年の世界恐慌と、いくつか時代の画期をなす出来事がありました。ですから時代の区切りという意味では、これらのどれかで時代を区切ることは可能です。

しかし、同時に私は、二〇年代以前との、または以後との、それぞれ二十数年の連続性が重なる時期としてこの時代を捉えるのが有益だと考えています。

このように考えていくと、一〇年単位の尺度である「年代」で歴史を捉えることが本当に有効なのかがかなり怪しくなってきます。一〇年は歴史が動くには短すぎ、むしろ二〇年以上の時間が必要なのです。すでに示したように、私たちが一九六〇年代とか、一九二〇年代とかいった括りでなんとなく抱いている時代の様相は、むしろ一九五〇年代から六〇年代へ、あるいは一九二〇年代から三〇年代へというように、二〇年以上のもう少し長いスパンで見ていったほうがより的確に把握していくことができるのです。

元号、あるいは四〇～六〇年単位の歴史

一〇年単位の「年代」とは別に、私たちはよく「元号」で時代を区分します。「明治」「大正」「昭和」「平成」という言葉から喚起される時代イメージも、一般に流布しています。しかし、この「元号」による時代区分が広く受容されてきた一つの背景は、明治天皇と昭和天皇という、歴史の変動に大きなかかわりをもった二人の天皇の存在があったからではないでしょうか。明治維新から日露戦争に至る時代は明治天皇のイメージと分かちがたく結びついてきましたし、満州事変から敗戦までの一五年間の戦争と戦後の平和と復興という対照的な時代の記憶が昭和天皇と結びつけられてきました。これらに対し、「大正」も「平成」も、「明治」

や「昭和」ほどの存在感は持ってはいません。そして「明治」以前、すなわち「嘉永」「安政」「万延」「文久」「元治」「慶応」といった元号になると、天皇の在位と対応しておらず、一つひとつが二年から七年と短いので、歴史の尺度としては明らかに不適切です。

したがって、元号で歴史を括るといっても、像が明瞭なのは「明治」と「昭和」だけです。このうち「昭和」は、最初の二〇年とそれ以降ではまったく異なりますから、そのどちらに重点を置くかで「昭和」の像は全然違ったものになります。当たり前のことですが、そもそも天皇の即位から死去までの個人史で国家や社会の歴史を区切ることなどできないのです。

ただ、このような無理を逆手に取った議論もあります。たとえば短命だった「大正」は、長く「明治」と「昭和」に挟まれて影が薄い時代と見られてきました。しかし、戦後、南博と彼の社会心理研究所は、この時代に社会の前面に躍り出た都会的モダニズムと消費文化を「大正文化」として規定し、「大正」が歴史を捉える発見的な枠組になることを示しました（『大正文化』）。南らの研究は、「明治」の「文明」に対して「大正」の「文化」という対立軸を明快に示し、そのような意味での「大正」は、日露戦争後に始まり、昭和に入っても一九三〇年代前半までは続いていたという視点を提供したのでした。

ただし、一九六五年に発表された南らの「大正」把握に対しては、その後、「大正は民衆の側からのさまざまな階級闘争が激化した時代であった」と論じた松尾尊兊《たかよし》『大正デモクラシー』（一九七四年）や、大正デモクラシーへの農村的反響に着目した鹿野《かの》政直の『大正デモクラシーの底流』(一九七三年)など、都市中産階級文化に回収できない時代把握の必要性が提起されてきました。「大正」とは一九一〇年代から二〇年代にかけての世界史的激動の時代であり、それは一方では都会的モダニズムと消費文化の時代だったのですが、他方では階級闘争や都市と農村の衝突が激化していった時代で、その両面の把握が必要なのです。

また、「一九六一年は大正五〇年」というユニークな視点で「大正」からの連続性を捉えたのは桑原武夫でした。たまたま天皇が短命だったので大正は一五年(一九二六年)で尽きましたが、大正期に浮上した都市化やモダン生活、経済的な豊かさの文化は、戦争を挟んで戦後に復活し、高度成長期に社会の全域に行き渡っていくのです。そうした意味で、「長い明治、短い大正」という一般的通念とは異なり、大正期は、やがて「大正五〇年」と呼べるような時代に至る長期の変化の始まりだったのです。

「大正五十年」と題する桑原の文章が発表されたのは一九六二年ですから、大正についての議論のなかではかなり早い時期のものです。当時、一九六八年を「明治一〇〇年」として祝う議論が活発化していました。日露戦争によって「明治文明の任務」は終わり、大正文化はそこからの反省として出発したとする桑原は、「大正」の「明治」からの切断を要求します。「明治」はいわば近代国家形成の時代だったのですが、大正以降、私たちは国家形成よりも近代社会形成の段階に入っていくのであり、「国家」と「社会」は同じではないのです。ですから、「満州事変も太平洋戦争も、そして戦後の私たちの生活も、みな大正という基盤の上に、それに規制されつつ生じた」と述べる桑原のエッセイは、顧みられなかった「大正」からの新たな歴史観を提起することで、「明治一〇〇年」論への有効な批判となっていたのです。

生前退位で生じる「平成の終わり」の意味

ちょっと脱線しますが、昨今、今上天皇が生前退位の希望を表明し、その実現についての議論が進められています。準備期間を考えると、おそらく五年以内に生前退位が実現する確率は小さくないでしょう。そうなれば、平成は二〇二〇年前後で終わります。桑原武夫の「大正五十年」という発想を発展させるなら、高度経済成長の段階までと、それが全面展開した後で「昭和」を分け、前者を「大正」に、後者を「平成」に組み込んでしまうこともできるかもしれません。その場合、「平成」は一九七〇年前後から二〇二〇年頃までの約半世紀続いたことになります。そしてこの半世紀は、日本の近代化が飽和状態に達し、すべてが消費社会化するなかで、近代的価値観が徐々に空洞化していった時代として特徴づけられるでしょう。

このような歴史観に立つならば、なんと「昭和」が消えるのです。およそ五〇年ずつの「長い明治」と「長い大正」と「長い平成」があったことになります。まず、「長い明治」の始まりは、幕末のペリー来航です。「黒船」という強烈な外圧は、徳川幕府瓦解へと時代の流れを一気に進め、日本が近代へと駆け出す決定的転換点になります。この近代日本の疾走は、その次の転換点である日露戦争まで続きます。

ですから一八五三年のペリー来航から一九〇四年の日露開戦までの半世紀が「長い明治」です。日露戦争は「長い明治」の終わり、つまり「長い大正」の始まりでした。「長い大正」は、日露戦争で日本がアジアの帝国として認められたことをもって始まり、一九六〇年代の高度経済成長期まで続きます。一九四五年の敗戦を跨《また》いで連続性を認めるのには抵抗感もありますが、とにかくこの歴史観では、「長い大正」の半世紀が「経済成長」の時代です。やがて成長の時代が終わり、その後が「長い平成」になるわけですが、高度成長が曲がり角に来る一九七〇年頃から、今上天皇が生前退位するだろう二〇二〇年頃までの半世紀がその時期に当たります。

幕末から半世紀ごとに「長い明治」「長い大正」「長い平成」という三つの時代があったと考えるなら、「長い明治」は日本の近代国民国家体制形成の時代です。ここにおいて、日本は資本主義と帝国主義のグローバルな体制に呑《の》み込まれ、やがて東アジアの帝国になっていきます。そして、この「長い明治」で作られた基礎の上に立って「経済成長」と「豊かな社会」を実現するのが「長い大正」です。さらに「長い平成」は、「長い大正」の成長が終わり、その飽和点としての少産少死の消費社会において未来を模索する時代です。

明らかに、この時代把握には利点と欠点があります。最大の利点は、近代日本の歴史を大まかに一八五〇年頃から一九〇五年頃まで（長い明治）、一九〇五年頃から七〇年頃まで（長い大正）、七〇年頃から二〇二〇年頃まで（長い平成）という約五〇〜六五年のおよそ半世紀単位で区切って説得力のある展望を示せることです。他方、最大の欠陥は、この時代把握では一九四五年という歴史の転換点が曖昧《あいまい》になってしまうことです。一九四五年、つまりアジア太平洋戦争における壊滅的な敗北が、人々の意識がはっきり変化した歴史の断層だったことをおろそかにはできません。戦前と戦後の構造的な連続性を認めるとしても、歴史の区分として一九四五年という大きな転換点を考慮しないのは、やはり無理があるように思います。

加えて、「長い大正」や「長い平成」が伸縮自在なら、歴史の尺度として「元号も捨てたもんじゃない」となるかもしれませんが、やはり「元号」の伸び縮みには限度があります。一定の節度をもって「元号」を利用する限り、歴史の変動と「元号」という個人の人生に依存した区分はどうにも辻褄《つじつま》が合わなくなってしまうのです。天皇の即位と死去で歴史を区切ることに必然性がないにもかかわらず、無理やり歴史の流れに合わせて「始まり」と「終わり」を調整するために、恣《し》意《い》的な解釈が介在していきます。「大正五〇年」という議論は興味深いものですが、あまりに便法的な「元号」の適用という印象は拭えません。

さらに、「元号」という尺度がそもそもどのような作用を内包しているのかを認識する必要もあります。藤田省三は「昭和とは何か」で、「昭和五〇年」は戦後処理において天皇制廃止や昭和天皇退位をめぐる十分な検討がなされなかった結果であると論じました。かつて何か事件が起これば改元されていた「元号」が明治以降「一代一元号」となったことにより、「元号」は「現行天皇がまだ生きているということの信号に過ぎなくなった。交通信号のような存命信号というのが日本中に一つだけ出来て、一人の人間の存命信号によって全国民のカレンダーや従って時間感覚が決定されるようになった」（『精神史的考察』二〇七～二〇八頁）というのです。「元号」という時代区分はイデオロギー的作用を内包しており、それを無自覚に使っていると、私たちの日常意識は天皇制的枠組から外に出られなくなってしまいます。「元号」は、単なる歴史の尺度でなく、ある種の呪縛装置として機能するのです。

「世紀」という尺度――「長い一九世紀」と「短い二〇世紀」

さて、もう少し長い尺度で歴史を見るには、「世紀」（century）という一〇〇年単位の見方があります。しばしば一九世紀は「近代」、二〇世紀は「現代」と呼ばれ、一般にはこの「近代」から「現代」への転換は第一次世界大戦で生じたとされます。ところが第一次大戦が起きた一九一四年はすでに二〇世紀に入っていますから、「一九世紀＝近代」と「二〇世紀＝現代」という構図からのズレが生じてしまいます。

先ほどの「長い明治」や「長い大正」と似た発想で、このズレを補正することは可能です。こうした補正の最も著名な例はエリック・ホブズボームの議論です。彼は、「長い一九世紀」と「短い二〇世紀」という表現を用いました。「長い一九世紀」とは、フランス革命が起こった一七八九年から第一次世界大戦が始まった一九一四年までの約一二五年間、つまり「革命」に始まり「戦争」に終わる一二五年間です。これが言葉の厳密な意味での「近代」で、市民革命、国民国家、産業革命、労働運動、帝国主義、技術革新、消費文化といったような近代社会の諸傾向が西欧社会において一挙に実現されていった時代でした。

ホブズボームはさらにこの一二五年間を、約三〇年ないし約六〇年単位で三つの期間に区切ります。第一期が一七八九年から一八四八年までの六〇年間です。この時代は「革命の時代」で、この「革命」は「産業革命」であるとともに「市民革命」でした。第二期は一八四八年から七五年までで、ホブズボームはこれを「資本の時代」と呼びました。フランスではナポレオン三世治下のパリでオスマン男爵による大規模な都市再開発が進められ、イギリスに端を発した鉄道建設のブームが世界各国に広がっていった時代でした。

そして第三期は一八七五年から一九一四年までです。ホブズボームはこれを「帝国の時代」と名づけました。この時代にアジアとアフリカは欧米列強により徹底的に植民地化されていきました。ここでのホブズボームの慧眼《けいがん》は、西欧を中心とした全世界の近代化において、「資本の時代」が「帝国の時代」に先行したこと、つまり産業革命の発展に基づく商品のグローバルな流通は、やがて欧米列強に主導された徹底的な世界の植民地化をもたらしたこと、そのようにして資本主義が帝国主義を招来していく過程を精密に描き出していったことでした。資本の世界化は軍事的・政治的権力のグローバルな覇権と切り離すことができないのです。

一九世紀が長くなれば、当然ながら二〇世紀は短くなります。こうしてホブズボームは、「長い一九世紀」に続く「短い二〇世紀」が第一次世界大戦後に始まると考えました。そして、この「短い二〇世紀」も、だいたい三つの時期に分けることが可能です。第一は、第一次世界大戦から第二次世界大戦終結までの両大戦期で、一九一四年から一九四五年までです。ホブズボームはこの時代を「破局の時代」と呼びます。世界戦争が連続的に起きたこの時代は、まさに世界が破滅に向かって止まらなくなっていった時代でした。

そして、一九四五年の大破局の後に来るのが「黄金の時代」です。一九四五年から一九七三年までのこの時期は、軍事的には東西冷戦期でしたが、経済的には世界全体が右肩上がりで、各地でアメリカ的な生活様式が普及していきます。ところが一九七三年以降、世界の経済は反転します。欧米諸国では景気停滞が続き、冷戦体制も不安定性を増幅させながら溶解していきます。まだ冷戦期にありましたが、経済的には難しくなっていくこの時代を、ホブズボームは「危機の時代」と呼びました。七〇年代にはオイルショック、変動相場制移行、米中国交回復といった出来事が起こり、やがてレーガンやサッチャーの新自由主義が始まります。

「長い二〇世紀」とアメリカナイゼーション

今日、ホブズボームの「長い一九世紀」と「短い二〇世紀」という図式は現代史の理解として標準的なものですが、いくつかの異なる視点も提出されています。たとえばジョヴァンニ・アリギは、二〇世紀もまた長かったのだと考えました。その著『長い20世紀』で彼は、二〇世紀を「アメリカの世紀」として捉え、それは一八七〇年代から九〇年代にかけて始まり、二〇〇〇年代以降もしばらくは継続すると考えました。

アリギは後述するウォーラーステインの議論を前提に、一五世紀以来の、五〇〇年以上にわたる資本主義の歴史が一五〇〜二五〇年程度の周期をもった四つの波動的プロセスから成り立ってきたと考えます。彼が資本蓄積の「システム・サイクル」と呼ぶこの四つの波動は、最初がジェノヴァ、次がオランダ、三番目がイギリス、四番目がアメリカのサイクルです。

この資本主義の長期的な「波動＝サイクル」についての考え方は、第三章以降で詳しく論じるつもりですが、「長い二〇世紀」はこの「アメリカのサイクル」とぴったり重なります。そしてこの「長い二〇世紀」の最初の半世紀は、ホブズボームのいう「長い一九世紀」の最後の半世紀と重なり、それまで覇権国家だったイギリスの衰退期です。

一八七〇年代以降、イギリスはヨーロッパで勢力均衡の支配権を失い始め、続いて世界でもそうした力を失っていきます。そしてこのイギリス中心の一九世紀的資本主義の綻《ほころ》びのなかから、アメリカが新たなる覇権国家として擡頭《たいとう》するのです。その覇権の萌芽《ほうが》はすでに一八七〇年代から認められ、第一次世界大戦後までにははっきりと確立していました。

アリギはこのアメリカの覇権時代である「長い二〇世紀」が、他の「長い一世紀」、すなわち「長い一六世紀」（ジェノヴァの世紀）や「長い一七世紀」（オランダの世紀）、「長い一九世紀」（イギリスの世紀）と同じように、「登場」「全面拡大」「交代」の三つの局面から成り立っているとしました。すなわち、新しい「長い世紀」の主役登場は、古い「長い世紀」の主役が金融拡大、すなわちそれまで貿易で出してきた資本の余剰を金融に転化させていくようになった頃から始まります。ちょうど今日、中国やインドの産業が欧米資本の投資を受けて発展しているように、一八七〇年代以降のアメリカも、不況にあえぐイギリスをはじめとするヨーロッパの余剰資本の受け皿となることで発展の地歩を築いていきました。

そしてこれに、第一次世界大戦後から一九七〇年頃までの全面的な発展期が続くのですが、この時期にアメリカは、世界を相手に生産を拡大し、全世界から利益を得ていく体制を確立しました。そして最後の交代期になると、アメリカ自体が新自由主義の潮流のなかで自身の余剰資本を金融商品に転化させていきます。一九八〇年代以降に生じたこのアメリカの金融拡大、すなわちグローバルな金融経済に依存した覇権維持は、二〇〇八年のリーマン・ショックに象徴されたように、やがてアメリカの資本蓄積体制に終末的危機をもたらしていきます。

アリギは、こうした「アメリカの二〇世紀」を動かしてきた主要な力の一つは、取引費用の内部化、つまり個々の企業単位で行われていた取引が単一組織に垂直統合されて内部化されることで取引費用が削減されていったことだと指摘します。そうした企業体では、最初の原材料の調達から最後の製品の販売までの一連のプロセスが効率的に垂直統合されます。そのような巨大企業体の出現により、自由競争を基盤としたイギリス型資本主義から、アメリカ型の組織化された資本主義への転換が生じたのです。実際、一九世紀末のアメリカでは、不況期を逆にバネにしながら広告業者や通信販売業、チェーンストアなどの量販業が大発展します。この意味で一九世紀末のシアーズ・ローバックから二一世紀のアマゾンまでを連続的な発展として理解すべきなのです。アリギは、このような新しい資本主義の仕組みが一九世紀末のアメリカで形成され、それと表裏をなす技術革新が起こったと論じています。

「長い二〇世紀」は、日本でも帝国主義の連続性という観点から木畑洋一により提案されています。木畑はホブズボームの「長い一九世紀／短い二〇世紀」が、ヨーロッパを中心にした歴史把握になっていると批判し、むしろ二〇世紀は、第一次世界大戦に至る以前、一八七〇年代に本格化する帝国主義列強による世界分割、とりわけそれが最も苛烈《かれつ》に進んだアフリカ分割をもって始まったと主張したのです。西欧列強にロシア、アメリカ、そして日本を加えた国々が世界を分割し、やがてその帝国主義諸国が領土を争って二つの悲惨な世界大戦を招き、その戦後には多くの植民地の独立によりある程度、帝国主義の支配体制からの脱却が進んでいった時代として、「長い二〇世紀」を捉えることができるのです。

一九九〇年代初頭のソ連崩壊は、社会主義崩壊という以上に、アメリカ以外では最後の強大な「陸の帝国」だった「ソ連＝ロシア」から多くの半植民地が独立していった過程として理解できます。今日でもチェチェンやウクライナの問題が続いており、ロシアは帝国主義国家という面を残存させていますし、アメリカの世界的覇権には帝国主義的側面が含まれるのですが、それでも一九九〇年代以降、歴史の流れはポスト帝国主義の時代へと向かってきました。

それにしても、「一九世紀」が長くなったり短くなったり、あるいは「二〇世紀」が短くなったり長くなったりするというのは、何を意味しているのでしょうか。この伸縮のポイントは、

表1-2　19世紀と20世紀の時代区分

エリック・ホブズボームによる区分

長い19世紀	1789〜1914年	革命・資本・帝国の時代
短い20世紀	1914〜1990年頃	破局・黄金・危機の時代

ジョヴァンニ・アリギによる区分

長い19世紀	1776〜1914年	イギリスの世紀
長い20世紀	1870年代〜21世紀?	アメリカの世紀

一八七〇年代から一九一〇年代までの理解で、もしも世紀が排他的な尺度ならば、どちらかが長くなれば、もう片方は短くなります。他方でどの見解も、一八七〇年以前を一九世紀に属させることと、一九一四年以降を二〇世紀に属させることでは一致しています。

つまり、一九世紀がヨーロッパ中心の産業革命と帝国的拡大の時代であり、二〇世紀はヨーロッパが後退し、アメリカが世界的覇権を確立していく時代であると考えるのは同じです。その上で、ヨーロッパの覇権が第一次世界大戦直前まで維持されていたことを重視するならば、一九世紀が一九一四年頃まで続いたことになり、アメリカの覇権システムがすでに一九世紀から用意され始めていたことを重視するなら、二〇世紀がすでに一九世紀の終わり近くで始まっていたことになり、さらに欧米を中心とする列強によって植民地化されていった世界の側からするならば、遅くとも一八七〇年代には二〇世紀が始まっていたことになります。結果的に、「長い一九世紀」論はどちらかというと一九世紀と二〇世紀の断絶を、「長い二〇世紀」論はむしろ一九世紀的な帝国主義から二〇世紀的な冷戦への連続性を強調することになります。

しかし、このような二者択一はあくまで「一九世紀」と「二〇世紀」の重なりを認めない立場からのもので、もしも一八七〇年代から一九一〇年代までについて「一九世紀」と「二〇世紀」の重なりを認めるならば、ほとんどの不一致は解消されてしまうでしょう。

2　二五年単位で歴史を数える――一八四五年から二〇二〇年までの日本

「二五年単位」という歴史の尺度

以上のように、一〇年単位の「年代」、天皇の在位と対応した「元号」、一〇〇年単位の「世紀」のいずれもが、「帯に短し襷《たすき》に長し」と言うべきか、歴史の尺度としての難点を持っています。まず「年代」ですが、歴史の尺度としては短すぎます。時代的な風潮を印象的に述べるのには使えても、一〇年単位の長さでは歴史は変化してきていないのです。

次に「元号」は、あまりに恣意的な区分です。天皇の在位期間と時代の大きな変化の対応は、明治期のように近代国家が構築されていった時代には存在したかもしれませんが、大正以降、真二つに時代が分かれてしまった昭和も含めてそれほど強くはありません。

最後に、歴史の流れを「世紀」の単位で大摑《おおづか》みにするのは私たちに最もなじみ深い方法ですが、いささかこの単位は大きすぎます。現実とのズレを補正するために、「世紀」を数十年単位で長くしたり、短くしたりすることが必要になります。そして実は、長くなったり短くなったりしてきたのは一九世紀や二〇世紀だけでなく、一六世紀や一七世紀もそうなのです。

序章で引用したフェルナン・ブローデルは、「長い一六世紀」について論じていました。この場合、「長い一六世紀」とは、一四七〇年頃に始まり、一六二〇年頃に終わっていく、およそ一五〇年の世界史的時間です。そしてこの一五〇年の持続をより構造的に捉えるために、いくつかの区分が入れられていくのです。ホブズボームの議論でも、「長い一九世紀」だけでは「長すぎる」ので、これを約三〇年ないしは約六〇年の単位に区切る必要がありました。「短い二〇世紀」も、一九一四年から四五年まで、一九四五年から七三年までというように約三〇年ごとに区切られています。つまりホブズボームは、「世紀」よりももう少し短い単位としては「約三〇年」という単位を採用していたことになります。

「歴史の尺度」とは歴史の補助線です。たとえば図形の証明問題を解くような時、補助線を一本引くだけで難しいと思っていた問題がすっかり簡単になる経験は誰でもしたことがあるでしょう。歴史の大きな流れの理解を助け、未来を想像可能なものにするために、歴史の補助線が必要なのです。そのような尺度で歴史を眺め直すことにより、過去がそれまでとは違ったものとして見えてきて、未来も見通していけるようになる、そのような歴史の補助線です。

私は、この歴史の補助線が約二五年（四半世紀）であると考えています。

「戦前」と「戦後」の区切りはどこにあるか

二五年単位で歴史を見るには、まず「出発点」を定めなければなりません。設定方法によっていくつかの出発点が可能だと思いますが、やはり近代日本、そして世界の歴史の流れにとって、第二次世界大戦が終結した一九四五年が大きな区切りであることは否定できません。

しかし、一九四五年を出発点にして二五年単位で歴史を見る前に、「戦前」と「戦後」の区切りは本当に一九四五年だけだったのかについて問うておく必要があります。というのも、一九四五年八月に日本は「終戦」を迎えました。しかし、「終戦」と「敗戦」は同じではありません。日本本土の「終戦」は公式には一九四五年八月一五日になるのですが、日本の「敗戦」はそのずっと以前から始まっていました。もちろん、日米両国の軍事力と経済力の差を考えれば、日本が必ず負けることは開戦前から予測可能で、日米の戦争は最初から日本の敗戦だったとも言えるのですが、実際の戦闘でそのことが明白になったのは一九四二年半ば以降です。一九四二年六月のミッドウェー海戦で、日本軍は戦争の主導権を完全に失いました。さらに、それ以降の南太平洋海戦で大量の航空機を失い、もはやまともに戦える状態ではなくなった。つまり、一九四二年の終わり頃には、すでに日本の敗戦が確実なものとなっていました。

それにもかかわらず、日本という国は、一九四五年八月に天皇が「終戦」をオーソライズするまでの三年近く、負けるとわかっている絶望的な戦争を続けました。引き際の決断がいつも遅く、しかも誰も責任を取ろうとしないのがこの国の特徴です。それが最悪のかたちで出たのがアジア太平洋戦争だったわけで、一九四三年のガダルカナル撤退、アッツ島玉砕、キスカ島撤退、四四年にはテニアン島、グアム島、レイテ島での日本軍の玉砕と、実に多くの命が残酷に失われていきました。一九四五年八月よりも一年半ほど前、四四年の前半のどこかでなぜ結末がわかっていたはずの戦争を止められなかったのかは今も問われるべきです。一九四四年に全面降伏していれば、東京大空襲も、沖縄本島での悲惨な戦闘も、広島と長崎の原爆もありませんでした。日本は植民地をすべて失ったでしょうが、一〇〇万人以上の命が救われたはずです。

しかし、実際には誰も始まってしまった戦争を止める決断ができず、戦場では兵士たちが次々に玉砕していき、戦局は悪化の一途を辿ります。一九四四年秋には制空権も失われ、米軍機は日本列島上空を自由自在に動き回り始めます。そうした状況の下、米軍は日本列島の詳細な航空写真を撮影し、それを元にして作られた精確な日本列島の模型を使って出撃する飛行士たちに爆撃のシミュレーションを行わせていきます。日本の諸都市はまるで米空軍の爆撃演習場であるかのように、なすすべもなく次々に空爆に襲われていったのです。

アジアの「終戦」は一九七〇年代

以上のことから、「敗戦」は一九四五年八月に突然生じたのではなく、その数年前から「大日本帝国」の各地で生じていたことを確認しておきたいと思います。その一方で、「終戦」は一九四五年にはまだ必ずしも、日本がそれまで支配していた地域で生じていなかったとも考えられます。というのも、アジア太平洋戦争の戦地となった朝鮮半島、中国大陸、東南アジアでは、一九四五年八月以降も準戦争状態が続いていきました。

まず朝鮮半島では、一九五〇年から五三年にかけて朝鮮戦争が勃発《ぼっぱつ》し、その後、半島は南北に分断されました。北朝鮮では未《いま》だに軍事独裁政権が続いており、戦争は今もまだ終わっていないと言えるでしょう。また東南アジアでは、一九六〇年代にベトナム戦争へのアメリカの本格的な介入が始まり、七三年にニクソン政権が米軍を全面撤退させるまで、泥沼の戦争状態が続きました。こうしたアジアをめぐる一九四五年以降の状況は、第二次世界大戦の結果、日本の侵略主義的な植民地支配が突如として消え、その後の秩序が形成されないまま東西冷戦のなかにアジアの諸地域が巻き込まれていった結果と言えます。

しかし、これらのアジア各地で継続された戦争も、一九七〇年代のどこかの時点でようやく終結していきます。韓国の朴正熙《パクチョンヒ》軍事独裁体制が終わるのは一九七九年、その後は八〇年代を通じて韓国は民主化への道を辿っていきます。台湾でも、蔣介石《しょうかいせき》の軍事独裁体制は七五年の彼の死とともに民主化の方向に変化していきます。そして中国でも、一九七〇年代半ばまで吹き荒れていた文化大革命の時代が終わり、七八年には鄧小平《とうしょうへい》が「改革開放」政策を打ち出すことで大きく国家の方向性を転換させます。東南アジアでは、米軍がベトナムから撤退した一九七三年以降もカンボジアでは動乱が続き、ポル・ポトによる大虐殺もありましたが、それらも七〇年代末には収束し、アジア全域が経済発展に向かっていくのです。

したがって、日本の「終戦」は一九四五年でも、その日本に侵略されていたアジアの「終戦」は一九七〇年代です。その間には二五年以上の開きがありますが、まさにその期間は戦後日本が高度経済成長を謳歌していた時代でした。それでもアジアの多くの国々は、四半世紀から半世紀の遅れで日本を後追いするようにやがて経済発展の道へ向かっていくのです。したがって、日本の「終戦」は一九四五年、韓国や台湾、東南アジア諸国の「終戦」は七〇年代という時間の差がありつつも、戦後日本が経済発展に向かった一九六〇年代と相似的な状況が、八〇年代の韓国や台湾、二〇〇〇年代の中国で生じていったのです。

振り返るなら二〇世紀後半から二一世紀にかけて、日本、韓国、台湾、中国、東南アジアでは、文化的な基盤や歴史的な背景の類似性もあり、数十年の時差をもって似た現象が生じていきます。そして後述するように、この時差をもった相似性は、この時代のこれらの国々の人口構造からある程度は説明可能な事象でした。

「大量の死の時代」から「大量の生の時代」へ

これらの留意点を踏まえつつも、それでも一九四五年が歴史の大きな断層で、世界が「崩壊」から「再生」へと向かう決定的な転回点であったことは確かです。何よりも一九四五年という年の特徴は、この年の八月を境にして、「大量の死の時代」が終わることでしょう。

実際、一九四二年以降、日本軍は相次ぐ敗戦で膨大な戦死者を出し、四五年だけでも東京大空襲で約一〇万人、沖縄戦で約二〇万人、広島の原爆で約二五万人、長崎の原爆で約七万五〇〇〇人というようにとてつもない数の人々が死んでいます。東日本大震災直後の死者が約一万六〇〇〇〇人であったことを考えると、当時の日本人はまさに巨大な死の時代を経験していたのです。なかでも広島と長崎の原爆投下による大量殺戮《さつりく》は、一般市民を標的とした核兵器の使用が人道に対する重大な侵害であったと同時に、大戦中に進行した「大量死の時代」の最後の災禍でした。そしてこれを最後に、第二次世界大戦の「死の時代」は終わります。

「大量の死の時代」が去った後にやって来たのは、「大量の生の時代」でした。終戦とともに戦地にいた兵士が帰還し、一九四六年からベビーブームが始まります。この反転は、もちろん日本だけで起こったのではなく、欧米諸国でも同じように生じていました。つまり、一九四〇年代後半は、戦勝国と敗戦国を問わず欧米と日本でベビーブームが起こり、それがこれらの国々の一九五〇年代から六〇年代にかけての経済を人口学的に枠づけていったのです。

結果として、当時の欧米や日本には、「未だかつてないほど若い社会」が出現してきます。六〇年代の若者たちの反乱はこの人口学的な若さと不可分でしたが、同様の「大量の生の時代」が台湾に訪れるのは五〇年代前半、それが韓国に訪れるのは朝鮮戦争後の五〇年代後半で、日本との間に約一〇年の時差があります。さらにそうした流れは八〇年代後半にはベトナム戦争の動乱が収まった東南アジアにまで及び、それらの国々でもベビーブームが生じていきます。ですから一九四〇年代後半から八〇年代後半までの約四〇年の幅で、断続的にアジア各地を「大量の生の時代」が訪れていったのです。

「戦後」という時代をアジア全域で特徴づけてきたのは、アジア太平洋戦争からベトナム戦争、そしてポル・ポトの大虐殺までの「大量の死の時代」の後にやって来た「大量の生の時代」、つまり空前のベビーブームと、それに支えられた高度経済成長という経験の共通性です。この「大量の死」から「大量の生」への転換は、日本や欧米では一九四〇年代後半、他の近隣アジア諸国では五〇年代、さらに東南アジアまでを含めれば一九七〇年代から八〇年代にかけて生じたことになりますから、国によって二五年という幅での歴史の変化を数え始める「出発点」の設定は同じではありません。本書でこれから論じていくことも、韓国の場合は若干の補正、東南アジアや中国の場合にはもう少し大幅な補正が必要でしょう。

復興・繁栄・危機の七五年——戦後日本と二五年説

では、いよいよここまで述べてきたことを前提に、時代の大きな転換点としての一九四五年を出発点に、二五年単位で戦後の、それから戦前の歴史を見ていくことにしましょう。

① 一九四五～一九七〇年——復興と成長の二五年

まず、一九四五年に二五年を足してみましょう。一九四五＋二五＝一九七〇です。先にお話ししたように、六〇年代の高度成長に向かう諸々の動きはすでに五〇年代後半に始まっていました。戦争が終わり、占領期も半ばを過ぎると朝鮮戦争が勃発し、日本はそこで生じた特需で復興のきっかけを摑みます。一九五〇年代半ばには「復興」の実感が広がり始めており、やがて家電製品や自家用車の需要が伸びていくなかで高度成長に突き進んでいくのです。こうして迎えた一九七〇年は、もちろん「万博」の年です。大阪万博については、『博覧会の政治学』や『万博と戦後日本』（原題『万博幻想』）で詳論したのでここでは触れません。大阪万博の会場には、人類的な理念の実現を標榜《ひょうぼう》していた知識人や芸術家たちの企図を圧倒する仕方で日本全国から大観客が押し寄せ、「成長」がもたらしてくれた「豊かさ」を祝福しました。大阪万博は、そのようにして戦後日本が経済成長の果実を祝福した祭典として記憶されていきます。ですから、この一九七〇年の経験に向かっていった一九四五年からの二五年間は、「戦後復興と経済成長の二五年」と名づけることができるでしょう。

しかし、この右肩上がりの二五年間がやがて屈折していくとの予感は、一九六〇年代末にははっきり現れ始めていました。水俣病の発病は一九五〇年代から続発しており、多数の死者も出ていました。しかし、新潟水俣病の患者たちが昭和電工を相手取って訴訟を起こしたのは一九六七年のことです。これに続いて六九年には、被害が最も深刻だった熊本水俣病の患者たちもチッソを被告として訴訟を起こします。人々は、社会総がかりでの「経済成長」の追求が重大なリスクを抱え込んでいることにようやく気づき始めるのです。

他方、一九六〇年代末は大学紛争やいくつかのショッキングな犯罪事件が多発した時代でした。一連の大学紛争のクライマックスとして、東京大学の安田講堂を占拠した学生と機動隊の攻防戦が繰り広げられたのは一九六九年一月のことです。同じ頃、日本大学を中心とする神田周辺の私立大学生たちは、「神田カルチェラタン闘争」と称して神保町からお茶の水にかけての路上を占拠し、投石で機動隊と衝突していました。

このように東京都心が学生たちの反乱で騒然となる約一年前、在日韓国人金嬉老《キムヒロ》がライフル銃を持って泊り客を人質に寸又峡温泉《すまたきょう》の旅館に立て籠もり、これをメディアがセンセーショナルに取り上げる事件が起きていました。また、大学紛争の最中、青森県から出てきた少年永山則夫は、横須賀のアメリカ海軍基地から盗んだ拳銃によって行きずりの相手を次々に射殺する事件を起こしていました。さらに、大阪万博に世の中が浮かれ騒いでいた一九七〇年頃、一方では赤軍派がよど号ハイジャック事件を起こし、他方で三島由紀夫が自衛隊市ヶ谷総監部に立て籠もって割腹自殺を遂げる事件を起こしています。

一九六〇年代末から七〇年にかけてのこれらの紛争や事件の多発は、「復興と成長の二五年」がすでにその臨界に達していたこと、社会の内部から、そのまま同じ方向に進み続けることが不可能になるような異議申し立ての声があがり始めていたことを示しています。

②　一九七〇～一九九五年――豊かさと安定の二五年

一九七〇年代以降、時代は「復興と成長の二五年」から「豊かさと安定の二五年」へと屈折していきました。一九七〇年から数年間で、日本を取り巻く国際情勢には大きな変化が生じました。一九七一年八月、ドルと金の交換が停止され（ニクソン・ショック）、四五年以来続いたブレトン・ウッズ体制が崩壊します。世界貿易が変動相場制へ移行することになったのです。

同時にニクソン米大統領は一九七二年二月に訪中し、米中は国交回復に向かいました。これに先立ち、一九七一年に中華人民共和国の国連加盟が認められたのも大きな変化でした。ニクソン大統領の後を追うかのように七二年九月には田中角栄首相が訪中し、日中国交回復が実現していきます。日本は中国から贈られたパンダブームに沸き、対中感情は今では考えられないほど良好なものになっていました。こうした一方で七三年三月には、米軍がベトナムから撤退し、東南アジア情勢は転機を迎えます。米中国交回復と米軍のベトナムからの撤退は相互に関連しており、アメリカの対アジア戦略の大きな変化を示していました。

そしてそのような国際戦略上の変化のなかで、一九七二年に沖縄が日本に返還されたのです。米中関係が改善されてくると、アメリカのアジア戦略のなかでの最前線基地としての沖縄の役割は相対的には低くなります。逆もまた真なりで、米中が緊張度を高めていくと、沖縄の米軍基地はより強い軍事的意味合いを帯びてくることになります。

一九七〇年代初頭に起きたもう一つの劇的な変化は、一九七三年一〇月に勃発した第四次中東戦争を契機に発生したオイルショックでした。このとき、石油輸出国機構（ＯＰＥＣ）加盟のペルシャ湾岸産油国が団結し、原油生産を段階的に削減しつつ原油価格を大幅に引き上げることに成功したのです。これにより産油国とその石油を消費する先進国の力関係が変化し、それまで安い原油価格の上に成立してきた世界経済秩序が転換を余儀なくされていきます。

日本経済の立場からすれば、変動相場制への移行をもたらしたニクソン・ショックと石油価格の大幅値上げとなるオイルショックはダブルパンチでした。ところがその後、日本の産業界はこれらの「ショック」がもたらすダメージを効率化や省エネ化で克服していきます。

こうして、当時は同時代の国際情勢の変化に適応しきれなかったように見えた欧米の経済が七〇年代以降、好況から不況へ、拡張期から収縮期へと反転していくなかで、日本だけはそれなりの「安定成長」を維持し、やがて八〇年代には「ジャパン・アズ・ナンバーワン」と称揚されるような経済的絶頂期を迎えていくことになるのです。

③　一九九五〜二〇二〇年――衰退と不安の二五年

一九七〇年代に始まる「豊かさと安定の時代」は約二五年間、すなわち一九七〇＋二五＝一九九五年頃まで続きます。しかし、一九九五年前後を境として、日本社会は再び大きな曲がり角を迎え、それまでの安定期とは決定的に異なる歴史の奔流に呑み込まれていくのです。

国内に目を向けるなら、一九九三年の衆議院選で自民・社会両党が敗北し、日本新党の細川護熙政権が誕生、戦後約五〇年間続いた五五年体制が崩壊しました。そして九五年一月一七日、淡路島北部を震源にマグニチュード七・三の地震が発生し、神戸をはじめ兵庫県南部に壊滅的な被害をもたらします。戦後長らく安定期にあった日本列島周辺の地震源は、再び活動期に入ったのです。地震の揺れは、広範囲で震度五〜六、阪神間では震度七を記録し、死者・行方不明者は六〇〇〇人を超え、二〇一一年に東日本大震災が起こるまでは関東大震災以来最悪の大震災でした。地震直後、神戸市を中心に道路、鉄道、電気、水道、ガス、電話などライフラインは寸断されて機能しなくなり、多くのビルやマンション、病院などは広範囲で倒壊し、木造住宅密集地域はまるで一九四五年の大空襲を思い起こさせる火の海となりました。

そして、日本中がまだ大震災の衝撃の中にあった同年三月二〇日、今度は東京都心でさらに深く人々を震撼《しんかん》させる事件が発生しました。オウム真理教信徒による地下鉄サリン事件です。東京都心を走る複数の地下鉄車内で神経ガスのサリンが散布され、乗客や駅員ら一三人が死亡、六〇〇〇人以上が重軽傷を負いました。事件から二日後、警視庁は、山梨県上九一色村の教団本部施設への強制捜査を実施し、施設からサリン等の化学兵器製造設備が発見されます。この強制捜査から五月一六日の教祖の麻原彰晃《しようこう》の逮捕までの約二カ月、日本社会全体が、この特異な教団への不可解な感情で異様な興奮に包まれていったのです。

阪神・淡路大震災とオウム真理教事件という、一九九五年に生じた二つの大事件は、ほぼ同時期に深刻化していったバブル崩壊と重なり、日本社会の意識を一気に不安のなかに陥れていきました。その頃までに、金融機関やゼネコン、住宅金融専門会社などで、バブル期に野放図に行われていた貸し付けが大量に不良債権化する事態が生じていました。不況は一九九一年頃から徐々に本格化の様相を見せ始め、大規模な金融緩和・財政刺激策にもかかわらず不良債権は急増し続けていたのです。地価と株価の急激かつ大幅な下落は、大手金融資本さえも不良債権処理が困難な状態に陥らせ、銀行や証券会社の破綻の連鎖を生み出していきました。

一九九二年以降、東洋信金、コスモ証券、木津信組の破綻が続き、九七年、三洋証券、北海道拓殖銀行、そしてついに山一證券までが破綻するに及び、日本経済はどん底の状態となります。同じ頃、タイや韓国でも経済危機が生じており、日本経済の深刻な落ち込みは、アジア経済の混迷に拍車をかけることにもなりました。

このようにして一九九〇年代半ば以降、八〇年代には称揚された日本的経営や「ジャパン・アズ・ナンバーワン」の多幸症的な掛け声は消え失《う》せて、「破綻」「危機」「崩壊」「敗戦」などの喘《あえ》ぎ声《ごえ》が社会の表面を覆うようになっていきました。やがて、この時代は「失われた一〇年」と総称されていきますが、実際には二〇〇〇年代半ばを過ぎても経済的な行き詰まりはさほど改善されなかったので、やがて「失われた一〇年」は「失われた二〇年」に延長されました。

こうして一九九五年以降の日本は、「衰退と不安の時代」のなかにいます。この状態がいつ頃まで続くのかと言えば、おそらく一九九五+二五=二〇二〇で、二度目の東京オリンピックが開催される二〇二〇年頃まででです。現在の日本と世界が抱えている数々の問題が、二〇二〇年前後で再び露呈し、私たちはさらに厳しい未来に直面することになるかもしれません。

危機・開化・富国・破滅の一〇〇年――戦前日本と二五年説

さて、それでは今度は、再び一九四五年を転換点としつつ、そこから二五年単位で過去に向けて遡りながら、近代日本の歴史を捉え返してみることにしましょう。

① 一九二〇～一九四五年――経済恐慌と戦争の二五年

そこでまず、一九四五年から二五年を引いてみます。一九四五－二五＝一九二〇ですから、一九二〇年前後から四五年までが一塊の歴史として捉えられるはずです。実際、一九一九年にパリ講和会議が開かれ、ヨーロッパを荒廃させた第一次世界大戦が終結します。

しかし同年、ソビエトを中心に第三インターナショナルが設立され、イタリアではムッソリーニがファシスト党を結成し、インドではガンジーが不服従・非暴力運動を開始し、中華民国では五・四運動が広がり、朝鮮半島では三・一独立運動が高揚していきますから、世界は鎮静化に向かうよりもより大きな体制の革新に向けた動きが各地で活発化しつつありました。

日本でも、翌一九二一年に原敬《たかし》首相が東京駅で暗殺され、時代は大正デモクラシーと労働運動の時代からテロと統制の時代へと反転し始めます。そして一九二三年、関東大震災が発生すると、憲兵隊や自警団は首都周辺にいた朝鮮人の虐殺に手を染めていきます。このようなファシズムに向かう時代風潮は、やがて一九三一年の満州事変、三二年の五・一五事件、三六年の二・二六事件へと繋がっていくのです。

経済面でも、第一次世界大戦中の好景気は終わりを告げ、一九二〇年には株価が大暴落して戦後初の恐慌が起こります。この恐慌で茂木商店や鈴木商店などの戦時中に羽振りの良かった新興資本が痛手を受け、他方で三井、三菱、住友、安田などの財閥は相対的に安定していたので産業の独占化が進みました。経済的な行き詰まりはその後も打開されず、関東大震災による機能麻痺《まひ》が産業界を襲い、震災復興のために発行された震災手形も不良債権化します。

さらに二七年、中小銀行で取り付け騒ぎが発生し、ついに鈴木商店は倒産、昭和金融恐慌となりました。加えて、一九二九年に世界恐慌が起きると影響は日本にも及び、日本経済は危機的な状況から抜け出せなくなり、関心を対外的な拡張に向けていきます。つまり、約一〇年に及ぶ経済的行き詰まり（一九二〇年代の「失われた一〇年」）は、日本が満州事変から日中戦争へと絶望的な戦争に突き進んでいくことになった容赦なき背景でした。

歴史の困難に直面し、アメリカはニューディールという新機軸を生み出しますが、日本でもヨーロッパでも、自由を圧殺していく全体主義の潮流が強まっていきました。

②一八九五～一九二〇年――帝国主義列強化と階級闘争の二五年

一九二〇年からさらに二五年を引くと、一九二〇－二五＝一八九五で、一八九五年になります。一八九五年は日清戦争の年です。正確には、日清戦争はその前年の夏に勃発し、日本軍は朝鮮半島と遼東《りょうとう》半島を占領し、九五年四月に下関で講和条約が締結されました。その後、いわゆる三国干渉によって遼東半島は返還することになりますが、日本は清から割譲された台湾を植民地化するとともに、朝鮮半島に対して帝国的覇権を及ぼし、一九一〇年には日韓併合を強行します。他方、一九〇四年から〇五年にかけての日露戦争で辛くも勝利した日本は南満州への覇権を確保して樺太《からふと》の一部を領土化したので、一八九五年から一九一〇年までの一五年間で、日本列島と琉球《りゅうきゅう》、台湾、朝鮮半島、北海道から樺太の一部までを支配する東アジアの帝国主義国家「大日本帝国」が形成されていきました。一八九五年からの二五年間は、近代日本が周辺諸国を侵略し、急成長する帝国主義国家になっていった決定的な期間です。

他方、経済・社会面では、この時期は日本の資本主義と労働運動の発展期でもありました。一八九〇年代から一九〇〇年代にかけて、紡績業をはじめとする軽工業や軍需産業が大発展し、農村から供給される膨大な労働力を吸収していきます。並行して、一八九七年には高野房太郎、片山潜などにより日本初の労働運動指導組織として労働組合期成会が組織されており、工場労働者たちは自ら階級としての組織化を始めるのです。

さらに一九一九年には米価の急騰に反発して米騒動が勃発します。これは、地方の困窮した漁民の反乱という以上に、都市や炭鉱の労働者たちの階級闘争という面を含んでいました。

つまり、一八九五年から一九二〇年までの二五年間で、資本主義発展と表裏をなして膨らんでいった労働者たちは、ストライキからデモまで、様々な闘争手段を身につけていったのです。一八九五年から一九二〇年までの二五年間は、近代日本が一九世紀半ば頃の西欧諸国と同じような意味で帝国主義化と資本主義化を実現し、労働運動が活発化していった時期でした。

③　一八七〇～一八九五年――開化と国家建設の二五年

さて、一八九五年からさらに二五年を引くと、一八九五－二五＝一八七〇、一八七〇年になります。この時期の日本に起きた最大の出来事は、何といっても一八六八年の明治維新です。一八六八年一月に王政復古の大号令がなされ、鳥羽伏見《とばふしみ》の戦いが始まります。戦闘で薩摩《さつま》・長州の連合軍は幕府軍を打ち破り、同年五月にはもう江戸城無血開城です。一七世紀初頭に豊臣家と徳川家の間で繰り広げられた死闘に比べれば、驚くべき速さでした。

江戸城明け渡しの後、七月に上野に立て籠もった彰義隊が薩長軍のアームストロング砲によって粉砕され、戦闘の舞台は東北に移ります。会津戦争の終結が同年一一月、最終的に榎本武揚《たけあき》らが立て籠もった函館五稜郭が陥落するのが翌六九年六月です。つまり幕末の動乱はほぼ一八六九年までの一年で終結し、一八七〇年代以降、日本全体に文明開化と近代国家建設に向けた強力な求心力が働き始めるのです。

こうして一八七〇年以降、この国は近代化に向けて急発進していきました。七一年に廃藩置県が実施され、国の仕組みが大きく変わります。翌七二年には学制発布、七三年には徴兵令と地租改正条例、七四年には板垣退助らが民選議院設立の建白書を出し、他方で江藤新平らが佐賀の乱を起こします。士族反乱は七七年の西南戦争まで続きますが、その同じ七七年には第一回内国勧業博覧会も開かれています。

グローバルな視点で言うならば、日本の動乱はちょうど欧米列強が内部に紛争を抱え、極東のことなど構っていられない時期に起きていました。ヨーロッパでは、一八七〇年から七一年にかけて普仏戦争が起こり、ナポレオン三世はプロイセン軍に降伏します。この戦争でヨーロッパの国際秩序の中心はフランスからドイツに移ったのです。他方、アメリカでは一八六〇年代に南北戦争で国が真二つに分かれていました。したがって、一八六〇年代から七〇年代にかけての時期は、ヨーロッパもアメリカも自国のことで精一杯だったのが実情でしょう。日本はその隙を縫い、幕藩体制を短期間で清算して近代国家への道を歩み始めたのです。

④　一八四五〜一八七〇年——開国と危機意識の二五年

最後に、一八七〇年からさらに二五年を引いてみます。一八七〇－二五＝一八四五で、一八四〇年代半ばになります。この時期の日本は、水野忠邦の天保の改革が失敗に至る時期であり、世界的な植民地化の波は極東に及び始めていました。ペリー来航に先立ち、一八四六年にアメリカ東インド艦隊司令官ジェームズ・ビドルが浦賀に来航して通商を求めます。

ビドルは開国を幕府に強要できず交渉に失敗しますが、その失敗を踏まえて七年後、ペリーは四隻の軍艦を引き連れて力ずくで日本を開国させるのです。そしてこの開国が、やがて徳川幕藩体制を瓦解に導いていきます。何よりもペリーの強引さに鋭敏な武士層が震撼したのは、その約一〇年前のアヘン戦争で清国が敗れ、南京《ナンキン》条約で香港島を割譲させられたことを知っていたからでした。清国の今日は日本の明日だと彼らは予感しました。だからこそ、一八五〇年代に武士層を中心に危機意識が高まり、それが討幕のナショナリズムとなっていくのです。

さて、この一八四五年よりもさらに歴史を二五年単位で遡っていくならば、一八二〇年となり、さらには一七九五年となるわけですが、少なくとも日本の歴史で一八四五年以前にまで単純に二五年の尺度を当てはめていくのは無理があります。なぜならば、この二五年という単位は近代資本主義のリズムと結びついており、そのような資本主義やそれと表裏をなす欧米の帝国主義が日本に達するのが一九世紀半ばだからです。もちろんそれ以前にも、長崎を通じて情報は日本に入ってきていましたし、漂着による交流はありましたが、江戸時代の鎖国により近代世界システムの時間と「徳川の世」の時間の間には、かなりの乖離《かいり》が生まれていました。

ですから一九世紀初頭まで、江戸時代の日本人は、同時代のヨーロッパの人々と同じ時間を生きてはいなかったのです。この異なる時間が結び合わされ直していくのが、ペリー来航以降の日本、つまり一九世紀半ば以降の日本でした。そしてこれ以降、日本の歴史は世界の歴史のリズムと連動し、およそ二五年を単位としながら変動していきます。

二つの連続する五〇年単位の比較

これまで見てきたように、戦後・戦前の時代の流れを二五年単位で括ってみると、それぞれの二五年のまとまりが、その前や後の二五年とはくっきり異なる傾向性を持っていたことがわかります。日本の近代は、一八四五年から七〇年、一八七〇年から九五年、一八九五年から一九二〇年、一九二〇年から四五年、一九四五年から七〇年、一九七〇年から九五年、一九九五年から二〇二〇年という七つの段階を経てあたかも非連続に変化してきたのです。このそれぞれの二五年がひとまとまりの傾向性を持つ以上、そのなかの二つをセットにした五〇年単位、ないしは三つをセットにした七五年単位の歴史の尺度も考えることが可能です。

戦後であれば、一九四五年から九五年までの五〇年が一単位として捉えられます。この期間は、日本が悲惨な戦争の焼け跡から復興と高度成長を遂げ、やがてその果実を謳歌していった五〇年で、内部昇進型の長期雇用、メインバンク制、年功序列の賃金制度などに加え、政府機関による利害調整システムが有効に機能した時代でした。高度経済成長期型の政治経済システムが成立し、それを多くの国民が受け入れていた安定した時期だったと言えるでしょう。このようなシステムが、一九九〇年代以降に有効性を失っていったのです。

他方、戦前においては、明治維新後の一八七〇年から一九二〇年頃までを継続的な五〇年の一単位と捉えることができます。この時期に成立したのは、いわば明治・大正期型の政治経済

表1-3　25年、50年単位で見た日本近現代史

	1845～1870年	**開国と危機意識の25年**
	1840～42年	アヘン戦争→清国の解体
	1843年	天保の改革の挫折（水野忠邦の失脚）
	1853年	ペリーがビドルの失敗を踏まえ、4隻の軍艦を率いて浦賀に来航
明治・大正期型の政治経済システムが成立した50年	**1870～1895年**	**開化と国家建設の25年**
	1868年	王政復古の大号令、明治維新体制
	1871年	廃藩置県
	1873年	徴兵令、地租改正条例
	1895～1920年	**帝国主義列強化と階級闘争の25年**
	1894年	日清戦争始まる
	1919年	米騒動
	1920～1945年	**経済恐慌と戦争の25年**
	1919年	パリ講和会議（第一次世界大戦の終結）
	1920年	株価大暴落→戦後恐慌
	1923年	関東大震災
	1931年	満州事変→5・15事件→2・26事件
高度経済成長期型の政治経済システムが成立した50年	**1945～1970年**	**復興と成長の25年**
	1945年	第二次世界大戦の終結
	1956年	水俣病公式確認
	1970年	大阪万博、よど号ハイジャック事件
	1970～1995年	**豊かさと安定の25年**
	1971年	ニクソン・ショック（ドル・金交換停止）
	1972年	沖縄返還、日中国交回復
	1973年	第4次中東戦争→オイルショック
	1995～2020年	**衰退と不安の25年**
	1993年	日本新党の細川護熙内閣成立
	1995年	阪神・淡路大震災、地下鉄サリン事件
	2011年	東日本大震災

システムと呼ぶべきものでした。直接金融による資金調達、大口株主による企業支配、敵対的買収、労働者の頻繁な企業間の移動、職能を基本とする賃金制度、政府の不介入など、高度成長期よりもはるかに資本主義の原理がストレートな仕方で導入され、大きな格差も含め富の原始的蓄積のプロセスが進行していきました。

このように、戦後と戦前で同じ資本主義でもタイプの異なる二つの政治経済システムが作動してきたわけですが、その狭間《はざま》にあるのが一九二〇年から四五年までの二五年間です。すでに一九二〇年代という時代の根本的な両義性は説明しましたが、破滅への道を進んだ一九二〇年からの二五年間を考える際、明治・大正期型の政治経済システムの破綻として無謀な戦争に突き進んでいったのか、それとも、この時期に形成された仕組みが高度成長期以降の日本の新しい政治経済システムを用意していくことになったのかについての解釈も両義的です。確実に言えるのは、この一九二〇年から四五年までの時期が二つの異なるシステムの中間にあり、ここには前者の末路と後者の胎動の両方の諸動向が重なり合っていたということでしょう。

こうした過去の理解からするならば、この五〇年単位の二つ目、つまり一九四五年から九五年までの五〇年間で発達してきた高度経済成長期型のシステムが行き詰まった一九九五年以降の時期も同様の大きな転換期のはずです。二〇二〇年までに一九四五年と同じような破滅的な事態が起こるとは思いませんが、しかし私たちは今、この五〇年近くにわたって続いたシステムから次なるシステムの地平に転換していく困難な過渡期にいます。そしておそらく、二〇二〇年代以降の日本が本格的に受け入れていくのは、二一世紀的なグローバリゼーションに対応した政治経済システムです。一九九五年から二〇二〇年までの二五年間は、それまでのシステムの有効性が失われ、個々の政治や産業の現場がどんどん劣化していく「第二の敗戦」的な時代である一方、九〇年代からのグローバリゼーションの徹底した進行を通じ、日本社会が根底から変容していく時代でもあるのです。二〇二〇年は奇《く》しくも東京オリンピック開催年ですが、歴史の大きな仕組みからするならば、高度経済成長期に成功したことを再びやろうとしてもうまくいかないことには構造的な理由があるのです。

第二章　世代間隔と人口転換

——二五年単位説の人口学的理解

1　人口の長期変動と世代間隔――二五年単位の人口学的成立

なぜ、二五年単位なのか――親子の世代間隔

ここまで見てきたように、少なくとも一九世紀以降の日本の歴史では、二五年単位で変化を捉えることに一定の有用性があります。この有用性は、とりあえずは帰納的にそう言えるのであって、まず何かの原理的な根拠があって「二五年」という尺度が引き出されたのではありません。歴史の事象を見ていくと、帰納的に二五年という単位に一定の意味があるように見えてくるのです。しかし、このような主張に対しては、必ず「なぜ、二五年なんだ？」という問いが返されてくることでしょう。事象の観察から「二五年単位説」を導き出しましたが、これに理論的な説明を与えていくことは、やはり必須の作業です。そして実際、「二五年単位説」には、本章と次章でみるように、少なくとも二つの有力な理論的根拠が存在するのです。

第一の根拠は、「世代間隔」という人口学的要因です。つまり、「二五年」という年数は、ほぼ親子の世代間隔に相当します。世代間隔とは、直接的には女性が子を出産する際の年齢の平均値です。この年齢の平均値が親世代と子世代の間の平均的な時間距離になります。もちろん、この世代間隔は人間についてだけでなく広く生物について適用可能で、その種の雌が子を産むまでの平均的な時間ということになります。

生物学的知見によれば、生物種の再生産戦略は二つに大別でき、一方はｒ戦略と呼ばれるもので、体長が小さく妊娠期間が短い種（昆虫、魚、小型哺乳《ほにゅう》動物）がこの戦略をとっています。これらの種の生存確率は概して低いのですが、多産であるために、その一部が生き残り、種を存続させます。こうした戦略をとる種の親子の世代間隔は、たとえばハエの場合は数週間、ミツバチは一カ月弱、ネズミでは数カ月です。とても短いですね。生後、こんなに短い期間で成長し、子を産むのでは、親子の世代関係など無きに等しいだろうと思います。ただ種として繁殖し、淘汰《とうた》され、一定数を維持していくのが精一杯です。生後半年くらいから子を産み始めるウサギやキツネになってくると微妙ですが、これらの小動物は人類などの霊長類とは全然違う世代的時間を生きているはずです（マッシモ・リヴィ＝バッチ『人口の世界史』）。

これに対し、中型以上の哺乳類、大型の鳥類の再生産戦略はＫ戦略で、妊娠期間が長く、少産です。Ｋ戦略では生存確率が相対的に高くなり、世代間隔も長くなります。ですから、多産多死のｒ戦略のように個体数が爆発的に増えることはなく、比較的緩慢に、数十年かけて個体数が持続的に増えたり、減ったりします。ニホンザルの世代間隔は一一年くらい、ゴリラは一九年くらい、チンパンジーは約二五年、それからゾウも二〇年以上とされます。ゾウの親たちは、私たちと同じくらい長い時間をかけて自分たちの子世代を育ててきたのです。

この点で多くを学ばせてくれるのは、本川達雄の『ゾウの時間　ネズミの時間』です。この本で本川は、「動物では、時間が体重の1/4乗に比例する。体長の3/4乗に比例すると言ってもいい」（一三三頁）ことを説得的に示しました。つまり、時間は客観的に唯一不変なものではなく、動物には動物のサイズに応じたそれぞれの時間が存在するのです。そしてそれは、動物の体重の$1/4$乗に比例します。たとえば、体重が一〇倍になれば、時間の長さは$10^{\frac{1}{4}}$＝約一・八倍になり、大きな動物の方が時間はゆっくり進んでいます。本川はこの$1/4$乗法則が、動物の時間に関する多くの現象に当てはまると論じました。たとえば寿命や、成長にかかる時間、赤ん坊が母親の胎内に留《とど》まっている時間、さらには呼吸の間隔、心拍間隔、血液が体内を一巡する時間、体内でタンパク質が合成されてから壊されるまでの時間など、その動物によって「生きられる時間」は、その種の大きさと相関しているのです。

　これは、とても重要な仮説です。大きな動物が小さな動物よりも緩やかに流れる時間を生きているとするならば、当然ながら小さな動物は世代間隔が短く、大きな動物は世代間隔が長いことになります。外から見れば、ネズミの数カ月とゾウの二〇年は異なりますが、しかし生命体としてのネズミとゾウが生きる時間の長さは、内側から見れば同じかもしれないのです。そして、個々の個体レベルでは、長い時間をかけて成長し、子育てをしていくゾウや人類のような種は、ハエやネズミに比べれば環境変化に対する適応力という点で圧倒的に優位で、少産少死の傾向を持ちますが、個体としては「すぐに死んでしまう」小動物たちも、その世代間隔の短さと多産多死性により、突然変異で新しい種を産む確率が高くなり、種全体やその進化のレベルで考えたときには、変化の乏しい大型種よりも優位かもしれないのです。

いずれにせよ、世代間隔の長い大型の動物では、親世代と子世代の間に継承性と断絶というダイナミズムが見られます。集団を率いていたボス猿が年老いて、ある時、若い猿の挑戦に敗れて集団全体が世代交代する。そのような世代闘争のドラマが成立するには、その種が前述のK戦略をとっていること、つまり世代間隔が長いことが前提条件となります。K戦略をとる動物種は子世代の養育にかなり長い時間とエネルギーを投下するため、相対的に親子関係が緊密になり、同時に時には若い子世代が老いた親世代を打ち負かして主導権を奪おうとする闘争も可能になります。私たち人間が、ゾウやゴリラの親子を見て感情移入するのは、親子の世代構造が似ているため、どこか人間の親子間の出来事に擬《なぞら》えているからではないでしょうか。

二五〜三〇年で変わらない世代間隔

そして、動物種のなかでは人類は世代間隔が最も長い種の一つです。もちろん個人差がありますが、両親との年齢差は二五年から三〇年の幅に収まっていることが多く、この二五年から三〇年という世代間隔は過去数百年を通じてほとんど変化していないのです。

実際、歴史人口学の知見によれば、第一子出産年齢は一七世紀から二〇世紀までほぼ変化が見られず、多くの社会で二五歳から三〇歳の間に収まっています（ルイ・アンリ「自然出生力とは何か」『歴史人口学と家族史』二二〇〜二二七頁）。したがって、親子の世代間隔は二五年から三〇年ということを、歴史を考える際の定数のようなものとして扱うことができるのです。

図2-1　平均寿命と平均出産年齢（第1子）の推移

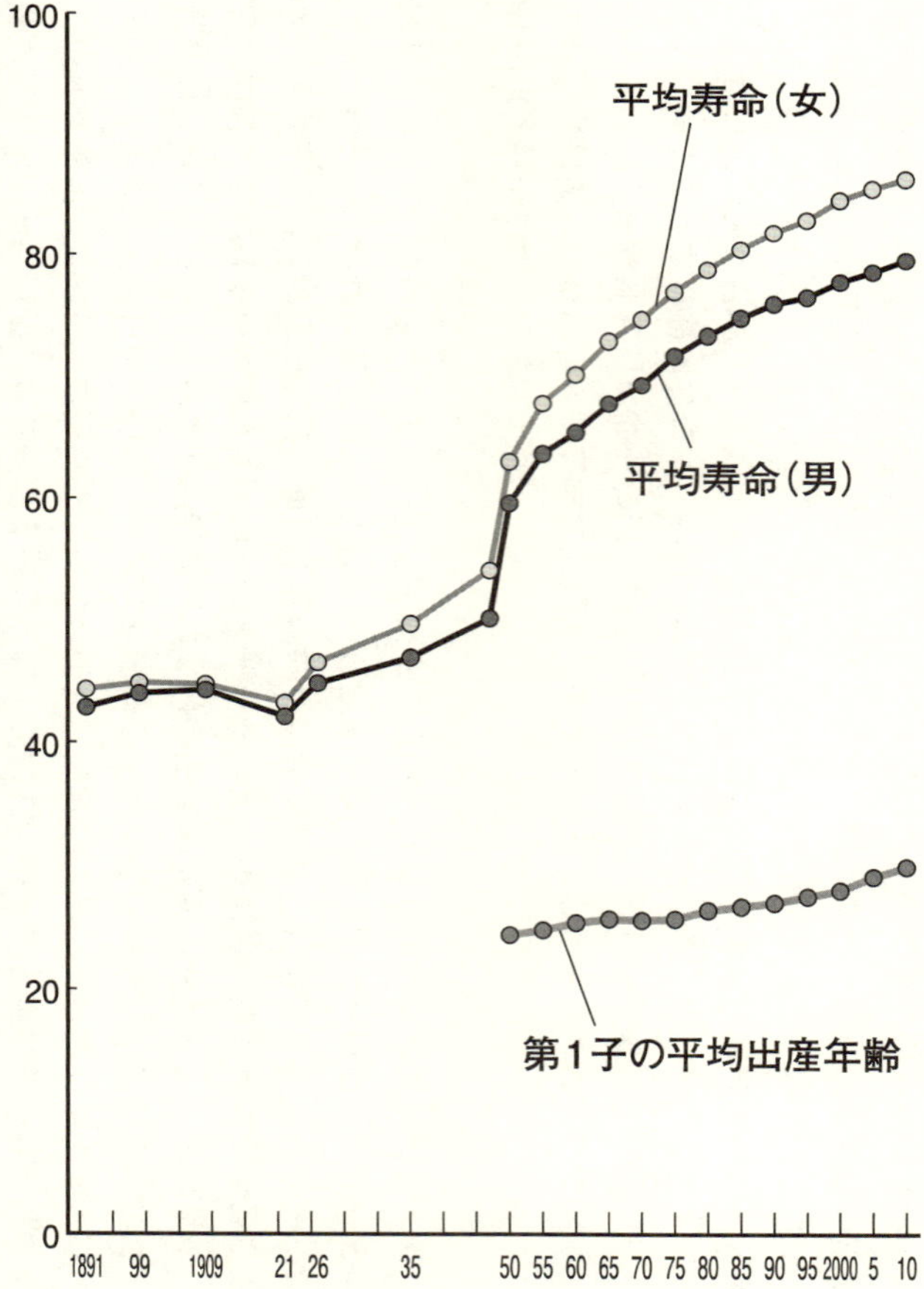

平均寿命は厚生労働省「生命表」、平均出産年齢は同省「人口動態調査」をもとに作成。
1949年以前の第1子平均出産年齢のデータは存在せず。

図2-2　1930年と1970年の年齢別出生率

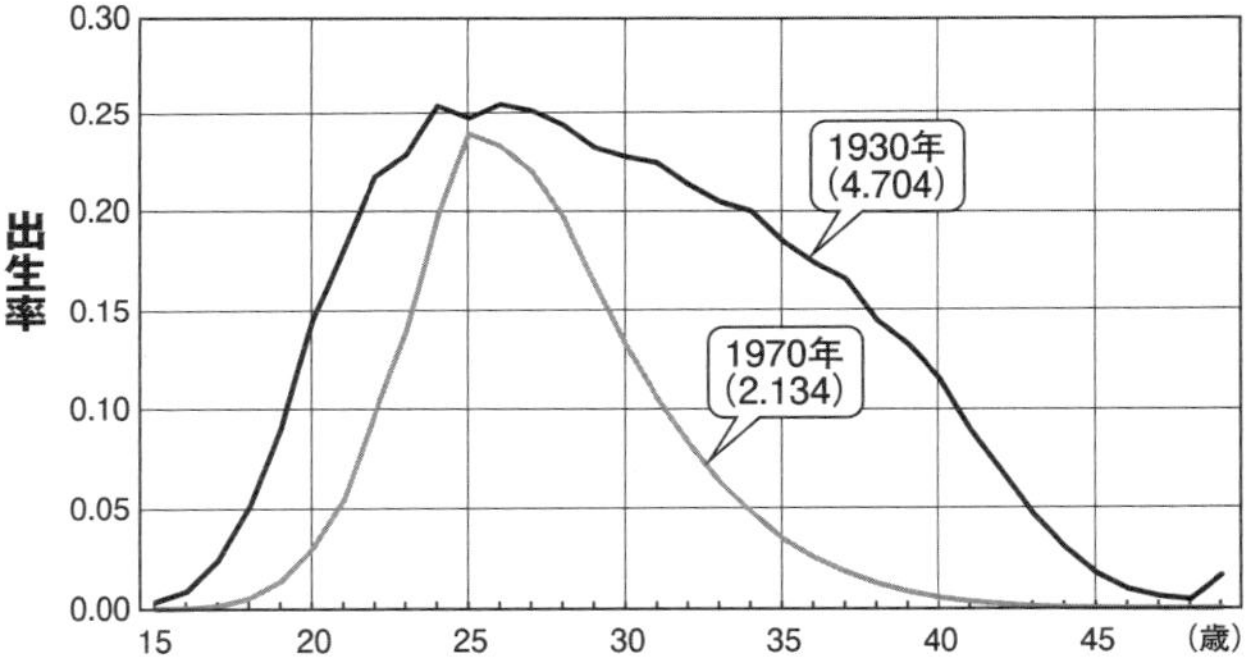

国立社会保障・人口問題研究所「人口統計資料集」をもとに作成。
（　）の数値は合計特殊出生率。

人間の寿命は近代以降著しく伸び、一〇〇年前に四〇代だった平均寿命が現在は八〇代と約二倍になっています。ところが世代間隔についてはほとんど変化がなく、平均寿命のように平均出産年齢が二倍になったということはまったくありません。

たしかに、過去数十年間で女性の出産年齢に何ら顕著な変化がなかったわけではありません。最も重要な変化は、出産期間の幅が狭くなり、平均出産数が減っていったことです。たとえば、図２-２のように一九三〇年代と一九七〇年代で女性の出産年齢を比べると、その出産期間の幅が著しく狭くなってきたことがわかります。

当然、この変化は少子化をもたらします。一九三〇年代には、女性は若い年齢（しばしば一〇代）で子どもを産み始め、四〇代まで産み続けましたから、一家に七人、八人の子がいるのは珍しくありませんでした。しかし今日では、一家に三人いれば多いほうです。

つまり日本社会は、ここ数十年間で多産多死社会から少産少死社会へ不可逆的に変化したのです。そして、世界全体を見渡しても、経済成長を遂げた社会では出産数が顕著に減っていく現象が見られ、これはつまり第一子出産年齢が上がり、出産を終える年齢が低くなったことで出産期間の幅が狭くなっていることを意味します。

しかし、それでも重要なのは、平均出産年齢や出産年齢の最頻値はそれほど大きくは変化していないことです。たしかに細かく見るならば、日本の平均出産年齢は、現在かなり高くなっています。具体的には、女性が第一子を出産する年齢は戦後を通じて上がり続け、一九五五年には二五・一歳、一九七三年は二五・六歳、二〇〇四年は二八・五歳、二〇一三年は三〇・四歳です。ここまで出産年齢が上がってしまうと、日本が少子化から脱却するのは困難です。しかし、CIAのワールドファクトブックによれば、この数値は、フランスが二八・一歳、イギリスが二八・一歳です。アメリカは二五・六歳、ロシアは二四・六歳とほとんど高年齢化していません。概して発展途上国はこの年齢が低いので、世界の平均はまだ二三・七歳ですから、世代間隔が二五年から三〇年の間という状態は今も変化していないのです。

アメリカは移民人口が多いので日本とは事情が異なりますが、フランスやイギリスで女性の出産年齢が日本よりも数年若いことは注目すべきです。現代の日本での平均出産年齢の超高年齢化は、日本社会の特殊な制度的要因が作用している面が小さくないと思います。ワークライフバランスや育児休暇後の女性のキャリアパスの保証、そしてもちろん保育園の整備などの政策の充実によって、出産年齢を二、三年は若返らせることが可能なはずです。

マルサスの予言と人口の長期波動

では、この二五〜三〇年という世代間隔は社会の変動とどう関係していくのでしょうか。トマス・ロバート・マルサスの『人口論』を糸口にこの問題を考えてみましょう。

マルサスは一八世紀末に出したこの古典的著作の冒頭で、「人口は、何の抑制もなければ等比級数的に増加する。一方、人間の生活物資の増え方は、等差級数的である」と述べました。この場合、等比級数的というのは、たとえば二人が四人産むと二倍になり、さらにその生まれた四人が結婚して子どもを産むと八人でまた二倍……と続けていくと、一〇世代経った頃には、最初二人だった人口は一〇二四人にまで増える、ということです。他方、生活物資の方は、世代ごとに徐々に増やしていくことができたとしても、人口増加のような等比級数的経済成長はあり得ない、とマルサスは考えました。その結果、増えた人口が満足できる十分な量の生活物資は生産されず、人口増は、必然的に貧困層がさらに困窮していくことによって社会が不安定化する結果を招くと彼は考えたのです。だから、人々の欲求を満たし、社会を安定化させるためには人口を抑制しなければならないというのがマルサスの基本的な主張でした。

動物の場合、限界を超えて増えすぎた個体は死ぬことで事後的な抑制のメカニズムが働きますが、それをそのまま人間に当てはめるのは倫理的に問題がありますし、それ以前に人間は現状から未来を予測し、それに応じた態度を取ることができるので、その抑制メカニズムは動物とは異なります。つまり、生活物資が高騰すると、豊かでない層は将来への不安を抱き、結婚や子どもを産むことをためらうようになります。困難な時代に成年に達した貧しい若者たちが抱く不安とは、たとえば次のようなものです。「自分たちは、生まれる子どもに十分な食べ物を与えられないかもしれない」、「多くの子どもを抱えることで、自分の社会的地位や経済状態はもっと低下してしまうのではないか?」、「子育てのために、自分はもっと休みなく働かなくてはならなくなるのではないか?」、「貧しさから子どもは十分な教育を得られず、ますます貧しい人生を送ることになるのではないか?」――これだけ将来への不安が膨れると、なかなか子どもを産む気になれません。したがって、人間の場合、ある程度は自ら人口増加を抑制する回路が働くとマルサスは考えたのです。

マルサスのもう一つの慧眼は、人口が相対的に過剰な時代における生産拡大のメカニズムについての理解です。等比級数的に増える人口は、必然的に労働力の過剰を生みます。当然、多少とも余裕のある農場主（マルサスの予言は産業革命以前）は、過剰さから安くなった労働力を雇い入れることにより、少ない費用でより広い土地を開墾し始めます。そして、そうした事業の結果、土地が開墾されて生産が拡大し、社会全体に多少の経済的余力が生じていきます。

しかし、開墾を続けるための労働力は、人口が過剰で困窮化した時代に人々が人口抑制に向かったために、やがて今度は足りなくなって、労働力単価が徐々に上がっていくのです。農場主にとっては生産拡大に不利な条件が増えていきますが、これは個々の労働者にとってはむしろ労働条件が改善されていくことを意味します。

こうして経済的に多少の余力のできた時代に人々は未来への明るい希望を持ち始め、子どもをそれまでよりも多く産むようになります。ところがこれが、やがて過剰人口を再び生むことになり、人々は再び困窮化してしまうというわけです。したがって、一方の人口の増加と停滞、他方の経済的な困窮化と生産拡大は時差をもって循環していくことになります。

このマルサスの議論を発展させ、一八三八年、数学者P＝F・フェルフルストによって定式化されたのが、図2－3にあるようなロジスティック関数です。この関数式で、Nは個体数、tは時間、したがって左辺は個体数の時間的な微分値です。右辺のrは種に固有の増加率、Kはどれだけの生産物があるかという環境収容力を表します。この式から導き出されるのが、図2－3にあるようなS字カーブを描くロジスティック曲線です。生物の個体数は一定の環境条件下ではロジスティック曲線を辿り、必ず一定の飽和点を迎えます。そしてこのロジスティック関数は、一定の生態学的ないし歴史的環境条件下で、あらゆる生物種に適用可能であるとされます。つまり、この関数の含意は、Kが一定であればその後の個体数変化は最初から決まっている、生物のいかなる増殖にも必ず運命的な限界があるという認識にあります。

実は、人類の歴史には、この「環境条件が変わらない限り」という前提が当てはまらなくな

図2-3　ロジスティック曲線

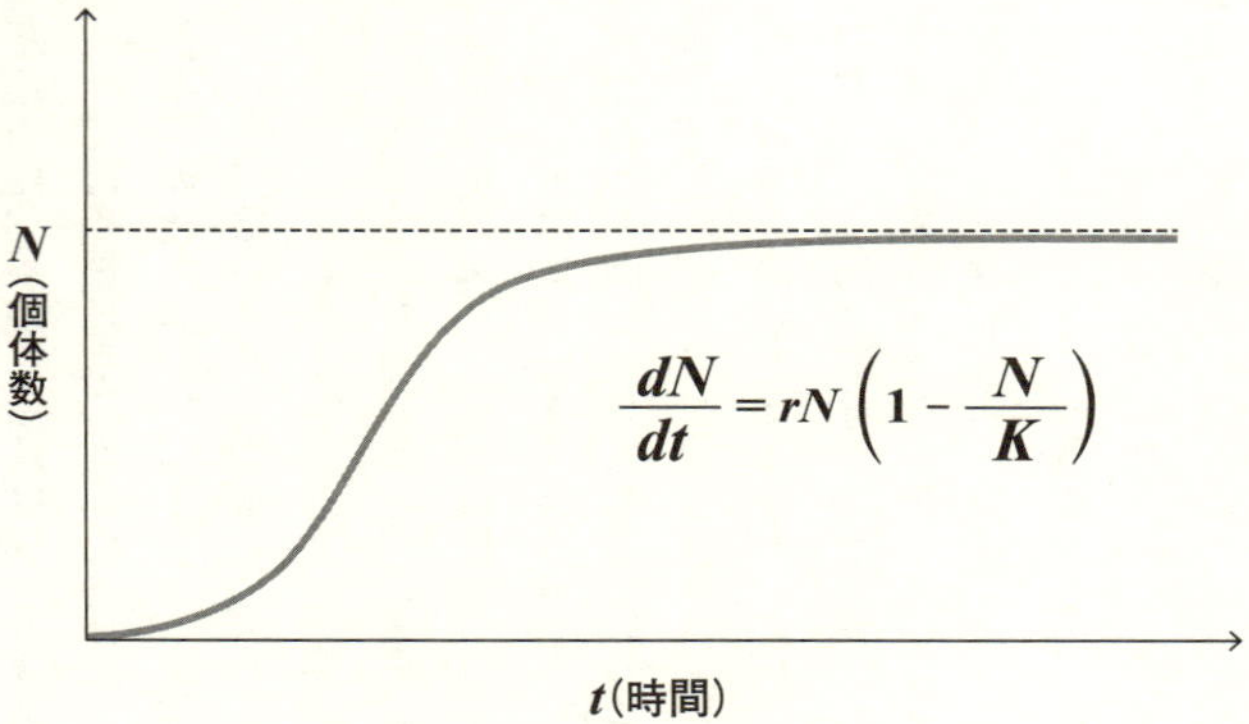

ることが何度かありました。つまり人類は、これまでに何度か、技術社会的な革新によって環境条件が飛躍的に拡大する経験をしてきたのです。最初にこの前提がドラスティックに変わったのは、狩猟社会が農耕社会に変わった時でした。それにより同じ自然環境下で生産可能な食糧が激増しました。次の大きな変化は産業革命です。一九世紀から二〇世紀にかけて、近代産業システムの地球規模での拡大で、生産可能な財の総量が飛躍的に増えたわけです。今日の人口爆発が、産業革命以降の環境条件の変化を前提にしない限り不可能なことは明らかです。もし、世界が未だに一八世紀までの環境条件と同じだったら、現在の約七〇億人にまで膨らんだ人類は、ほとんど一瞬で大部分が死滅してしまうでしょう。

しかし、この産業革命以降の環境条件も、そろそろ限界に達しつつあります。第五章で論じていきますが、現産業体制下で、いずれ地球の人口は九〇億人程度で飽和点に達し、その平衡状態を持続的に維持することが人類的課題となっていくのです。

多産多死から多産少死への人口転換――人口ボーナスの時差

このロジスティック曲線は、一見して二つの屈曲を持っています。一つ目は、それまでごく緩やかだった上昇線が急激な上昇線に変化していく「離陸」の屈曲です。もう一つは、急上昇の曲線が飽和点に近づき、再びごく緩やかな、ほとんど定常的ともいえる線になっていく「着陸」の屈曲です。人口学的には、前者は多産多死の社会から多産少死の社会への、後者は多産少死の社会から少産少死の社会への人口転換（demographic transition）であるとされます。このあたりは、人口学の基本的な知識ですので、私の話よりも何かもっと良い教科書があるでしょう。私たちの社会は農耕社会から工業社会への転換において、多産多死の社会から最終的には少産少死の社会に変化していくわけですが、この構造転換は、「多産多死から多産少死へ」という局面と、「多産少死から少産少死へ」という局面の二局面を含んでいるのです。

一方で、多産多死社会は近代化のある局面で、社会秩序の安定化や衛生・医療環境の改善などによってかなり急速に死亡率を低下させます。それまでは若くして死んでしまっていた子どもたちが、社会的な環境条件が改善されたことにより死ななくなっていくのです。

しかし、家族形態や人々の意識、慣習はもっと持続的で変化しにくいものです。子どもが昔ほど死ななくなることと、人々の生活が経済的、文化的に豊かになることとは異なります。衛生状態が改善され、医療技術が発達して子どもが死ぬことが少なくなっても、圧倒的に多くの人々が貧困状態のままで、伝統的な家族関係や価値観を維持し続けることは十分にあり得、その場合には早婚や多産が続きます。その結果、出生率はそれほど下がらないまま死亡率が急低下するわけで、そうした社会は爆発的な人口増を経験することになります。

そして、この人口増の先陣を切った世代が生産年齢人口に達してから数十年間、その社会には、エネルギーが満ち、互いにひしめき合いながら社会を変化させていく人口的膨らみが出現します。この時期の社会では、それまでの伝統的規範が緩み、大家族から核家族への移行、都市化などが進んでいきます。高齢者人口はまだ少なく、膨張した若い世代が社会の主導的存在となり、一般的に高い経済成長が達成されます。彼らよりも前の世代は、しばしばまだ戦争や内乱で治安も安定していない時代を生き、多くが若くして死んでしまいましたから、成年に達した数が相対的に多くありません。後続する世代はその人口圧力で比較的容易に先行世代を圧倒し、社会の主導権を握り、産業や国力を力強く発展させていくことになるのです。このような人口的に膨らんだ世代の出現を、最近の人口学は「人口ボーナス」と呼んでいます。

近代化の過程で、どの国も少なくとも一度はこうした人口ボーナスの到来を経験します。近代史上、最も早くに国民人口の急増を経験したのはフランスでした。フランスは、早くも一八世紀後半に多産多死社会から多産少死社会への転換期を迎え、人口を急増させています。まさにマルサスはこの人口急増期のフランスで『人口論』を書き、人口急増のマイナス面についての警鐘を鳴らしたわけです。実際、マルサスが論じたように、この劇的な人口増は不満が渦巻くエネルギーとなって社会を不安定化させました。フランス革命に始まる一九世紀前半を通じたフランスの不安定さは、この国に溢れていた人口ボーナスと無関係だったとは思えません。そしてまさに、この人口ボーナスを軍事力に統合したのがナポレオンであり、彼はこの軍事化された人口ボーナスのエネルギーで一九世紀初頭のヨーロッパ全土を支配したのです。

しかし、人口急増の始まりが早かった分、フランス社会が多産少死から少産少死の段階に移行するのも早く、一九世紀前半から出生率の低下が始まっています。一九世紀におけるフランスの少子化傾向には、フランス人の脱キリスト教化や識字率の上昇、女性の結婚年齢の上昇などいくつかの要因があったとされます。加えてフランス人は、他のどの国の人々よりも早くに大都会パリの魅力に引き寄せられ、消費社会を楽しむようになっていった人々でした。

こうした一方で、ドイツはフランスよりも遅くまで伝統に忠実でした。一九世紀を通じてドイツでも死亡率は低下しますが、多産的な傾向は残り、ついに一八五五年、独仏の人口が逆転するのです。一九世紀前半はフランスがヨーロッパで人口最大の国家でしたが、一九世紀後半になるとドイツの人口がフランスを上回ります。このことは、ドイツには人口ボーナスがフランスよりも遅く、一九世紀半ばに本格的に訪れたことを意味します。そしてこの「時差」が、一八七〇年の普仏戦争でプロイセンがフランスに大勝し、大陸ヨーロッパがドイツ中心の時代へ移行していくへゲモニー移転の一つの遠因だったとも言えるでしょう。

近世日本における人口転換

このように、人口転換における多産多死から多産少死への転換をいつ経験するか、つまり人口ボーナスがいつ訪れるかには国や地域によって時差があり、この時差が国家間の力関係や国際秩序に微妙な影響を及ぼしてきました。

日本の場合、多産多死社会から多産少死社会への劇的な転換が起きるのは、もちろん一九世紀末から二〇世紀にかけてですが、遡れば一七世紀にも緩やかな転換が始まっていたと考えることもできます。というのも、近世日本で人口増が始まるのは一七世紀前半からで、その理由は、戦国の世が終わり、広く徳川の平和が到来したためであるとされます。

ただ、最近の歴史人口学では、すでに畿内において一五〇〇年前後から農業技術の改善や自立小農民の増加といった要因により人口増が始まっていたことがわかってきました。速水融《はやみあきら》の研究によれば、人口増は一五五〇年頃から継続的に生じ、畿内周辺の尾張《おわり》から播磨《はりま》にかけての広域に及んでいました。ですから、まさにそうした人口増加地域の戦国大名であった織田信長は、人口増によって得られた「人口ボーナス」を自らの軍事目的のために利用し、人口学的には後進地域だった甲斐《かい》の武田や越後の上杉に先駆けて天下統一に王手をかけることができたのだとも言えます。

図2-4　1500年から1900年までの人口推移

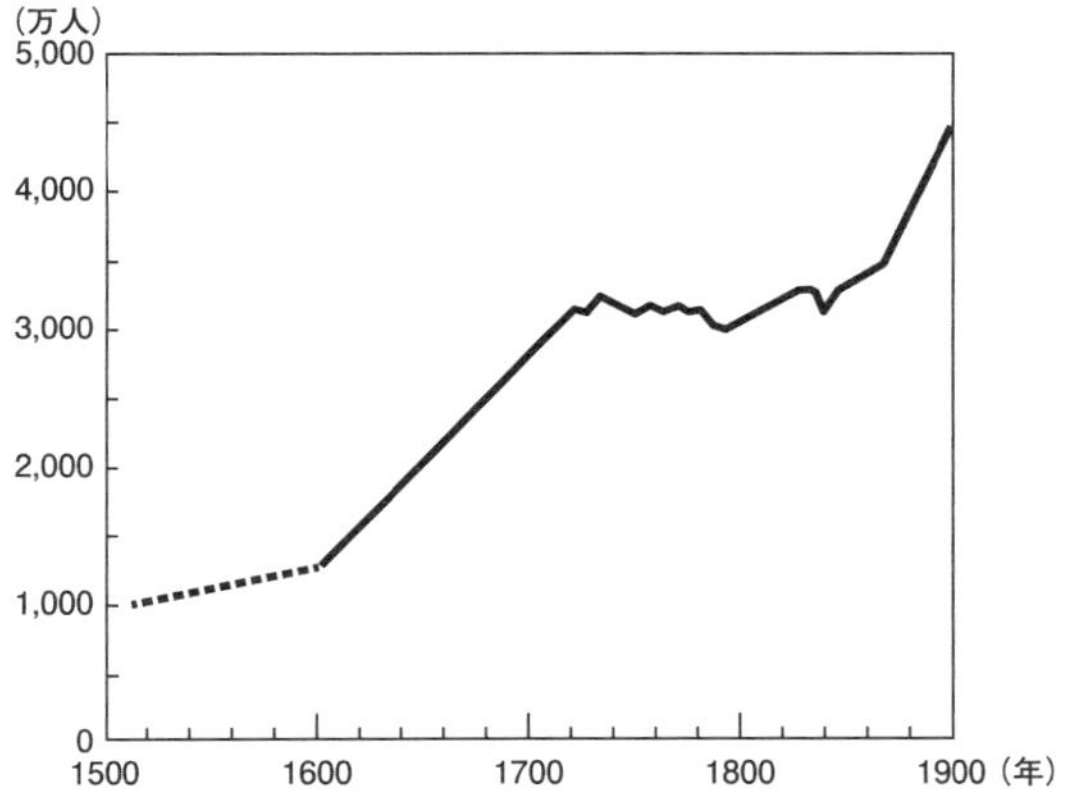

鬼頭宏『人口から読む日本の歴史』（講談社学術文庫）より。

このような日本近世の人口増はほとんど年率一パーセントの伸び率で約一五〇年間続き、一八世紀前半に飽和点に達します。そして、その後は幕末の一九世紀半ばまで、全国的には人口停滞の時代が続くのです。これをもう少し細かく見ると、たとえば一七二一年から一八四六年の間に、北陸地方、中国・四国・九州の西南地方では二〇パーセント以上の人口増加があり、逆に東北や関東、近畿地方を中心とする地域では人口が一〇〜二〇パーセント減少したなど、人口の増減には多彩な地域差がありました。概していえば、近畿を除く西南日本では、江戸時代を通じて人口が膨らみ続け、その分だけ若いエネルギーを内部に擁し続けました。欧米列強の植民地化の動きが日本列島に及んできた時、これに対抗できる人口的ポテンシャルを有していたのは、東北日本ではなく西南日本でした。会津も水戸も、若い人口の大きな塊の存在という点で薩摩や長州を凌駕《りょうが》することはできなかったのです。

人口の一六世紀からの長期的増加傾向に加え、近年の歴史人口学が明らかにした重要な発見は、近代的な直系家族に近い家族形態が、西日本ではすでに江戸時代から実現していたことです。速水は宗門人別帳の調査から、江戸時代の西日本の結婚年齢はおよそ二四〜二六歳で、第一子出産年齢は二五歳頃と、近代日本とそれほど変わらない結婚年齢や世代間隔になっていたことを示しました。この場合、西日本で、第一子を二五歳程度で産んだ女性は、その後、三〇代後半までの十余年で、およそ二年ごとに総計で五、六人の子を産んでいくと考えられます。これに対して東日本の家族構造では、女性は一六〜一八歳とかなり若年で結婚し、一七歳くらいで第一子を生んでいきます。当時、東日本ではまだ家族は中世以来の一族郎党を集めた大規模な家が多く、その家には多数の奉公人や郎党のような人々が含まれていました。

最も重要なことは、東日本型の一家では、中世と同じように親世代、子世代の年齢に関係なく、いつもほぼ一定の生産年齢人口が保たれていたのに対し、西日本のように第一子の出産年齢が二五歳前後まで遅くなり、家族の規模が相対的に小さくなってくると、約二五年の周期で生産年齢人口の割合が大きく変動し始めることです。これが約二五年の世代周期の始まりです。つまり、親世代が結婚前の時期、結婚して子育てに専心している時期、子育てが終了して家の主役が子世代に交代していく時期のメリハリがはっきりし、世代間隔に連動して家族の歴史全体におよそ二五年を一単位とする周期性が出てくるのです。

江戸時代を通じて列島各地に浸透していったのは、この西日本型の家族形態でした。このモデルが徐々に各地に浸透すると、近世を通じて既婚率が上昇していきます。なぜならば、一家が大きく、そのなかに奉公人など多数の未婚男女が含まれた状態から、一家は比較的小規模で、多くの男女が結婚して両親になる形態への全般的な移行が見られたからです。一例を挙げると、木曽最南端の信濃国《しなののくに》湯舟沢村の資料を詳しく調査した鬼頭宏によれば、一六七五年の既婚率は男五四パーセント、女六八パーセントと半数の男性が未婚であった社会が、一七七一年の既婚率は男七〇パーセント、女八六パーセントに上昇しています（『人口から読む日本の歴史』）。

出産年齢をめぐる日本とヨーロッパの同時代性

江戸時代の西日本における女性の非若年婚化が、その後の日本の近代化とどう結びついていったのか。それを考えるにあたっては、女性の結婚年齢と識字率が初期的な近代化と決定的な相関関係にあると考えるフランスの歴史人口学者、エマニュエル・トッドの議論が参考になるでしょう。彼の著書『世界の多様性』は、『第三惑星』（一九八三年）と『世界の幼少期』（一九八四年）を一九九九年に合冊したものですが、そのなかに興味深い二つの図があります。

一つはヨーロッパ各地の女性の結婚年齢（一八四〇年頃）を表した図（同書、三三六頁）です。もう一つは識字率（一八五〇年頃）の図（同書、三三三頁）です。これらの図を比べると、識字率が七〇パーセント以上の地域は女性の結婚年齢が二七歳を超えていた地域とほぼ重なっています。こうした統計を踏まえ、トッドは女性の結婚が遅くなることとその社会の文化的成長との間には構造的な関係があること、したがって「世界で人々が読み書きができる地域というのは、女性があまり早く結婚しない地域であり、成長期間が長い地域である」との主張をしていきました（同書、三二一頁）。

この議論のポイントは、女性の結婚年齢、ひいては第一子の出産年齢が、各社会集団が営む根本的なサイクルの長さと相関するという認識です。伝統的な社会の一般的特徴である家父長制的な体制を前提にするならば、女性にとって物心ついてから第一子出産までの時間は、一人の社会的主体として成長していくのに必要な時間です。識字、つまり読み書き能力は、自分が縛られている環境を越えて様々な知識を得るための基礎能力で、これは成長の指標です。この識字率（成長の指標）と結婚年齢（成長の期間）の間には統計的な相関関係があり、識字率が近代化の前提条件の一つだとすると、女性の結婚が遅くなり、二〇代半ばにならないと第一子が生まれなくなることが、その重要な要件ということになります。つまり約二五年単位の核家族的な周期の成立が、社会が近代的な主体形成を遂げていくためにも必要なのです。

トッドの分析によると、女性が相対的に晩婚化した地域は、すべて彼のいう「権威主義家族」、つまり一子相続の直系核家族が支配的な家族構造として成立している地域です。直系核家族の成立は、その家族がより大きな社会の繋がりから相対的な自律性を確保し、女性は成熟してから相手を選ぶ条件が整っていることを意味します。

そしてトッドは、西欧以外でこの権威主義家族が伝統的なシステムとして見られるのは、日本、韓国・朝鮮、そしてイスラエルに限られると主張しました。本当にこの三つの地域に「限られる」のかどうかを私は判断できませんが、少なくとも日本が江戸時代以来、第一子相続の直系的な家族構造を発達させてきたこと、それに対応して女性の結婚年齢、つまりは第一子の出産年齢が遅くなってきたことや女性の識字率が相対的に高かったことは事実です。トッドはこの事実をラディカルに解釈して、「根底的な（人類学的）領域においては、日本の成長は一度も遅れたことがなかった」と結論づけました。

トッドの視点に立つならば、少なくとも出産年齢をめぐる人口構造の変化においては一七〜一八世紀のヨーロッパと日本には同時代性があったということになります。また識字率という点でも、ヨーロッパが一六世紀に印刷革命を経験し、同じ知識内容が安価かつ大量に流通するシステムを確立していた時期に、江戸時代の日本では木版本がやはり大量に流通し、一般庶民に文字が広まっていたという共通性を見ることができます。

これらのことから、相対的な晩婚化が広まっていた江戸時代後期の西日本では、同時代のヨーロッパと同様、二五年単位の歴史が存在したという仮説を立てられるかもしれません。さらに、この頃の東日本では結婚年齢が一六〜一八歳、第一子出産年齢が一七歳であり、西日本と顕著な差が見られることから、当時の西日本と東日本の間には、人口構造的に決定的な断層があったことは明らかです。その意味で、明治維新が西日本から起こったのにはある種の必然性があり、明治以降に生じていったのは、この西日本的なモデルの全国化、東北日本的な社会秩序の解体と周縁化であったと言うことができるでしょう。

2　世代史と人口転換を架橋する――ロジスティック曲線を旋回する二五年

戦後と人口転換が同時に起こった日本のベビーブーム

さて、このように日本では江戸時代から西日本で人口転換が起こり始めていたのですが、それがはるかに大規模に生じていくのは明治以降です。すでに述べたように、江戸時代の人口増加は一七二〇年代に飽和点に達します。徳川社会の環境条件下では、もう成長は限界に達していたのです。しかし、幕末の動乱を経て一八七〇年代以降、社会体制の急激な転換と近代的な産業技術の導入のなかで環境条件は大きく変化しました。この変化を受けて、七〇年代後半から死亡率の低下が観察されるようになり、多産多死から多産少死への本格的な人口転換が始まります。高い出生率を維持した死亡率低下の傾向は一九二〇年代まで続き、この人口増加の圧力が明治末以降の日本の海外への膨張志向を後押ししていくのです。当時、日本はまだ若い人口がどんどん湧き出す社会でした。

ところが、第一次大戦の好景気で潤い、都市化も進んだため、出生率も一九二〇年代頃から徐々に低下し始めます。もしも戦争が起こらなければ、この二〇年代の低下傾向が高度成長以降に起きた少子化へそのまま続いていたかもしれません。つまり近代日本は、一九二〇年前後で人口転換の飽和点がうっすら見え始めるところまで来ていたのです。

しかし、実際に起きた戦争は、この国の膨大な若者たちに死をもたらしました。第二次世界大戦を通じた日本人の死者はおよそ三〇〇万人、約七〇〇〇万人余りの人口の約四パーセントに当たります。戦争中は出生率も低下しましたから、人口構造的なダメージは四パーセントよりもっと大きかったはずです。何よりも生産年齢人口として最も重要な若者たちが大量に死んでしまいましたから、次の時代を担うはずの世代に大きな欠落が生じたのでした。第二次世界大戦全体の死者はおよそ八〇〇〇万人、当時の世界の人口の二・五パーセントにも上るとされていますから、同様のダメージが戦地となった多くの国々で起きていました。そして、その欠落を埋めるかのように、ベビーブームが生じていくことになるのです。

ですからこのブームには、長期的な社会構造の変化である人口転換と、戦争が終わったことによる出産増という突発的な変化の二つが重なっていました。人口転換は社会の長期の変化ですが、大規模な内乱や戦争が終了し、平和の到来によって出産が激増し、同時に若年死亡率が著しく減少するような場合、二重のモメントが働いて人口が膨れ上がります。戦後のベビーブームは、大量死によって時計の針が戻ったかのようになっていた日本の人口転換を、集中的に

「多産少死」状態を実現していくことで一挙に前に進めていったようなものでした。

　そして、この戦後ベビーブーム世代は、日本社会にとって大きな「人口ボーナス」となります。一般に、人口ボーナスの時代に生まれた世代は経済成長の中核を担うとされています。ただ、一九四六年から一九五〇年前後に生まれた第一次ベビーブーム世代は、一九六〇年前後に始まった高度成長期にはまだ学校に通っている年齢です。彼らが労働力化するのは一九七〇年以降であり、この頃にはすでに高度経済成長は達成されていました。つまり戦後のベビーブーマーたち、つまり団塊の世代の労働力化と日本の高度経済成長には若干の時間的ズレがあるわけで、団塊の世代は生産力としては高度経済成長を支えたわけではありません。しかし、彼らが戦後日本の消費拡大という需要の面で大きな貢献をしたことは確実です。

　というのも、一九五〇年代後半から七〇年代初頭までの高度成長期に、彼らはまさしく中学生から大学生までのティーンエージャーだったわけで、彼らの親世代、つまり高度経済成長期に働き盛りだった世代が所得倍増政策で得たお金を使い、その子どもたちのためにテレビや車を買い、レジャーに行き、あるいは教育に投資するといったことをして、新しい家族的消費の爆発的なブームを生んでいったのだと思います。

　補足的ながら、ベビーブームの中で生まれた子どもたちが育っていくプロセスが消費のプロセスと連動していくことの相似形は、一九七〇年代前半の第二次ベビーブームにおいても見られます。団塊ジュニアと呼ばれる第二次ベビーブーム世代が小学生だった一九八三年に東京ディズニーランドが開園し、彼らは両親と一緒にミッキーマウスやアトラクションに熱狂することになります。この構図は、彼らの親世代である団塊の世代が子どもだった時に皇太子成婚ブームがあり、当時ミッチーの愛称で呼ばれた皇太子妃に親子で熱狂した構造が繰り返されたものだと言えるかもしれません。こうしたことから考えると、人口転換とその中での世代構造の変化を、消費構造の変化と連動させて捉えることが必要です。

人口転換は比較的長期の歴史的変化で、二五年の幅には収まりません。一八七〇年代に始まった近代日本の人口転換は、高い出生率を維持したまま死亡率が低下する人口爆発的な状態が五〇年間続き、一九二〇年代になって出生率が低下し始めますが、その後の破滅的な戦争で多くの若者が死んでしまい、一九四五年からしばらくの間、再び多産少死の状態が続きます。

しかしそれでも一九五〇年代から六〇年代にかけて、日本社会は多産少死から少産少死への移行を見せ始めますから、一九七〇年頃までには前に述べた第二の屈曲、つまり人口転換の「着陸」に向けた屈曲局面に入っていました。それどころか、七〇年代半ばを過ぎると、出生率（合計特殊出生率）は人口が維持される最低限の水準を下回るようにすらなり、いずれ日本は人口減少社会になることがはっきりします。そして実際、二〇一〇年代以降に日本の人口は実数でも減り始めるのです。ただ、寿命が大幅に伸びることで社会全体の高齢化が進んできたので、この高齢人口が、人口減が実数で見えてくるようになるのを遅らせました。実際に生産年齢人口が減少していくのは、七〇年代の変化から約二〇年後、一九九〇年代のことです。つまり戦後日本の人口ボーナスの恩恵は、奇しくもバブル崩壊と同じ頃に消えていったのです。

幕末維新世代、開化民権世代、ポスト日露世代

本章の最後にお話ししたいのは、この人口転換と二五〜三〇年単位の世代間隔の関係です。戦後のベビーブームのように、歴史的に特殊な環境条件の変化によって爆発的に人口が厚くなる世代というものがあります。あるいは、人口の大きさは同じでも、大きな歴史的事件と遭遇するなかで特別の意味を持っていく世代があります。人口はたしかに連続的に変化していくので、親子の世代間隔が二五年になるのはどの年代に生まれた世代についても同じなのですが、大きな社会的事件、あるいは戦争や内乱のような「大きな死」とその後の「大きな生」とどのように遭遇するかは連続的ではありません。

まさにここにおいて歴史と世代が交わるのです。そして、そのような非連続の歴史的変化と遭遇する時代に生まれた一群の世代は、ある一定期間、社会の動向を左右し、その後も一定期間、影響力を保持し続けることになります。

その代表は、幕末維新期の動乱を生きた志士たちでしょう。彼らは驚くほど生まれた年が近く、同世代に集中しています。たとえば、坂本龍馬は一八三六年生まれ、榎本武揚も三六年生まれ、三条実美《さねとみ》は三七年生まれ、大隈重信は三八年生まれ、山縣《やまがた》有朋も同じ三八年生まれ、高杉晋作は三九年生まれ、伊藤博文は四一年生まれです。ほとんどが一八三〇年代の後半に生ま

れており、まったく同世代です。彼らは幕末の動乱が本格化する一八六〇年代に二〇代の若者でした。血気盛んな若者たちは、まっしぐらに動乱の時代を突進していきます。このあたりはいささか司馬遼太郎風になるのですが、彼らよりも一世代上の吉田松陰も一八三〇年生まれで、二〇歳の頃にペリーの黒船来航に遭遇しています。西郷隆盛は一八二八年生まれ、大久保利通は吉田と同じ三〇年生まれです。

つまり、西郷、大久保、吉田あたりが幕末の動乱世代の長兄で、伊藤博文あたりが末弟になります。幕末維新期の多数の抗争、戊辰《ぼしん》戦争から西南戦争までの動乱は、見方を変えればこれらの兄弟たちの喧嘩《けんか》だったと言えなくもありません。最後まで生き残るのは若い弟たちで、兄たちのほとんどは若くして死んでしまいました。いずれにせよ、幕末維新の世代は、一八五〇年代から六〇年代にかけての危機とナショナリズムの高揚を一〇代から二〇代にかけての年齢で受けとめた若者たちだったのです。ある歴史的な状況が、特定の世代に強い方向性をもった集合的意識を醸成したのでした。

同様の世代共通の集合的な意識の醸成は、この幕末維新世代の子世代に当たる一八六〇年代に生まれた世代にもあったように思います。「政治」の時代の後には、いつも必ず「文化」の時代が訪れます。六〇年代に生まれた人々が物心ついた時には、もう維新の動乱は終わっていました。彼らは一〇代から二〇代にかけて「文明開化」と「自由民権」の風潮のなかで過ごします。そうしたなかから、近代日本を代表する作家や芸術家が生まれてくるのです。

この開化民権世代の代表は、もちろん森鷗外と夏目漱石です。鷗外が一八六二年生まれ、漱石が六七年生まれで五歳の差です。鷗外は、少々政治の世界にも入っていますから「政治」の時代から「文化」の時代への過渡期に育った人なのかもしれません。そして一八六〇年代後半に生まれた文人たちには、漱石と同年で親友だった六七年生まれの正岡子規、やはり六七年生まれの幸田露伴《ろはん》、六六年生まれの画家の黒田清輝《せいき》、六七年生まれの民俗学者南方熊楠《みなかたくまぐす》などがいます。これらの人々を、鷗外を長兄とする兄弟に喩《たと》えるとすると、この兄弟の末の妹に当たる年齢だったのが一八七二年生まれの樋口一葉で、鷗外とは一〇歳の差、吉田松陰と高杉晋作の間の差とほぼ同じです。他方、岡倉天心は一八六三年生まれですから鷗外とほぼ同年です。鷗外に似て、天心も美術の世界だけにとどまらない活動をしました。

さらにこの開化民権世代の子世代、つまり幕末維新世代からすると孫世代はどうでしょうか。一八六〇年代から二五年後は一八八〇年代から九〇年代にかけてです。一八九〇年代に生まれた人々には、一八九二年生まれの芥川龍之介、同じ年に生まれた吉川英治や西条八十《やそ》、九四年生まれの江戸川乱歩、そして九六年生まれの宮沢賢治、九七年生まれの大佛次郎《おさらぎ》、九八年生まれの井伏鱒二《ますじ》などが含まれます。これらにちょっと先駆けるのが一八八五年生まれの大杉栄や八六年生まれの石川啄木《たくぼく》です。また女性作家では、一八九五年生まれの伊藤野枝《のえ》、九六年生まれの吉屋《よしや》信子と尾崎翠《みどり》、九九年生まれの宮本百合子などが並びます。

この年代に生まれた作家たちを一覧すると、はっきり二つの方向、すなわち吉川や西条、江

表2-1　幕末維新・開化民権・ポスト日露の各世代の有名人の誕生年

幕末維新世代（1830年代後半）	坂本龍馬（1836）、榎本武揚（1836）、三条実美（1837）、大隈重信（1838）、山縣有朋（1838）、高杉晋作（1839）、伊藤博文（1841）
開化民権世代（1860年代半ば）	森鷗外（1862）、岡倉天心（1863）、二葉亭四迷（1864）、黒田清輝（1866）、夏目漱石（1867）、南方熊楠（1867）、正岡子規（1867）、樋口一葉（1872）
ポスト日露世代（1890年代）	西条八十（1892）、芥川龍之介（1892）、吉川英治（1892）、江戸川乱歩（1894）、伊藤野枝（1895）、吉屋信子（1896）、宮沢賢治（1896）、大佛次郎（1897）、

戸川、吉屋のように、近代化が実現しつつある大衆消費社会のなかで「文化」を商品として販売していくことで成功する作家たちと、そうした近代に批評的な距離を取り、さらには近代そのものを問い返していった大杉や石川、芥川、伊藤、そして宮沢のような作家たちの系列に分かれます。この世代の人々は、一〇代で日露戦争に遭遇しています。つまり、幕末維新世代が同じ年頃で黒船来航に遭遇して植民地化の危機意識からナショナリズムに向かっていったのとちょうど対極的に、日本自体が帝国主義化していく時代に育ったこの世代は、帝国のなかに生まれていった大衆社会を相手にするか、あるいはそうした帝国とその根底にある社会秩序に疑問を投げかけていくか、どちらかの道を辿っていったのです。

これらのそれぞれの世代の内部の差異を論

じることは、ここでは禁欲しておきたいと思います。ここで確認しておきたいのは、「幕末維新」世代と「開化民権」世代、そして「ポスト日露」世代では、はっきりと異なる時代意識の位相を生きていたこと、したがって近代化のこの局面、つまり人口転換の上昇局面にあった社会では、二五〜三〇年の世代間隔を置いてまったく異なる集合的な意識を共有する世代が周期的に現れていたことです。

最初の世代である幕末維新世代を捉えたのは、植民地化に対する危機意識でした。二番目の世代である開化民権世代を捉えたのは、西洋から流れ込んできた圧倒的な知識と文化でした。三番目の世代であるポスト日露世代を捉えたのは、東アジアの帝国になりつつあった日本への疑問とそのなかで育まれる大衆文化の魅力でした。このように、世代はおよそ二五年単位で転位してきたのであり、この親子の世代間隔はロジスティック曲線に描かれる人口構造上の変化の上に置かれています。つまり、近代化の数百年に及ぶ長期の歴史的時間のなかで、多数の二五年単位の世代的時間が螺旋《らせん》状に旋回してきたわけです。

人口オーナスが予言する未来

以上で例示したように、世代の関係は兄弟的な関係と親子的な関係に区別されます。兄弟とは、吉田松陰から坂本龍馬や高杉晋作、そして伊藤博文まで、あるいは森鷗外や岡倉天心から夏目漱石や正岡子規、そして樋口一葉まで、さらには大杉栄や芥川龍之介から宮沢賢治、伊藤野枝までというように、ほぼ同世代の一群の人々です。この一群は、だいたい一〇年以内の年齢差に収まり、同じ時代状況を前にしながら互いに同世代人を意識しあう相補的な関係にあります。ところが幕末維新世代と開化民権世代、ポスト日露世代の関係は、兄弟ではなく親子の関係です。それぞれの世代によって認識の地平が違います。親から子へ受け継がれるものがあるとしても、その前提となる世界の見え方が違うのです。

こうした世代間の認識地平の違いは、社会が近代化していく、つまり人口転換の過程にある「熱い社会」ではより顕著なものとなっています。逆に、レヴィ＝ストロースが「冷たい社会」と呼んだ変化を前提にしていない社会では、同じことが繰り返されることに価値を置いているため、親・子・孫の意識の差はそれほど大きくないとも考えられます。大きな構図で考えるなら、親・子・孫で認識の地平が異なる「世代」は、「冷たい社会」から「熱い社会」への転換期に現れ、やがて「熱い社会」の終焉とともに姿を消していくのです。

日本近代において、二五～三〇年の世代間隔で変容していく異なる世代が、人口転換の「離陸」のプロセスでどのように現れたかは、ここで例示した通りです。この「離陸」はしばしば内乱や革命を伴うので、変化の初期段階は「政治」の季節を駆け抜ける若者たちが主役です。しかし、「政治」の季節はやがて去ります。「政治」の後に訪れるのは、「文化」の時代、あるいは「経済」の時代です。つまり革命的な政治青年たちの後には、若手作家や企業家たちの時代が続くのです。このような世代的な地平の転換が、日本近代の場合であれば、幕末維新から開化民権へ、そしてポスト日露へという段階的変化として生じました。

　戦後においても、「政治」の季節といえる「六〇年安保」を担った世代の多くは一九三〇年代後半の生まれでした。そして、彼らよりも二五年後の一九六〇年前後に生まれた子世代は一九七〇年代から八〇年代にかけて「文化」の時代を担いました。さらに、その子世代の一九八〇年代から九〇年代にかけて生まれた世代は現在、二〇代半ばから三〇代初めで日本経済の厳しい現実を前に、「経済」により大きな関心を向けているように見えます。

　しかし、この二系列の三世代が生きているのは同じ歴史的状況ではありません。一八七〇年から一九二〇年頃までの継続的な五〇年を条件づけていたのは明治・大正期型の政治経済システムで、大口株主による企業支配、敵対的買収、労働者の頻繁な企業間の移動、政府の不介入等を特徴としていました。幕末維新の動乱を経て、日本は西洋をモデルに近代国家と近代資本主義をストレートに実現しようと必死でした。他方、一九四五年から九五年までの五〇年間は、日本が復興と高度成長を遂げ、その果実を謳歌できた五〇年で、内部昇進型の長期雇用、年功序列基本の賃金制度などに加え、政府機関による規制を中心とする利害調整システムが有効に機能していた高度経済成長期型の政治経済システムの時代でした。近代日本は、この二つの歴史的局面が段階的に推移していったプロセスとして把握されます。

「幕末維新」「開化民権」「ポスト日露」は、前者の局面を担った三つの代表的な世代でしたが、「安保」以降の世代は、後者の局面をより複雑な多様性を伴いながら生きてきました。何よりも肝要なことは、前者が明らかに人口転換の「離陸」の局面であるのに対し、後者はむしろ社会が「成長」から「成熟」に向かう「着陸」の局面に近いことです。

この「着陸」、すなわち人口構造が多産少死から少産少死に移行し、出生率が人口の維持も難しくするほど低下し始めたのは一九七〇年代からです。ところが、実際に日本の人口が減少し始めるのは二〇一六年からです。大きく出生率が減り始めてから実際に人口が維持できなくなるまでに半世紀近い「時差」がありました。この「時差」が意味するのは、食生活の改善や医療技術の発達によって寿命が伸び、高齢になっても人があまり死ななくなったこと、つまり社会の超高齢化です。生まれてくる子の率が急減する一方、高齢者の人口が急増していったので、全体として人口が維持されてきたのです。

このような高齢者の大きな人口の膨らみが生じた一因は、かつて若い世代の膨らみだった「人口ボーナス」が年老いた結果です。当時、経済成長に貢献した「人口ボーナス」が、今は逆に経済の重荷になってしまったという意味で、この人口的膨らみは「人口オーナス」(onus は重荷の意味)と呼ばれます。「人口オーナス」に苦しんでいる、あるいはこれから苦しむのは日本だけではありません。すでに韓国も人口オーナス期に入っていますし、一人っ子政策を進めてきた中国も二〇三〇年代までには人口オーナス期に入ると考えられています。「人口ボーナス」の反面として「人口オーナス」が生まれるのは必然的で、人口転換をしたすべての社会はやがて「オーナス」を抱え込むことになります。

こうしたことは、一九世紀のヨーロッパでも起こっていたと思いますが、それでも今日の日本やアジア諸国の「人口オーナス」が特別に深刻なのは、過去の「オーナス」に比べ、第一に二〇世紀の総力戦による「大量の死」の後で生じたベビーブームの規模の大きさ、第二にこれらの国々が実現していった短期間の経済成長、第三に平均寿命そのものの著しい伸びによる超高齢化といったいくつかの理由から、それまでの人口転換で生じてきた同様の問題とは比べものにならない急激かつ大幅なものだからです。こうしたオーナス状況が私たちの社会のいかなる未来を予言するのか、そしてそれは二五年単位の世代構造をどう変化させていくのかについては、第五章でさらに考えていくことにします。

第三章　長期波動と資本主義

――経済循環から眺める世界史

1　景気の長期波動——コンドラチェフの波を再考する

ニコライ・コンドラチェフの予言

本書ではこれまで、歴史を二五年という単位で見ることを提唱し、なぜ二五年なのか、その第一の理由として世代間隔という人口構造の観点から、より長期の人口転換と結びつけながら考察を展開してきました。この章では、二五年単位のもう一つの根拠である政治経済学的な視点、すなわち「コンドラチェフの波」について説明していきたいと思います。

実は、二五年単位、正確にはその二つを組み合わせた五〇年の周期で歴史は位相を転換させてきたと最初に考えた人物が、二〇世紀初頭、革命直後のソ連にいました。ソ連の経済学者ニコライ・ドミトリエヴィチ・コンドラチェフです。彼は、スタッフを五〇人以上抱えるソ連の経済分析シンクタンク「景気循環と景気予測研究センター」で所長を務め、ニコライ・ブハーリンが主導する市場誘導型の社会主義経済政策のために景気動向の調査分析を行っていました。後に「コンドラチェフの波」と命名される「景気の大きな波」は、コンドラチェフが一九二五年に発表した論文で示されたものです。そのなかで彼は、資本主義経済は約二五年の上昇局面と約二五年の下降局面を持つ五〇年周期でこれまで螺旋的に循環してきたのであり、この景気の長期波動の分析が、資本主義の未来予測に繋がるとする画期的な学説を唱えました。

彼の分析によると、最初の大波はフランス革命前夜あたりに始まり、ナポレオン戦争の時期まで続く上昇局面に始まります。それが後退し、下降局面となるのは一八一四年にウィーン体制が確立する頃からで、この下降局面は一八四〇年代までの約三〇年間続きます。この第一の波は「産業革命の時代」と呼べますが、一口に産業革命といっても、産業革命によって景気が上向く時期と景気が下降していく時期の二つの局面に分かれていたのです。

第二の波は、一八四八年前後から七五年頃までの二二〜二六年の上昇局面で始まります。この頃のフランスは第二帝政期で、オスマンのパリ大改造があり、万国博覧会がパリとロンドンで次々に開催されるなど、華やかな好景気の時代でした。この好景気が反転するのは一八七〇年代初頭、普仏戦争が終わり、パリ・コミューンが収まっていく頃です。それからおよそ二五年間、ヨーロッパ経済は大不況に陥ります。

この第二の波の時代は、ヨーロッパ各地に鉄道網が張りめぐらされ、アメリカでも大陸横断鉄道が開通するなど、「国土開発の時代」でした。こうした鉄道網の普及も欧米では一八七〇年代までに飽和状態となり、当時は辺境だった日本にまで鉄道建設の場が求められていきます。そうして日本で最初に建設されたのが、一八七二年に開通した横浜−新橋間の鉄道でした。

第三の波は一八九六年から一九一四年まで約二〇年間の経済成長が続く時期からで、電気をはじめとする科学技術の発展が大きくこれに寄与します。しかし、第一次世界大戦の勃発で経済成長に突然の終止符が打たれ、ヨーロッパ全土を悲惨な荒廃が襲っていきます。そして一九一七年、人口膨張期にあったロシアで急激なインフレが労働者層の生活を直撃し、最初の社会主義革命が起きるのです。まさにこの時、若きソ連で経済政策にかかわっていたコンドラチェフにとって、一九二〇年代の大戦後の不安定な経済がどう展開していくのかを予測することは重大な課題でした。すなわち一方で、世界戦争による荒廃からの復興は、復興ブームを生んでいく面がありました。他方、前世紀から続いてきた上昇局面が、いつ下降局面に反転するかわからない時期に差しかかってもいたのです。時代はまさに大転換期でした。

コンドラチェフがこの五〇年周期の波動についての考えを最初に発表したのはまだ三〇歳だった一九二二年とされます。その時点の彼は、二九年の世界恐慌など知るよしもなかったのですが、それまでの趨勢《すうせい》の分析から、一九二〇年代のどこかで経済は上昇が下降に反転する可能性があり、その下降局面は二〇年以上も続くかもしれないことを予測していたのです。

このような天才は、ブハーリンの市場誘導（ネップ＝新経済政策）型の経済政策では中心にいましたが、やがて権力を占有し、徹底した全体主義的統制による工業化政策を主導したスターリン体制では邪魔者です。彼の景気循環と景気予測研究センターは二〇年代末までに閉鎖され、彼自身、三〇年代の「大粛清」の犠牲者となっていくのです。この大粛清で、なんと一三四万人が粛清の対象となり、六八万人に死刑判決が下され、六三万人が強制収容所に送られたとされます。スターリンにとって理論的に脅威となる可能性があったコンドラチェフは裁判にかけられ、一九三二年に流刑となります。さらに大粛清が最高潮に達する一九三八年、銃殺によりこの世を去ります。四六歳の若さでした。

しかし、スターリンの恐怖政治が本格化する直前、一九二八年に本も出版されていたコンドラチェフ理論は、生みの親を失った後も長い生命を得ていきます。この理論の先見性にいち早く注目し、「コンドラチェフの波」という用語の命名者ともなったのはヨーゼフ・シュンペーターでした。実は、彼がコンドラチェフ理論の重要性を世に示すごく早い時期の講演が、一九三一年の来日時に東京帝国大学でなされています。日本人は、シュンペーターによるコンドラチェフ理論の発展に世界で最も早い時期に接していたのです。当時、アジアの帝都となっていた東京には、世界の最先端の理論が同時代的に流通する状況が成立していました。とはいえ当時、どれだけの人が、このシュンペーター講演の革新性に気づいたかはわかりません。

シュンペーターは今日では、「イノベーション」の理論家として有名です。しかしこのイノベーション概念は、日本では過度に技術中心主義的（技術革新！）に解釈されています。つまり、イノベーションが単に技術の問題ではなく、社会の組み立て方の問題であることも、またそれは歴史的な長期波動の一部で、それが牽引《けんいん》する収縮から拡大への転回は、いずれ飽和する運命にあることも十分に認識されているとは言い難いのです。永久革命が不可能なのと同様、絶えざるイノベーションもあり得ません。

「小さな波」と「大きな波」

ただし、資本主義経済に周期的に上昇と下降を繰り返す循環があると指摘したのはコンドラチェフだけではありません。代表的なものを紹介すると、最も早くにこの「波」の存在を指摘したのは、フランスの経済学者、クレマン・ジュグラーです。一八六二年に発表された『仏英米における商業恐慌とその周期的再発について』という著作で、彼は「ジュグラーの波」と呼ばれる約一〇年周期の「波」の存在を指摘しました。もう一つの例は、アメリカの経済学者サイモン・クズネッツが一九三〇年に『生産と価格の趨勢』という著書で唱えた「クズネッツの波」です。経済時系列データに基づいて観測されたその波は、二〇年周期で循環するとされました。だいたい同じ頃ですが、より短期的な循環として、イギリスのジョゼフ・キチンが約三年余（四〇カ月）周期の「キチンの波」の存在を指摘しています。

重要なことは、キチンの波（三年）やジュグラーの波（一〇年）、それにクズネッツの波（二〇年）をも含め、比較的短中期の波動（小さい波）と、コンドラチェフの波（五〇年）のように長期の波動（大きな波）の間には質的な違いがあることです。前者のいくつかの「波」は、商品の在庫調整や企業の設備投資、住宅などのインフラ整備と結びついて生じ、いわば純粋に経済学的な分析の枠内の循環です。社会学者の私がこれらにどうこう言う立場にはそもそもなく、またその能力も持ち合わせていません。ところが、二つの二五年が組み合わさった五〇年の周期とされるコンドラチェフの波の場合、純粋に経済学的というよりも、国家の産業政策や都市の発展、革命や戦争、人口変化など諸々の歴史的変化とどうしても結びつきます。「波」は長期になればなるほど、社会構造そのものと関係してこざるを得なくなるのです。

コンドラチェフは、彼の五〇年周期の波が、鉄道、道路、大規模な工場設備、港湾、ダム、発電所等の社会的インフラの耐用年数と結びついていると考えていました。経済の上昇期には、これらの恒久的資本財への投資が次々に行われるのです。一九六四年の東京オリンピック前後の首都改造を思い起こしてみてください。社会全体がそうした投資に積極的になるには、高い貯蓄活動、低廉な貸付資本、有力な金融機関、相対的に低い物価といった前提条件がなければなりません。幸い、一九六〇年代の日本には、この多くが備わっていました。

しかし、住宅や個別の工場の設備投資ほど短期でなくても、これらの恒久的資本財もやがては老朽化し、様々な非効率性や劣化が生じてきます。日本では、たとえば二〇一一年の福島第一原発事故は、一九七一年の原発の営業運転開始から四〇年後に起きていますし、二〇一二年に中央自動車道の笹子トンネルで起きた崩落事故も、一九七五年の完成から三七年後に起きています。福島原発事故は、もちろん東日本大震災というはるかに長い時間の流れのなかで起きた出来事と不可分ですが、しかし事象の表面で見るならば、多くの恒久的資本財は、完成から四〇年前後で大事故を起こしやすくなり、五〇年を過ぎると限界に達すると言えそうです。

恒久的資本財の寿命が約五〇年で、完成から四〇年前後を経ると劣化のリスクが高まってくるのだとすると、四〇年以上を経たインフラは早急に建て直されていくべきなのかもしれません。しかしこれは安全管理上の話であって、実際のインフラは、問題点がはっきり見えてこないと更新されないことのほうが多いわけです。結局、耐用の限界を超えたことで次々に問題が露呈してくる五〇年前後から、インフラの建て替えが始まります。ですからどこかの時点で、大規模な都市改造のブームがあったりすると、それから約五〇年後に、その更新のための新たな建設ブームが生じ得ることになります。実際、現在の日本は、一九六四年の東京オリンピックでの首都改造から五〇年余を経て、各地で大規模なリノベーションや再開発が進んでいます。二〇二〇年に日本が再び東京オリンピックを開催しようとした、もともとの背景にも、かつての建造から五〇年を経てのインフラ更新への思惑があったかもしれません。

2 イノベーションと経済成長の長期循環——シュンペーターとロストウ

一群の技術革新が「下降」から「上昇」に転換させる

コンドラチェフが注目したのは、長期波動が収縮から拡張に転じるタイミングには、恒久的資本財の大規模な供給が伴っていることでした。そしてそれは、戦争や大災害からの復興や国家の大規模プロジェクトを通じて生じるのです。その際、インフラの耐用年数に一定の規則性がある以上、そうした大規模な供給にも周期性が生じます。鉄道、道路、大規模な工場設備、港湾、ダム、発電所等の社会的インフラの場合、この耐用年数が五〇年程度だと考えられたのです。この説明は、クズネッツの波などの説明と決定的に異なるわけではありません。

これに対し、シュンペーターはかなり重要な理論的改良を施しました。すでに述べたように、彼の景気循環理論の核心は「イノベーション」の重視にあり、そのさらに中核をなすのは一群の束をなす技術革新でした。先ほど触れた東京帝国大学での講演で、シュンペーターは経済の大きな波動を生じさせる要因として、第一に、（戦争や革命のような）経済活動の外部から及ぼされる不規則な影響、第二に、（人口変動のような）ゆっくりとした持続的な力、第三に、（技術革新に代表される）生産方法の変化の三つを挙げ、このなかの三番目の技術革新を最も重視しました。シュンペーターの言葉を引用すると、この第三の一群の技術革新によって「波」が起こる仕組みを、彼は「静かな池があると仮定し、そこへ大きな石を投げ入れると波が生まれる。そこでこの波が続いているうちに、小さな石を投げ入れると、その大きな波の中に別の波が作られる」（『景気循環分析への歴史的接近』九頁）と、石の比喩によって説明します。この「石」とは、すなわち技術革新です。つまり、彼が石を複数、タイミング良く投げ入れるとしているのは、「大きな波」を生じさせるのは、単一の革新的技術ではなく、複数の相互に結びついた一群の技術革新だと考えていたからです。

たとえば、一九八〇年代の世界では、ソニーのウォークマンが大ヒットし、これによってソニーは二一世紀の世界をその技術でリードするかに思われました。ところが九〇年代以降、実際に起きたのはソニーの凋落《ちょうらく》とアップルの大躍進でした。何が違ったのかといえば、ソニーのウォークマンは、それがいかに革新的であっても単体の技術だったのに対し、アップルが開発していたのは、Ｍａｃのパソコンだけでも、ｉＰａｄだけでも、ｉＰｈｏｎｅだけでもなく、ネットワーク化される複数の革新的技術群だったのです。アップルが「未来の技術」という以上に「未来の社会」を想像していたのに対し、ソニーには時代がどんな文化を醸成していくかについての社会的想像力が欠けていました。「ウォークマン」という技術革新の石は投げこまれたのですが、結果的に、大きな波にはなりませんでした。

少々、話を現代に近づけすぎたかもしれません。シュンペーターは一九三〇年代にこれを語っていたのですから、当然、考えられていたのは第一次世界大戦までの技術革新です。

たとえば、コンドラチェフの第一波、一八世紀末からの上昇局面の契機となったのは蒸気機関を中核とする産業革命の諸技術でした。第二波、一八四〇年代末からの波を牽引したのは鉄道や蒸気船による交通ネットワークの整備です。第三波、一八九〇年代半ばからの波は、様々な電気技術によって牽引されていきます。そして、その延長線上で第二次世界大戦後を考えるならば、プラスチックや化学繊維を含む石油化学技術も考えなければならないでしょうし、一九九〇年代以降になれば、もちろんインターネット関連のＩＣＴ技術になります。ポイントは、いずれの波も一つだけの技術で導かれたことはなく、新しい社会的想像力と結びつき、ネットワーク化された多数の技術のまとまりが時代の流れを変えてきたことです。

技術革新は、やがて必ず飽和する

イノベーションをめぐるシュンペーターの考察でもう一つ重要なのは、これらの一群の技術革新はやがて飽和していくという認識です。彼は、一群の「石が投げ入れられた」ことで生じた拡張波は、数十年の時間のなかで必然的に停滞波に転化していくと考えていました。

> 新しい生産方法と、新しい商業上の組み合わせの導入からなる産業上の変化は、次の段階では、新しい工場から流れてくる消費財という形で、その結果を生み出すであろう。そしてこれは奇妙に見えるかもしれないが、沈滞をも生み出すのである。（中略）もしも新しい生産方法が、より低い費用で商品を生産したとすれば、そのより低い費用で稼働する新しい工場は、古い工場よりも安く売り、彼らに損失を蒙《こうむ》らせたり、倒産に至らしめるであろう。（中略）進歩は本質的には、均衡の攪乱《かくらん》ということであり、沈滞とは、本質的には古くなった経営方針、古くなった工場、企業などが排除され、新しい均衡が達成される時を意味するものである。
>
> （『景気循環分析への歴史的接近』一六〜一八頁）

シュンペーターによれば、経済が「拡張」から「収縮」に転じるのには理由があります。たとえば自動車産業を考えてみましょう。ヘンリー・フォードは自動車を工場生産することに着眼し、巨万の富を得ます。これを見て次々に追随者が現れ、より安価で多様な自動車を生産していきます。フォードと彼の追随者たちは、低価格化や商品の差別化を競い、そのための一群の技術革新が市場に投げ込まれ、全体として新しい産業が創出されていったのです。

しかし、追随者は後になればなるほど、短期間で大きな利益を得ることはできなくなります。投資が特定の「新産業」に集中し、その産業の市場が拡大しても、新しい参入者がそれ以上のスピードで増えていくのでやがて供給過剰になり、市場は飽和してしまうのです。そうなると、生産者間でゼロサム的な市場の奪い合いが始まり、利益はどんどん薄くなっていきます。

シュンペーターはこの拡張から停滞への転換が、約二五年で起こると考えました。市場が飽和すれば必然的に利益率が下がり、やがて過当競争が進んで経済は停滞に陥るのです。

日本ではしばしば、こうした競争の過程でぎりぎりの効率化を図り、迅速かつ安価な製品を大量生産していく技術の開発が究極のイノベーションだと考えられています。しかし、シュンペーター本来の観点からするならば、それはイノベーションとは正反対のことです。むしろ彼の考えでは、そうした行為は過去に投資されたものを無駄にし、産業を沈滞させるリスクを伴っています。なぜならば、すでに確立している市場でシェアを広げようとして多数の企業がより安価かつ効率的に生産する技術を競っていくことでやがて訪れるのは、もうこれ以上はコストを削れないぎりぎりの均衡状態だからです。そうなると、それぞれの企業が必死に生産と販売を重ねても利益もさして生まれず、従業員の生活は苦しいまま忙しくサバイバルゲームを演じていくことになります。これ、まるで今の日本そのものですね。

しかし、このような「上昇」と「下降」の捉え方は、あまりに経済中心の歴史観なのではないかという批判があるかもしれません。実際、デュルケームの継承者で、社会学者では長期波動に最初に注目した人物であるフランソワ・シミアンは、経済的に「下降」の時代こそ、文化や知的活動の面で「偉大な時代」であることが多いことにも注意を喚起していました。

たとえば、一八二〇年から一八四五年頃までの経済的に「下降」の時代は、一九世紀ロマン派の文学や芸術活動の爛熟《らんじゅく》期でしたし、一八七〇年代から九〇年代半ばまでの「下降」の時代も、世紀末文学・芸術の爛熟期だったのです。フランスでいえば、バルザックやユゴー、アレクサンドル・デュマ・ペールといった人々が活躍したのが前者の時代ですし、後者の時代はロートレックやミュシャ、ルドン、モローといった画家たち、あるいはマラルメ、ランボー、ヴェルレーヌといった詩人たちの最盛期です。

つまり、経済的停滞が文化的創造性の喪失を意味するわけではなく、むしろ歴史はその逆、経済がうまくいかない時代に文化がより創造的になってきたことを示唆しているのです。

ロストウの「成長理論」における景気循環

いずれにせよ、シュンペーター以降、コンドラチェフの波はイデオロギー的に対立する左右、すなわち近代主義の立場に立つ右寄りの学者たちと、マルクス主義の立場に立つ左寄りの学者たちの両方に受容され、異なる仕方で発展させられていきます。

まず、近代主義者たちのなかで、コンドラチェフ理論を最も影響力ある仕方で展開したのはウォルト・ホイットマン・ロストウでした。『経済成長の過程』、『経済成長の諸段階』などの一九五〇年代から六〇年代に発表され、当時は世界の発展途上国の近代化等に大変大きな影響力をもった著作において、彼はコンドラチェフ＝シュンペーターの景気循環論に基づく経済成長理論を展開しています。ロストウの議論は、その頃の日本の高度経済成長政策などでも参照されましたから、政府や産業界には未だに一定の支持者がいるかもしれません。

シュンペーターは、一八世紀末以降に顕在化する長期波動を、最初の拡張局面が一七八五年から一八一四年まで（二九年間）、収縮局面が一八一五年から四二年まで（二七年間）、第二の拡張局面が一八四三年から七三年まで（三〇年間）、収縮局面が一八七四年から九四年まで（二〇年間）、第三の拡張局面が一八九五年から一九一五年まで（二〇年間）、混乱期だった第一次世界大戦後の収縮局面が一九二〇年代以降と、ほぼコンドラチェフによる区分を踏襲していました。

そしてロストウも、第一次世界大戦の頃までについては、コンドラチェフやシュンペーターと大筋で同じ時期区分を詳細に説明しています。すなわち、最初の拡張期は一七九三年から一八一五年までで、西欧諸国での著しい人口増加、小麦価格の持続的上昇、ナポレオン戦争の後背地としての新生アメリカの大発展などにより特徴づけられます。

ところがこれは、一八一五年から四八年までの収縮期にとって代わられていきます。この時期を特徴づけたのは、小麦価格の下落とイギリスでの鉄道建設の時代の始まり、それにアメリカへの移民の拡大でした。そして一八四八年以降、拡大する戦争と並行して世界経済は大発展期に入ります。クリミア戦争、普仏戦争、南北戦争、インドでのセポイの乱、中国での太平天国の乱などが次々に起こります。その一方、この時期には鉄道建設のブームが世界各地に広がり、カリフォルニアとオーストラリアでは金鉱山開発が進んでいました。ところがこれが、一八七三年以降になると反転し、ヨーロッパはなかなか不況から抜け出せません。不況で物価や利子率が下がりますが実質賃金は上昇します。そうした一方で、この時期には電力、ゴム、セメント、自動車等の新産業が勃興していきました。

一九世紀末になると、米西戦争、日清戦争、第二次ボーア戦争、日露戦争、バルカン戦争というように、西欧内部よりも植民地やアジアで帝国主義戦争が頻発するようになり、これがやがて第一次世界大戦のカタストロフへと向かっていきます。この一八九〇年代から第一次大戦までは経済的には拡張期で、利子率が上昇し、労働者の実質賃金は下落していきました。

しかし第一次大戦後、経済は拡張から収縮に転じる気配を見せていきます。この時期のヨーロッパのインフレと高失業率が深刻で、戦争による荒廃のなかで西欧が衰退し、米ソが著しい成長を遂げていきますが、まだ世界は不安定です。他方、産業的には道路網の整備と並行して自動車産業が大発展し、鉄道全盛の時代にとって代わっていくのもこの頃でした。

波動しながら国々は収斂《しゅうれん》していく?

ロストウは、シュンペーターが大摑みにした時代相を、多変量解析していく手つきで多数の次元を設定し、それらを複合させる仕方で分析していきました。いかにも「アメリカ的」と言えそうです。たとえば彼は、「基礎科学を発展させる性向」、「科学を経済的諸目的に適用する性向」、「革新を受容する性向」、「物質的向上を求める性向」、「消費性向」、「産児性向」という六つの性向と経済の成長率を関連づけています。したがって、長期波動の発生原因を考察する場合も、いくつもの変数が複合的に存在し、その結びつきが波動を下降させたり上昇させたりすると考えていきます。その際、彼は、社会が何かに大きな投資をする時点と、その投資が完成して経済が回っていく時点の間にずれがあることを強調しました。

すなわち、大規模な投資活動では完成まで数年にわたる期間が必要になります。しかし投資家たちは、現時点での経済の動きから投資行動を決定するので、投資が生産として実現するまでに時間的なギャップが生じ、設備が完成した時にはブームが終わっているかもしれません。ロストウは、そうした「投資の委託」と「投資の結果の完成」の間にある時間のずれが、波動的な循環構造を生んでいくと考えました。

もう少し、この点を詳しく説明しておきましょう。たとえば、人口増加と労働力の増加の間には時間的なギャップがあります。出生率の増大は、一定年数を経るまで労働力人口の増加に結びつきませんから、しばらくは需要のみが増大し、経済的には苦しい時代が続きます。

また、ある方面に資源を投資しようという決意と、投資が完成し、資本ストックが拡大して市場に直接的な効果を発揮するようになるまでにもギャップがあります。先ほど述べたように、直接的な効果が発揮される前に社会の流れが変わってしまうかもしれません。とりわけ鉄道や運河、発電所といった大規模なインフラの建設は、本質的に投資活動が小さな単位で行われることが不可能な性質を持っています。

他方、投資家も一般大衆も、将来の予測を現在の傾向のそのままの延長線上で想定し、期待をすることが多いですし、専門家も多くが同じような特定部門に投資するように人々を方向づけていきます。最近の日本ですと、ＡＩ（人工知能）への投資ブームはこの典型ですね。

この時間的なずれは、なぜ、停滞期に社会を革新する可能性が広がっていくのかをある程度まで説明します。すなわち、様々な時間的ずれの結果、その社会で供給が過剰になり、結果として利益率や収益が下がっていくのですが、様々な社会的慣性が残存していきます。

たとえば、停滞期には一家の所得は下落する傾向を持ちますが、生活レベルを露骨に落とすことは誰にとっても辛《つら》すぎるので、その一家がすでに獲得してしまった消費水準は、苦労をしながら維持しようとされていきます。また、その社会で人口増加の流れが生じている場合、人口は経済よりももっと緩慢にしか変わらないので、経済が停滞しても労働力は増加し続けます。必然的に、失業率は増大することになります。

他方、経済の停滞が続くと、投資の減退により銀行に蓄積される貨幣量が増大し、利子率も下落していきます。昨今の日本はもうゼロ金利、マイナス金利ですからこの意味では極値ですね。しかしそうすると、新しい分野への投資の潜在的可能性は広がっていくのです。

以上の結果、以前の拡張期には目が向けられていなかったフロンティア的部門への関心が広がり、新しい産業が創出されていくことになります。このようにして、ロストウは景気の長期的循環が、社会的経済過程の内部に存在する様々な時間のずれが複合することによって生じていくと考えました。ロストウの考えでは、景気の長期循環はそれぞれの社会経済内部の論理によって説明できますから、諸社会は上昇と下降の循環を繰り返しながらも最終的には経済成長に向かいます。というのも、一定条件を満たせば、生活水準の低い国は豊かな国よりも速く成長できますから、やがて先進国の生活水準に相対的に近づいていきます。アメリカを追いかけるように戦後は日本が成長し、この流れはやがて中国やインドにも広がっていくのです。

実際、一人当たりのGDPで見れば、二〇〇六年の中国の水準は、一九六四年の日本の水準と同じで、これはさらに一九二二年のアメリカの水準と同じです（四〇年の差）。同じように、二〇〇六年のインドの水準は、一九五四年の日本の水準と同じで、さらにそれらは一八七二年のアメリカの水準と同じです（それぞれ五〇年の差）。数十年の時間的なずれがありますが、これはあくまで時間的なずれですので、最終的には収斂に向かうとロストウは考えました。これが、いわゆる収斂仮説、近代主義的な経済成長モデルです。

3　資本主義システムと長期波動――マンデルとウォーラーステイン

資本主義経済システムと長期波動

シュンペーターからロストウに至るコンドラチェフの波の再評価は、いわゆる近代化論の流れのなかで行われたものです。その関心の中心をなしたのは、「収縮」から「拡張」への転換、そして長期的な経済成長のプロセスでした。

しかし、コンドラチェフの波が、そもそもロシア革命後の市場誘導型の社会主義の試みのなかで発見されていった波動であることからも予想されるように、この長期波動の重要性に注目したのは近代化論者だけではありません。イデオロギー的にはこれと対立するマルクス主義の理論家たちも、コンドラチェフの波が十分に検討に値する仮説であると考えました。

マルクス主義の視座を背景にコンドラチェフの波の仮説を発展させた代表的な理論家に後期資本主義論で有名なエルネスト・マンデルがいます。彼は、マルクス主義経済分析が平均利潤率の変化について分析を重ねてきた二つの時間、すなわち短期の産業循環の時間と近代資本主義が限界に達するまでの数百年単位の時間の二つに加え、新たに第三の時間、すなわち二〇年から二五年の持続性を持った「長期波動」の時間を導入しなければならないと主張しました。

マンデルも、シュンペーターらと同じように、「拡張」から「収縮」への反転が約二五年の時間幅で起こることは、資本主義経済の運動法則の内的論理によって説明可能だと考えていました。ここでロストウが時間的なずれとして捉えた問題を、マンデルはむしろ個別的な主体の合理性と全体社会の合理性の間の構造的なずれとして理解します。

他方、ロストウのような経済成長論者たちとマンデルが異なるのは、経済が「収縮」から「拡張」に転じる理由は、その経済システムの内的論理では説明できないとする点です。マンデルも、シュンペーターのいうイノベーションの重要性を否定していたわけではなく、停滞期には根本的な技術革新が刺激される傾向があることは認めています。しかし、それが拡張長波への転換に至るのは、戦争、革命、植民地的収奪等を通じた新たなフロンティアの獲得といった大きな政治社会的変動が決定的に働くことによってであるというのが彼の主張です。だからこそ帝国主義と資本主義の発展は一体的に進んできたのであり、一九世紀以降の世界経済における「拡張」への転換は、常に列強の帝国主義的「拡張」と結びついてきたのです。

たとえば、マンデルの解釈では、一八四八年以降の収縮から拡張への転換は、二月革命によるウィーン体制崩壊やカリフォルニアの金鉱山発見と不可分に結びついていました。これらによって、西欧から中東、そして太平洋が、資本主義的に生産された商品の市場として統合されたのです。市場のこのグローバルな拡張により、広範囲にわたる産業化と技術的革命が刺激されました。つまりマンデルの議論では、一八四八年以降に起こる拡張期は、帝国主義の植民地争奪という世界規模の変動と切り離せません。さらに一八九〇年代以降の拡張期への転換にも、「アフリカ、中東、東アジア、そして中国の、植民地帝国ないし半植民地勢力圏への最終的分割、低開発国への資本輸出の飛躍的増大、原料の相対価格の低落」（『資本主義発展の長期波動』三六頁）といったかたちで帝国主義による世界分割が作用していました。同時期の東アジアにおける日本の経済発展が、日清・日露戦争を通じた植民地帝国化と不可分なのと同じです。

ちなみにマンデルは、一九八〇年に出版されたこの著書で、欧米各国で一九七〇年代から始まっている長期的な停滞長波が、九〇年代、何らかの理由で拡張期に転じていく可能性のあることを予言していました。すなわち、一九七〇年代以降の「相対的停滞ないしは低成長の新たな長波がいつまでもいすわり、国際資本主義体制の衰退および腐朽」に至る可能性もなくはないが、何らかの劇的な変化をきっかけに「一九七〇年代と一九八〇年代を通じた長い『浄化』期ののちに、一九四八〜六八年の時期の加速的拡張とはいわないまでも、一八九三〜一九一三年の時期のそれに比肩しうる加速的拡張の新たな時期が開始される」（同書、一二五〜一二六頁）かもしれないと、マンデルは論じていたのです。

その際、この新たな拡張長波を生んでいく条件は、「語のもっとも広い意味における資本主義的商品市場の目ざましい拡大」です。そしてそれが実現していくためには、「新しい技術革新の大規模な応用」による「資本回転率の新たな革命的加速化」が不可欠なはずでした。マンデルはその技術的条件に関し、「マイクロプロセッサーの分野における最近の発展によって、そのための基礎はすでに築かれている」とまで予言していました（同書、一二六〜一二七頁）。

未だベルリンの壁が厳然と東西を分かち、ソビエト連邦は強力な軍事力を維持し、インターネットをまだ誰も知らなかった時代の指摘です。しかしマンデルは、この新たな拡張期が、社会主義の崩壊という巨大な政治的変化を伴うとはまったく予想していませんでした。

彼は、一九九〇年代以降、コンピュータ技術を中核とする新たな技術革新により、多くの労働が自動化されていくことになるので「人間の機械への根本的に新しい置き換え」（同書、一二七頁）が大規模に進み、吐き出された労働力が低賃金のサービス産業に吸収されること、しかしサービス産業はそれを吸収しきれず、大量の失業者が発生していくことを予測していました。しかし、このような資本の動きに対抗する力を労働者階級はすでに備えており、たとえ先進諸国から発展途上国への工場の大規模な移転が起こり、そこでの低賃金雇用が先進諸国の高賃金雇用にとって代わるとしても、「総需要にあたえるその全般的効果は、微小なものにとどまる」（同書、一三六頁）とも述べていました。こうしてマンデルは、世界経済を下降から上昇に転換させていこうとすると、私たちは膨大な失業者や危険な水準に達しつつある地球環境の破壊など、多大な災禍を伴う「破壊的適応」に頼らざるを得なくなる可能性が高く、それを回避する唯一の道は、「社会主義の道にほかならない」と、なおもマルクスに回帰していったのでした（同書、一四三頁）。

ヘゲモニー国家と「波」の不均等な分布

停滞から拡張に社会が転じる決定的なモメントとして、体制の崩壊や戦争、植民地の争奪といったマクロな政治社会的変動が作用しているという認識に加え、マンデルはもう一つ、その社会が置かれている段階的な違いに応じ、長期波動が異なる仕方で現れることにも気づいていました。マンデルは、長期波動は「指導的な資本主義国の経済と総体としての世界の工業生産高とに明瞭に現れている」（同書、一四頁）と主張します。つまり、この長期波動をリードするのはその時代のヘゲモニーを握った国家であり、一九世紀は大英帝国、二〇世紀半ば以降はアメリカの経済が、最も顕著に世界経済の長期波動と連動してきたのです。

その一方で、そうした先進国をキャッチアップする発展途上の国々、たとえば「南北戦争後のアメリカや今世紀の日本などは、長波の停滞局面のあいだでも平均を上回る成長率を有し」続けることが可能です。つまり発展途上段階にある国々は、コンドラチェフ的な意味での長期波動では収縮のカーブに入っている局面でも、まだ飽和していない市場や大量の安価な労働力が存在しているために、まだしばらくは上昇を続けられるのです。これはまさしく、一九七〇年代以降の日本経済に当てはまります。この時期は、世界的には下降期でしたが、日本は第二次大戦による荒廃からの復興とアメリカを追いかけるという有利な位置により、「ジャパン・アズ・ナンバーワン」とされるほどの成長の維持ができたのです。

たとえば、表3－1を見てください。これは、イギリス、ドイツ、アメリカの三カ国の工業生産の成長率を長期波動の単位ごとに比較したものです。一八五〇年前後から七五年前後まで、イギリス、ドイツ、アメリカのいずれも高い成長率を維持しています。しかし、不況期に入る七〇年代半ば以降、イギリスでは劇的に、ドイツでもかなりの程度成長率が落ち込みます。ところがアメリカは、たしかに多少は減りますが、ヨーロッパの国々に比べるとさほど落ち込んではいないのです。そして、一八九〇年代以降の拡張期では、イギリスがもうあまり成長できなくなっているのを尻目にアメリカは急成長を続けます。

こうして二〇世紀は「アメリカの世紀」となっていくわけですが、しかし第一次世界大戦以降、世界の頂点に立ちつつあったアメリカで、初めて本格的に成長率の深刻な落ち込みが経験されていきます。つまり、ヨーロッパをキャッチアップする時代のアメリカは、停滞長波などものともせずに成長を続けられたのですが、第一次世界大戦後、世界の最先端に立った後は、長期波動の収縮局面をより深刻に経験するようになっていったわけです。

このような不均等な発展を視野に入れた長期波動の考察は、世界の覇権的構造の一九～二〇世紀を通じた変動の理解に役立ちます。表3－2で示されるように、一九世紀から二〇世紀にかけてのイギリスのヘゲモニーの確立と退潮、そして緩やかな復活と緩やかな退潮は、二〇世紀から二一世紀にかけてのアメリカのヘゲモニーの展開と相似的な様相を示しています。

一九世紀において、一八四八年から七三年までは世界資本主義のなかでのイギリスのヘゲモニーの確立期です。この時代、イギリスは世界の経済を圧倒していました。しかし、一八七三

表3-1　長期波動単位で見た貿易額と工業生産の成長率

長期波動単位（年）	世界貿易額の年成長率	工業生産の年成長率		
		イギリス	ドイツ	アメリカ
1848〜1873	5.5（1841〜70）	4.6（1848〜75）	4.5（1850〜74）	5.4（1849〜73）
1874〜1893	2.2（1871〜90）	1.2（1876〜93）	2.5（1875〜92）	4.9（1874〜93）
1894〜1913	3.7（1891〜1913）	2.2（1894〜1913）	4.3（1893〜1913）	5.9（1894〜1913）
1914〜1939	0.4（1914〜37）	2.0（1914〜38）	2.2（1914〜38）	2.0（1914〜38）
1940〜1966	4.8（1938〜67）	3.0（1939〜64）	3.9（1939〜67）	5.2（1939〜67）

カッコ内の年代は、各データの統計期間を示す。ドイツの1945年以後の数値は西ドイツのもの。

エルネスト・マンデル『後期資本主義I』（柘植書房）をもとに作成。

表3-2　イギリスとアメリカのヘゲモニーの盛衰

ヘゲモニーの盛衰	イギリス	アメリカ	期間
産業的ヘゲモニーの確立期	1848〜1873	1940〜1968	25〜28年
産業的ヘゲモニーの衰退期	1873〜1893	1969〜1989	20年
帝国的ヘゲモニーの復活期	1893〜1913	1990〜2020?	20〜30年
帝国的ヘゲモニーの緩やかな退潮期	1914〜1940	2020?〜	26年

マンデル、ウォーラーステイン、アリギの議論をもとに著者作成。

年以降の長引く不況のなかで、イギリスのヘゲモニーは退潮し、ドイツやアメリカが新しい強力な競争相手として浮上してきます。それでも、一八九〇年代以降は帝国主義戦争と広大な植民地支配の強化によって、世界のなかでのイギリスの強力な地位が維持されていきます。最後には、第一次世界大戦以降、イギリスはもはやヘゲモニー国家の地位から徐々に退いていくことになります。

同じことが、二〇世紀から二一世紀にかけてのアメリカでも起こる可能性があるかもしれません。一九四〇年代以降、七〇年頃まではアメリカの世界的ヘゲモニーの確立期です。文字通りの世界的なアメリカナイゼーションが顕著なかたちで生じていきました。ところがこのアメリカの覇権は、七〇年代以降、いったんは退潮していきます。一九七〇～八〇年代は、日本やドイツなどの第二次大戦の敗戦国が急速な復興を遂げ、アメリカの競争相手になっていきました。しかし九〇年代以降、アメリカ経済はＩＣＴブームやグローバリゼーションの追い風で復活を遂げていきます。しかし、もしもイギリスの覇権の盛衰と似たことがここでも起きるなら、二〇二〇年代以降のアメリカの世界的覇権には危機が訪れるかもしれません。

そしてまさに今、二〇一七年から四年間のアメリカ大統領にドナルド・トランプが選ばれました。グローバル秩序のなかでの責任の放棄を主張するトランプ政権の諸政策が、アメリカの覇権を、彼が主張するのと正反対に大きく弱めていく可能性が十分にあります。

世界システムの時間軸としての「コンドラチェフの波」

さて、本格的な議論は次章で展開していくつもりですが、コンドラチェフが提起した二五年ないし五〇年周期の波の考え方を、一八世紀末からの狭義の近代だけにとどめず、一五世紀末から始まる世界史的なスケールの長期持続的な波動の分析へと発展させていったのは、イマニュエル・ウォーラーステインの世界システム論です。

一九七〇年代以降、日本でも一世を風靡《ふうび》した彼の世界システム論をめぐっては、その空間的な広がりに注目した議論が多く、それが実はコンドラチェフの波を基礎にした長期波動的な歴史分析を内包していることの重要性が十分に論じられてこなかった気がします。しかし、ウォーラーステイン自身は、「コンドラチェフの波」に関し、こんな風に述べていました。

逆説的なことに、われわれが現在について理性的な政策を作りだせる唯一の方法、そして世界を変化させる方法を見つけ出せる唯一の方法は、これまでも変化せず今なお変化しないものをしっかりと捉えることなのである。(中略) さし迫った変化の確信に浸ることは快適だが、しかしそれはまたユートピア的であり、非科学的である。ユートピア的理想主義は巧妙な反動形態で、いろいろに姿を変える。堅実な道は、長期的かつ大規模な社会的現実を意識しながら、その上に社会運動を構築することである。資本主義的世界経済についていえば、この現実の中心的部分の一つが循環のパターンである。それは資本主義の初めから存在したし、まだまだその役目を果たし尽くしてはいない。

(『長期波動』四九頁)

ウォーラーステインは、これまでの論者たちと同様、なぜ資本主義が「拡大」から「停滞」に向かうのか、その理由をそのシステム自体の論理で説明できると考えていました。つまり、「資本の自己拡張は、資本の自己制約の原因となる諸矛盾を組み込んでいる。だから停滞局面は理論的に拡大局面のあとに発生しなければならない。諸矛盾は部分的には、生産決定について調整が存在しないことから生じる。そしてそうした諸矛盾が、繁栄の時代には社会的分配の相対的安定性とむすびつくが、社会的に限定づけられた過剰生産を引き起こす」(同書、二五頁)のです。この説明は、すでに述べた諸々の説明とさして違うわけではありません。

しかし、ウォーラーステインはロストウとマンデルを、共に「楽観的」に過ぎると批判します。ロストウは、「楽観主義にどっぷりとひたされて」います。なぜなら、「離陸の遅かった国々は離陸がより早かった諸国に追い付く潜在力を備えている」と考えるのは空想的です(同書、四七頁)。世界システム論が示すように、資本主義の発展は帝国主義の発展と表裏をなし、中心と周縁の再構造化を伴っていました。ロストウの予言に反し、世界は決して一つに収斂することはないのです。他方、マンデルも「異なったヴィジョンをもっているが劣らず楽観的」(同書、四八頁)です。なぜならば、マンデルは、「『政治過程』の重要性を無視し、そうすることで資本主義的な社会生産諸関係を狭義に構成」(同書、二〇頁)しているからです。このように彼がマンデルを批判するのは、労働者階級や社会主義へのマンデルの過剰とも思える信頼と関係しているでしょう。マンデルはロストウのような仕方で経済成長への楽観的なヴィジョンを語ったわけではないのですが、しかし拡大し続ける資本主義の循環がもたらす災禍から、最後は社会主義が人類を救うことになると信じているようでした。ウォーラーステインからすれば、この信頼は空想的であり、人類の運命は政治により強く依存しているのです。

そして何よりも、ウォーラーステインによる先行者たちへの批判の焦点は、彼らが「古いものより新しいものに、同一に留まるものよりも変化してきたものに関心を集中」(同書、四九頁)させている点にありました。より具体的には、これまでのすべての論者が長期波動は一八世紀末に始まると考えていたことに対し、ウォーラーステインは疑問を呈したのです。ウォーラーステインは、それ以前、つまり一五世紀末にまで遡って長期波動を検証し、生産数量、貿易総額、実質賃金水準、利子率、移民の量、交易条件など波動のパターンの共振を捉え、「大きな波」がすでに一五世紀末、つまり近代資本主義の黎明期《れいめいき》から作動し始めていたことを示したのです。まさにここにおいて、二五年単位説は五〇〇年単位説へと繋がっていきます。

ウォーラーステインが主張したのは、近代世界システムの形成とコンドラチェフの波の生成は同時であるという非常に強力な仮説でした。この仮説に従えば、コンドラチェフの波は、「近代」という時間の中核に横たわっていることになります。そしてそれに基づくなら、長期波動についての世界史的理解は、景気循環の規則性を明らかにしていくレベルをはるかに超え、過去五世紀、つまり初期近代（近世）も含めた「長い近代」全体の構造的把握にとって決定的な意味を持つことになるのです。五〇〇年というのは二五年の二〇倍です。

この二つの「歴史の尺度」の間には、二五年の二倍の五〇年（半世紀）、四倍の一〇〇年（一世紀）、六倍の一五〇年、一二倍の三〇〇年など、いくつか有用な尺度があります。そこで次章では、二五年単位説から五〇〇年単位説へと焦点を移動させ、一五世紀末から五〇〇年余に及ぶ世界史を理解する上で、どのように二五年、五〇年、一〇〇年、一五〇年、三〇〇年、そして五〇〇年という尺度が発見的な役割を果たすかについて述べていきます。

世界史と世代史を架橋する

この五〇〇年の尺度について論じる前に、本章で述べてきたことをまとめておきましょう。まず、二五年ないし五〇年の長波を生じさせる要因として最初に注目されたのは、拡張期における恒久的資本財、つまり社会的インフラへの大規模な投資でした。コンドラチェフは、戦争や大災害からの復興、あるいは国家的な大事業のように、ある時期に恒久的資本財への大規模な投資が行われると、経済が上昇気流に乗っていくことに注目し、そのように建設されたインフラの消耗が約二五〜五〇年で起こるという観点から長期波動の説明を行いました。日本の大規模な土木事業への公共投資も、一九六四年の東京オリンピックから半世紀後に再びオリンピックを開催しようとするのも、ほぼこの考え方に通じます。

第二に、シュンペーター以降の論者が重視したのは社会的イノベーションでした。つまり、新しい拡張に向けた波が生じるには、何らかの部門で一挙に革新的技術が群生する必要があります。かつての鉄道や自動車、電気製品のブームから最近のＩＣＴブームまで、群生する革新的技術は産業全体を押し上げる要因です。

そうしたイノベーションの可能性は、それ以前の拡張期にも実はあったのですが、好況が続く時代には既存技術への投資で利益が上がるため、既得権益の秩序を破壊するかもしれない根本的な革新は周縁化されます。つまり、革新を推進する大きな勢力は生まれにくいのです。

そして第三の要因は、利潤率低下による資本主義の矛盾の表面化やシステム外部からの危機、労働運動の拡大や植民地独立運動、大災害や戦争を経ての体制転換によって生じます。

つまり、経済や技術に内在する要因だけではなく、むしろ体制の危機や制度の抜本的変革が新しい長波を生んでいくのです。マンデルやウォーラーステインのようなマルクス主義を基礎にした論者たちは、シュンペーターが主張したイノベーションの重要性を認めつつも、拡張長波を生じさせる条件は、大規模な公共投資やイノベーションにとどまらないことを強調しました。この点からすると、マンデルはあまり注目していませんが、大きな社会的危機とともに、社会を主導するジェネレーションがすっかり交代することも重要です。

つまり、その社会が直面している困難な状況に旧世代が適切に対処できず、新しい意識をもった新世代が一挙にこれにとって代わっていくような事態です。まさしくそのような世代交代が、日本では明治維新期に生じたのでしたし、戦後は体制が変わったようでありながら、実はそうした変化が十分には起きなかったのです。

このように拡張期が生じていく理由には少なくとも三つの異なる解釈があったのに対し、そうして生じた拡張の時代が終わっていく理由については、多くの論者の見解が一致していました。すなわち、経済の拡張期には特定の産業部門への投資ブームが続きますが、それは必然的にその部門の生産が過剰気味になり、やがて市場が飽和していくことを意味します。

そうなると、企業の競争はゼロサムの過当競争となって利益は極小化していきます。いくら頑張っても儲《もう》からない、利益の薄い過剰労働で人々が疲弊するという、まさに現在の日本のような状態に至るのです。そんな状態が長く続くと、やがて内部矛盾が表面化し、対立は激化、システムは脆弱化《ぜいじゃくか》していきます。シュンペーターもロストウも、さらにはマンデルもまた、この飽和過程がだいたい二〇年から三〇年の幅で生じると考えていました。

とはいえ、拡張期がどのくらい長く続くかは、その社会がより長期の資本主義の発展プロセスのなかでどのくらいの段階にいるかによって違います。一八世紀末から一九世紀前半にかけてのイギリス、あるいは一九世紀末から二〇世紀初頭にかけてのアメリカ、それに一九九〇年代以降の中国や東南アジアのように、工業化によって発展していく途上にある国は、比較的長期にわたって拡張期を続けることができます。

戦後、高度成長期の日本は、まさにそのような発展過程にあったわけで、しかも日本の国土は戦災ですっかり壊滅してしまっていましたから、経済的にはほぼゼロからの再出発となりました。その分、戦後日本の経済には市場が飽和するまでの伸び代がかなりあったわけです。世界的にはすでに不況期に入っていた一九七〇年代の危機を日本経済がなんとか乗り切り、八〇年代の経済的繁栄の時代に向かっていったのは、いわゆる「日本的経営の成功」などというものではなく、むしろこの伸び代の大きさが背景にあったからです。

他方、工業化、それに伴う最初の経済成長をすでに遂げてしまっていて、人口も多産少死から少産少死へと向かいつつある社会の場合、拡張期が二〇~二五年を超えて続くのは困難です。欧米の場合、一九四〇年代末からの拡張期は日本と同じように始まったのですが、その終幕は日本よりもずっと早くにやって来ました。そして九〇年代以降の拡張期は、二〇〇八年のリーマン・ショックで挫折しますし、この時期にはもう日本もかつてのような長期の好況はあり得ない段階となっています。同じことは、二〇四〇年代以降の中国や東南アジアにも起こるでしょう。つまり「アジアの繁栄」は、いずれ必ず終わるのです。

このような構図のなかで、社会的へゲモニーの世代的継続性にも配慮しておくべきでしょう。社会の革新的な変化は、しばしば長い下降過程のどこかで、新しい革新的技術の群生や体制の変革、大規模な公共投資と結びついて生じます。そして容易に想像されるように、そこでは社会の主導的な世代が一挙に交代するのです。日本の明治維新を担った人々は、多くが二〇代でした。つまりきわめて若い世代が、新しい国家の主導権を握っていたのです。

同様のことは、一八世紀半ば以降、アメリカ独立やフランス革命、それにロシア革命、さらには第三世界の独立国家でも起きてきました。しかし、新しい体制が確立すると、この革命世代はなかなか自分たちの権力を手放そうとはしません。ですから彼らの世代的ヘゲモニーは、しばしば一世代、つまり約二五年を超えて、元気であれば彼らが七〇代となる五〇年後くらいまで継続されることになります。二〇一六年に亡くなったフィデル・カストロがキューバ革命に成功したのは一九五九年、三二歳の時です。その後、二〇〇八年の引退まで、彼は五〇年近くにわたってキューバ社会に強い影響力を維持し続けました。

したがって、新しい拡張期を担った第一世代に対し、その約二五年後に成人期に達した子世代のリーダーたちは、なかなか親世代にとって代わることができません。いわゆる一代目と二代目で、どうしても二代目の影が薄くなるのは昔から言われてきたことです。

これに対して、第一世代から半世紀を経た三代目は、もう一代目が影響力を失っているので、自分たちなりの仕方で力を発揮していくことができます。そしてこの二世代の間隔は、前の拡張波が収縮に転じ、また新しい拡張波が生じてくるまでの間隔と対応するのです。

つまり、拡張期を担った世代は「成功者」となる確率が高いため、しばしば半世紀にわたって影響力を維持します。そのため拡張が収縮に転じても、しばらくは社会の主導的な考え方を変えることができないのです。停滞状態が続くなかで、社会の底流には変わらぬ現実に不満が溜《た》まっていきますが、決定権を握っている「前の世代」が元気な間は、なかなか全体の殻を破れません。しかし、その拡張期を担った人々も半世紀くらいすると退場し、このタイミングで社会の主導的な意識が一挙に変化していくことになります。

ここで最も重要なのは、本章で述べてきた長期波動と前章で論じた世代間隔の間に共振現象が見られることです。共振現象とは、同じ糸に吊《つ》るされた二つの振り子の片方を揺らすと、離れていても、同じ長さ、つまりは同じ固有振動数のもう一方の振り子に波動が伝わって、二つが同時に揺れ出す現象です。長期波動も世代間隔も、約二五年ないしその倍の五〇年というほぼ共通の固有周期を持っています。すると片方の長期波動が何らかの歴史的状況のなかで始まると、これに世代間隔が共振し始めるのです。

たとえば、一八四〇年代末以降、欧米の植民地主義の東アジアへの本格進出に対抗して日本でもナショナリズムが高揚し、六〇年代末に明治維新が達成されますが、それに共振した世代は主に一八三〇年代半ばから四〇年代にかけて生まれた人々でした。そして、この世代の後ろ盾により一八七〇年代から一九二〇年代まで明治大正期の社会システムが構築されていきます。しかし、彼らの影響力は一九二〇年代には消え去ります。ちなみに最も長命だった類の山縣有朋（一八三八年生）は一九二二年に、渋沢栄一（一八四〇年生）は一九三一年に世を去っています。明治大正期のシステムが機能不全を起こし、日本が破滅的な戦争に突入していく時代、一九世紀半ばの危機の時代に国の実権を掌握した世代の影響力が完全になくなるのです。

他方、戦後に高度成長期のシステムを主導したのは、一八九〇年代末から一九〇〇年代にかけて生まれた世代でした。たとえば、岸信介が一八九六年、池田勇人《はやと》が九九年、佐藤栄作が一九〇一年の生まれです。彼らは幕末維新世代の孫世代に当たりますが、より重要なことは、この戦後への転換では世代が若返ってはいないことです。維新世代が権力を掌握したのは彼らが二〇代の時でしたが、高度成長を主導したのはすでに六〇代の人々でした。当然ながら、明治大正期のように同じ世代の影響力が長く続くことはなく、七〇年代以降になると、一九一八年生まれの田中角栄、一〇年生まれの大平正芳、一八年生まれの中曽根康弘、一九年生まれの宮澤喜一といった一九一〇年代生まれの世代に実権が移ります。田中、中曽根、宮澤は同世代で、岸との間には一世代の距離があります。そしてこの流れは一九三七年生まれの森喜朗あたりまで続き、彼らからさらに一世代後、つまり一九四〇年代前半に戦時下で生まれたのが、同じ一九四二年生まれの小泉純一郎と小沢一郎でした。

つまり、同じ戦後日本の保守政治家たちのなかでも、一九三〇年代末までに生まれた世代と四〇年代以降に生まれた世代の間には断層が存在し、この断層と、高度成長期のシステムが機能不全となり新自由主義にパラダイムシフトが起こる過程が共振しているのです。

第四章　五〇〇年単位説

——近代の「入口」と「出口」

1　五〇〇年の長期持続としての「ブローデルの波」

歴史学と社会学を架橋する

この章では、二五年という単位の二〇倍にあたる五〇〇年単位の「波」について考えていきたいと思います。二五年単位の波動の案内人がコンドラチェフだったとすれば、五〇〇年に拡張された波動の案内人は、二〇世紀後半以降の歴史学に多大な影響を与えたアナール派の歴史家フェルナン・ブローデルです。彼はすでに一九五三年の講演でコンドラチェフの波の重要性に言及しています。ブローデル自身の言葉を借りるなら、この波により「五〇年ごとに世界は新たに生まれ変わり」（『歴史学の野心』一六三頁）、作り直されてきたのです。

経済学の領域におけるここ二〇年か三〇年の最も重要な発見は、時間の座標の発見、経済活動の周期性の発見です。フランス語で言うと、「物質的生活の波動」です。（中略）（これにより）価格はまず、一八一七年から一八五一年までは下がります（三四年間）。一八五一年から一八七二年あるいは一八七三年までは全体的に上昇します（二二年間）。一八七三年から一八九六年までは再び下降します（二三年間）。一八九六年から一九二九年までは再び上昇します（三三年間）。一九二九年から今日〔一九五三年〕までは、下降というより収縮です。（中略）

一八五一年以降のナポレオン三世の成功は、彼の人格によるものではなく、価格と経済の満ち潮によるものです。

（『歴史学の野心』一六〇～一六一頁）

ブローデルはさらに、「フランス革命は、われわれの知るような古典的な大義をそなえた革命であるだけではなく、のちに激しい退行（一八一四～一八四〇年代）を引き起こすことになる暴力的な断絶の口火を切った革命」だったと述べました。つまりそれは、物質生活の大きな波動に媒介された「一七七〇年代の断絶であり、その断絶は私たちの祖国に固有のものではなく、広く世界的なものなのです」（同書、一六四頁）。

ここまでならば、これまで触れてきたシュンペーター、ロストウ、マンデルらの議論とさして変わりはないかもしれません。ソ連やアメリカだけでなくフランスにも「コンドラチェフの波」を深く考えた人々が社会学と歴史学を跨いでいたことが確認できただけです。

しかし、ここでのポイントは、この「社会学と歴史学を跨ぐ」ことにありました。つまり、アメリカにおけるコンドラチェフの波のシュンペーター的展開が、主には経済学と歴史学が架橋される仕方で起きてきたのに対し、フランスで架橋されたのは社会学と歴史学でした。

そして大雑把に言えば、社会学は経済学よりも長い幅の時間を扱ってきました。「近代」という時代の総体が、一貫して社会学の中心テーマだったと言ってもいいでしょう。当然、「社会学と歴史学の架橋」は、二五年であるとか五〇年であるとかいった時間の幅に収まるはずもなく、「近代」という時代が始まる端緒からの変化を視野に入れていくことになります。

しかも、フランスで最初にコンドラチェフの波動に関心を寄せた社会学者シミアンは、デュルケームの忠実な弟子でした。言うまでもなくデュルケーム社会学は、社会の集合的なプロセスが析出する事実（社会的事実）が、個々の構成員のレベルで成立している事象の単なる総和ではなく、それとは別の現実性の地平をなしていることを示したものでした。

これは偶然ではありません。社会を個人の総和ではなく一個の構造化された「事実」として扱おうとしたデュルケーム流の社会学は、歴史を出来事の連続ではなく一個の構造体として捉える長期波動の考え方と大変に相性がいいのです。つまり、デュルケームが個人の心理を超える集合的なレベルに社会的事実の存在を見たように、ブローデルは個々の出来事のレベルを超える集合的な歴史に長期波動や長期持続の存在を認めるのです。こうして歴史と社会を媒介し、その根底に横たわる「構造」が、ここでの共通のテーマとなります。

「コンドラチェフの波」から「ブローデルの波」へ

ブローデルは、歴史に三つの位相があると主張しました。すなわち、第一の位相は数カ月から数年単位の「出来事＝事件」の歴史、第二のそれは二五年ないしは五〇年単位の「波動＝周期性」の歴史、第三のそれは数百年単位の「構造」の歴史です。

伝統的な歴史家は、歴史の短い時間、すなわち伝記や出来事の時間に注目する。この時間は経済史家や社会史家にはほとんど関係がない。社会や、文明や、経済や、政治制度は、より緩慢なリズムを生きている。今度はわれわれの方が、周期や、さらに上の周期や、五年から一〇年、二〇年、三〇年、さらには五〇年間隔で進む定期的運動について語ったとしても、ここでわれわれにわれわれの方法を教えた経済学者たちは驚きはしないだろう。（中略）これらの波動の下に、傾向という現象の領域において、気づかないほどの傾斜で、一つの緩慢な歴史が広がりつつある。その緩慢な歴史は変形し、したがって、観察者の目に留まる。われわれの不完全な言語で、構造の歴史（histoire structurale）という名で指し示されるのは、このような歴史である。この歴史は、出来事＝事件の歴史に対立するというよりは、比較的短い波動をもった変動局面の歴史（histoire conjoncturale）に対立する。（同書、一二八頁）

これは、ブローデルが一九五〇年頃に書いた文章です。つまり、彼はもちろんシュンペーターやシミアンよりも後ですが、ロストウやマンデルが「コンドラチェフの波」を一方は経済成長の理論へ、他方は社会革命の理論へ発展させるよりも前にこれを書き、コンドラチェフ的な長期波動よりもずっと長い尺度で歴史の把握が可能であると提案していたのです。彼はまた、「表層にある出来事の歴史は短い時間に関わるが、これはすなわちミクロ歴史学である。そこでは斜面の中ほどには、変動局面の歴史が、より幅広くゆったりとしたリズムで続いている。そこではこれまで特に、物質生活、景気循環、間周期に関する研究がなされてきた。この、変動局面の『レチタティーヴォ』（吉見注：オペラ等で大規模な組曲の中間にある歌唱部分。近景と遠景の間にある中景の意か）の向こうでは、構造の歴史学、つまり長期持続の歴史学が、数世紀をまるごと扱う」（同書、二四五頁）とも述べています。つまり、歴史学には、出来事の歴史と変動局面（長期波動）の歴史、そして長期持続の歴史の三層があるのです。

ブローデルは、これらのなかで変動局面の歴史について、シミアン以外の社会学者があまり関心を払ってこなかったことを批判しつつ（事実、集合行動論や資源動員論、新しい社会運動論を含め、一般に社会運動の社会学はあまり長期波動に関心を払ってきませんでした）、そのような変動局面の歴史の先にある長期持続の、つまりは構造の歴史に焦点を当てていきました。

ブローデルからすれば、この場合の「構造」とは、「時間を経ても摩耗することがなく、時間によってゆっくりと伝達されてゆくような一つの現実であろう。構造のうちのあるものは、長く持続してゆくうち、無数の世代にとって安定した要素になってゆく。それらは歴史の邪魔をする。歴史の進行を妨げ、ゆえに支配する」（同書、二〇〇頁）のです。つまり、人類学的構造主義が、「構造」を歴史的変動の外で、すでにそこに存在するものとしたのに対し、ブローデルの考えでは、「構造」は数百年単位の長い時間をかけてゆっくり変化します。

ここにおいて、ローマ帝国の構造であるとか、資本主義の構造であるとか言うことが可能になり、しかもこのゆっくりと変化する構造は、一方では数カ月、あるいはせいぜい数年単位で起こる無数の出来事の歴史や、約二五年の単位で変化する長期波動の歴史と反響しています。つまり出来事の歴史と波動の歴史は、構造の歴史をミクロないしはミドルレンジの次元で微分したもので、後者を幾重にも媒介し、また後者に媒介されてきたのです。

二五年単位説から五〇〇年単位説へ

したがって、以下ではこの多層的な媒介、とりわけ二五年単位の長期波動の歴史がどのように数百年単位の構造の歴史に結びついているのかを考えていきましょう。前章で述べたことからも察せられるように、このブローデルの問いかけを理論化していった代表は、何といってもウォーラーステインです。そしてこのブローデルとウォーラーステインを繋ぐ軸線上で、多くの論者が二つの歴史の尺度、すなわち「二五年」と「五〇〇年」を結びつけてきました。

たとえば、J・S・ゴールドスティンは、近現代を通じて「上昇」から「下降」への変化を辿るコンドラチェフの波が、一〇回は繰り返されてきたと論じました（『世界システムと長期波動論争』）。波の周期は一回が約五〇年ですから、当然のことながら一〇回繰り返されたということは、五〇×一〇＝五〇〇で、五〇〇年の幅の変化になります。ちなみにゴールドスティンが示した一〇回の周期は、表4－1にある通りです。第一の波は、一四九二年のコロンブスによる新大陸発見でヨーロッパの認識世界がグローバルに拡張するという劇的な変化を受け、次々に航海者たちが大西洋、インド洋、太平洋に乗り出していく一五〇九年頃に始まります。

表4-1　J・S・ゴールドスティンによる波動周期

段階	年代	期間(年)	出来事
I　新大陸発見による世界拡張の1世紀：大きな拡張期			
0B	1495～1509	14	コロンブスが新大陸発見（1492）、 ガマがインド西海岸に到達（1498）
1A	1509～1529	20	ルターの宗教改革（1517）、 コルテスのメキシコ征服（1521）
1B	1529～1539	10	ピサロのペルー征服（1533）、 イギリス国教会成立（1534）
2A	1539～1559	20	オスマン帝国軍が地中海を制覇（1538）、 コペルニクスが「地動説」を唱える（1543）
2B	1559～1575	16	エリザベス1世の統一令（1559）、 ユグノー戦争（1562）
3A	1575～1595	20	オランダ独立（1581）、 英国がスペインの無敵艦隊撃破（1588）
II　2段階（1595 ～／ 1645 ～）に及ぶ世界の収縮＝グローバル化の反転：大きな後退期			
3B	1595～1621	26	ナント勅令（1598）、 英蘭仏東インド会社（1600,1602,1604）、 三十年戦争（1618）
4A	1621～1650	29	ピューリタン革命（1642）
4B	1650～1689	39	英蘭戦争（1652）、 名誉革命、権利の章典（1688～89）
III　ヨーロッパの啓蒙の世紀			
5A	1689～1720	31	スペイン継承戦争（1701）
5B	1720～1747	27	オーストリア継承戦争（1740）
6A	1747～1762	15	七年戦争（1756）
6B	1762～1790	28	アメリカ独立戦争（1775）、 フランス革命（1789）
IV　産業革命のヨーロッパの時代：大きな拡張期			
7A	1790～1814	24	ナポレオン戦争（1803）、ウィーン会議（1814）
7B	1814～1848	34	カリフォルニア金鉱発見、二月革命（1848）
8A	1848～1872	24	第二帝政期→普仏戦争へ（1870～71）
8B	1872～1893	21	ドイツ帝国成立、ビスマルクが初代宰相に就任（1871）
9A	1893～1917	24	第一次世界大戦（1914）、ロシア革命（1917）
V　アメリカ主導の20世紀的秩序へ：飽和する世界			
9B	1917～1940	23	大恐慌、ファシズム、第二次世界大戦（1939）
10A	1940～1968	28	第二次世界大戦後、冷戦始まる
10B	1968～1991	23	冷戦終結、ソ連崩壊（1991）

Aは上昇期、Bは下降期を示す。ある程度の周期性が認められるようになるのは、16世紀末（英蘭時代）以降。 10回の周期の平均は、48.2年。 上昇の平均は23.5年、下降の平均は24.7年⇒約24年周期。 ゴールドスティンの議論をもとに著者作成。

この拡張波は二九年頃まで続きますが、この時期にはルターの宗教改革が始まり、海外ではコルテスがアステカ帝国を征服します。拡張期はしかし、一五三〇年前後に反転し、四〇年頃までの約一〇年、下降線を辿ります。第二の波では、一五三九年に再び拡張が始まり、五九年まで約二〇年続きます。そして一五五九年以降、七五年までの一六年間は収縮期です。

ところがこの下降線も、第三の波で一五七五年には再び上昇に転じ、その後は約二〇年、拡張期が続きます。この時期に、ヨーロッパの覇権はポルトガルとスペインからオランダとイギリスに移行するのです。この一五世紀末から一六世紀の時代を通覧してわかることは、概して拡張期が長く、収縮期が短いこと、つまりヨーロッパ全体が上昇気流にあったことです。

一六世紀を通じて生じてきた波は、それとは異なる傾向の一七世紀の波に引き継がれます。まず、一五七五年からの拡張期は九五年頃に終わり、時代は一六二一年まで二六年も続く収縮期に入ります。第四の波で一六二〇年代から再び拡張期が始まりますが、五〇年には再び収縮期に入り、この下降線はなんと三九年間、一六八九年まで続くのです。

さらに、第五の波の一六八九年から一七二〇年までの約三〇年間は拡張期ですが、その後の一七二〇年から四七年までの二七年間は収縮期です。その後、第六の波は一七四七年から六二年までの短い拡張期の後、一七六二年から九〇年頃までの二八年に及ぶ収縮期が続いていきます。アンシャン・レジーム末期ですね。そしてもちろん、フランス革命は、まさにこの世紀後半の収縮期から世紀末の拡張期に歴史が転換していくなかで勃発したのです。

一八世紀末以降の波についてはすでに何度か論じてきましたので、改めて解説する必要はないでしょう。しかし、このゴールドスティンの図式化からわかることは、同じ二五年単位の変化でも、一六世紀と一七世紀以降ではだいぶ様相が異なることです。

一六世紀の波は、概して拡張波が長く、収縮波が短い、つまりこの時代には社会全体が拡張に向かって動いていました。ところが一七世紀に入ると、収縮波が拡張波と同じくらいに、時には拡張波以上に長くなってきます。ちなみにここで示されている一〇回の波の周期の平均を計算すると四八・二年、拡張波の平均は二三・五年、収縮波の平均は二四・七年です。ですから拡張波と収縮波の長さは全体ではほぼ同じです。

しかし、収縮波に注目すると、一六世紀には二〇年にも満たない長さの波が何度かあったのに対し、一七世紀以降の収縮波は三〇年以上のものも何度か見られます。つまり、一六世紀の不景気はどちらかというと一時的だったのに対し、一七世紀以降になるとより長期化していま す。しかも、収縮期は時代によってかなり大きく変動しているのに、拡張期のほとんどが一定の幅に収まっていることも注目されます。シュンペーターからマンデルまでが合意していたように、拡張期に市場が飽和していく時間はシステマティックに予測可能です。しかし、下降線を辿る経済がいつ上昇に転じるかは、社会的、歴史的、さらに技術的な要因が大きく作用し、人間の集合的実践と結びついているので、予《あらかじ》め予測できない面が大きいのです。

コンジョンクチュールの危機

ゴールドスティンの図式化は、ブローデルの見通しをウォーラーステインが理論化していく大きな流れのなかで出されてきた論点整理の一例です。したがって、二五年単位の「波の歴史」と五〇〇年単位の「構造の歴史」をより精緻に繋ぐには、やはりウォーラーステイン自身の議論を取り上げないわけにはいきません。それまで多くの論者が「コンドラチェフの波」の有効性を一八世紀末以降の（狭義の）近代、つまりフランス革命と産業革命によって姿を現した近代市民社会と国民国家の歴史に限定していたのに対し、ウォーラーステインはブローデルと同様、この「波」はすでに一五世紀末から、換言すれば近代という時代が成立してくる端緒から世界システムの運動法則として作動してきたと考えました。

つまり彼は、多くの経済史家たちの記述が「一五世紀から一八世紀にかけてもコンドラチェフ循環が存在したことを語っている」（『長期波動』一六頁）と主張します。そうだとすると、「コンドラチェフの波」は、まさにこの五〇〇年以上に及ぶ広義の「近代」と一致し、その構造的な歴史の根幹をなしてきたことになります。

もちろんウォーラーステインは、一八世紀末からのコンドラチェフ循環が、世界システムが新しい位相に入ったなかで起きたことを認めています。つまり、一八世紀末以降の循環は工業化段階の循環であり、一六世紀から一八世紀末までの循環は農業段階のものでした。

両者はもちろん異なるのですが、しかし少なくともコンドラチェフの波が生じるのに、産業革命は大前提にならないのです。そして、この農業段階の世界システムで起きていた循環は、工業化段階とは異なる飽和点を持っていました。世界市場の規模は、工業化以降の段階よりもずっと小さなものだったからです。そこでのコンドラチェフ循環は、とりわけ食糧と原料の供給が、最適レベルからして周期的に過剰あるいは過小になることによって引き起こされていました。この循環の説明は、すでにマルサスによって見事になされていたわけです。

そして、経済の拡張局面では、帝国主義の拡張を背景に非資本主義的経済領域のなかに資本主義セクターが入り込んでいき、社会的分業体制の再編が進みます。しかし、停滞局面に入ると食糧や原料が供給の過剰と需要の飽和により、そうした産業再編は停滞するのです。

それでは、そもそもこの広義の「近代」を通貫する「波」は、いかにして発生したのでしょうか。ウォーラーステインは、それは、「コンジョンクチュールの危機」によってなのだと答えます。コンジョンクチュールの危機とは、数百年にわたる発展の果てで生じる体制の決定的な危機です。この危機が生じると、様々な破局的事態が一挙に結びついていきます。

一九世紀半ばの幕末期日本に生じたのは、まさしくそうした危機でした。ヨーロッパ史では、一四世紀後半から一五世紀末にかけての「中世の秋」(ヨハン・ホイジンガ)に、そうした事態が生じます。というのも、この時期に地球は寒冷期に入り、気温が低下します。それもあって地球規模で凶作が続き、ヨーロッパ全土で農民反乱が頻発するのです。また、この時期にはペストが大流行し、人口が減っていきます。こうした社会の混乱は、必然的に中世キリスト教秩序の根幹を動揺させ、ローマ教皇庁でもモラル・ハザード、腐敗が広がります。人々の心は、ローマ教皇からも、領主からもすっかり離れつつありました。

ウォーラーステインは、このような一五世紀の状況を、ヨーロッパは「封建的生産様式のもとで、一〇〇〇年近くも経済的余剰を収奪してきた結果、収穫逓減《ていげん》点に到達した（中略）技術進歩を促す動機が存在しないため、生産性は上昇しない（中略）のに、支配階級の支出は止めどなくふえ、生産者に課せられる負担もますます増大する。ついには搾取さるべき何物も残らなくなる」（『近代世界システムI』二九頁）危機的状況であったと要約しています。

しかし、こうした荒廃し、社会的求心力が失われた状態のなか、銃器、大砲、大型船などの技術開発が進んでいきました。これらの技術革新は、さらに地図や羅針盤、様々な航海術の革新と結びつき、閉塞した社会からの突破口を求めて世界に乗り出していく人々を生みます。危機と閉塞から革新と拡張への劇的な転換が、やがて生じるのです。

この転換には、新大陸と新航路の発見が、不可欠の条件であったように思われます。このヨーロッパの決定的な拡張は、中南米に広がっていた文明の殲滅《せんめつ》と大量の先住民たちの殺戮という残虐行為によって実現されたものです。すでに二〇年以上前に拙著『博覧会の政治学』で書いたように、コルテスが巧妙な情報操作と部族対立の利用により、わずか数百名の兵士でアステカ帝国の首都メキシコを制圧してしまうのは一五二一年のこと。続いて三三年、今度はピサロが、やはりわずかな兵士でインカ帝国の首都クスコを制圧します。

それからわずか数十年間で、アメリカ大陸はヨーロッパからの侵略者によって次々と蹂躙《じゅうりん》され、その様相を一変させてしまったのです。推計によれば、コロンブスが来る前までの南北アメリカ大陸の人口は約八〇〇〇万人。なんとその人口の約九割がヨーロッパ人たちに殺されるか、彼らが持ち込んだ疫病で命を失うか、餓死していきました。近代は、人類史最大の大殺戮による累々たる屍《しかばね》の上に立ち上がるのです。

世界システムのなかでのヘゲモニーの推移

それでは、こうしてコンジョンクチュールの危機から立ち上がった近代は、長期波動が拡張期に入る一六世紀以降、ヨーロッパの内外でどのような空間的広がりをもっていくのでしょうか。本書の目的は歴史の尺度、つまり歴史の時間軸を設定することによって未来へのメガネを手にすることなので、そうした空間軸の考察が主目的ではありません。「近代」が内包する空間性、すなわちその地政学的秩序についてはすでに多くの本で論じてもきました。しかし、一般に最もよく知られているウォーラーステインの議論は、どちらかというと「コンジョンクチュールの危機」や「コンドラチェフの波」、それに「長期持続」といった時間軸に関するものよりも、「世界システム」と「中心／半周辺／周辺」、さらには「覇権国家」についての地政学的な議論のほうなので、いささか教科書的ですが、それらとここでの長期波動や長期持続に関する議論の結びつきについて説明しておいたほうがいいでしょう。

まず重要なのは、ウォーラーステインは「世界帝国」と「世界経済」、そして「世界システム」を峻別《しゅんべつ》していることです。歴史を見れば、たとえばローマ帝国や、唐や明清、ペルシャ帝国やオスマン帝国など、強大な軍事、政治、経済面での権力を誇り、広範囲の地域を支配する世界帝国は繰り返し現れてきました。たとえば一四世紀から一五世紀にかけて、朝鮮半島や日本が明を中核とする中華帝国の経済圏のなかに位置づけられていたように、これらの世界帝国の文明圏においても一種の「世界経済」が存在していました。

しかし、一五世紀末から一六世紀初頭のヨーロッパに現れた「世界経済」は、それ以前の「世界帝国」の下に置かれていた世界経済とは決定的な違いがありました。ウォーラーステイン自身の言葉を引用すると、一五世紀末からヨーロッパが全世界に広げていく世界経済は、「あくまで経済上の統一体であって、帝国や都市国家、国民国家などのような政治的統一体ではない。実際、この『世界経済』はその域内に、まさにいくつもの帝国や都市国家、さらに成立の途上にある『国民国家』などを包含している」(『近代世界システムI』一四頁)のです。

この一六世紀以降に成立した「世界経済」の特異性は、それがあくまで帝国の外に市場システムとして成立したことです。近代以前にも、個々の国家の規模を超えて市場が広域的に結びつく経済は何度か形成されました。しかし、そのすべてはやがて世界帝国に変容し、経済が帝国秩序のなかに内部化されていきました。ところが一六世紀以降、西欧を中核とする世界経済は、スペイン帝国が没落しても発展を続けます。近代資本主義にあっては国家は中心的な経済主体ではなく、市場を支援する存在です。だからこそ、世界経済のほうが国家の盛衰を超えて発展し、やがて世界資本主義となっていくのです。「近代世界システム」とは、このような世界経済、すなわち脱国家的な経済によって諸社会が地球規模で繋がれる仕組みです。

ウォーラーステインは、一六世紀以降発展するこのシステムが、「経済的余剰の搾取手段としては、これまでになく効率的な――少なくとも長期的にはずっと有利な――方法をもたらした。(中略) 政治的エネルギーは、独占権の確保に費される。国家は、中心的な経済主体というより、他者のために、交易条件を一定に保つ手段と化す」(同書、一五頁) と要約しました。

そして、ウォーラーステインはこの世界システムにおいて、システム全体を方向づけるヘゲモニーの主体が、およそ一〇〇〜一五〇年の間隔である国から別の国へと転移していくと考えていました。当然ですが、このような中心の周期的な移動は、世界帝国では起こりません。ローマ帝国は帝国が続く限り、帝都ローマを中心にした秩序であり続けましたし、コンスタンティノープルの中心性は、あくまで「第二のローマ」としてのそれでした。

ところが近代世界システムでは、国々の興亡の時空を超えて世界経済が維持されていきます。ですから、この世界システムの当初の中心はポルトガルやスペインだったでしょうが、やがてこれらの国々はすっかり力を失い、システムの中心はオランダへ、次いでイギリスへ、そしてついに二〇世紀にはアメリカへと移動していったのです。世界システムを支配するのは帝都の中心性ではなく、むしろ移動可能なヘゲモニーの地政学なのです。

さらにウォーラーステインは、近代世界システムの中核を担う国家のヘゲモニーが、四つの段階的推移をとると考えていました。第一が躍進期で、先行する覇権国に対し、これと対抗しようとする新しい中心国家が現れて熾烈な対立が生じます（AⅠ期）。第二は、躍進した新しい覇権国が衰退する旧覇権国を凌駕していく確立期です（BⅠ期）。第三が成熟期で、この新しい覇権国が安定した世界的影響力を保ちます（AⅡ期）。最後が減退期で、覇権国は別の擡頭する若い国家に追い上げられ、徐々にその世界大の影響力を弱めていきます（BⅡ期）。

この四つの段階を、一六世紀から二〇世紀に至る異なる時期に覇権国となっていったオランダとイギリス、そしてアメリカの三国について示したのが表4－2です。この表に示されるように、オランダの力は一六世紀後半、ポルトガルやスペインのヘゲモニーを脅かすような仕方で伸張し、やがて一五九〇年代から一六二〇年代まで、世界経済が拡張から収縮に転じる時期に確立していきます。それから三〇年、ちょうど徳川幕府が鎖国に入る時期に、オランダは世界の交易で最大の勢力だったのですが、一七世紀後半にはイギリスに追い上げられていきます。そして、そのイギリスが本格的に躍進を始めるのは一八世紀末で、一八一五年から五〇年前後までの世界経済が長期の停滞で苦しんでいた時期に、イギリスは全世界で圧倒的な軍事・経済的へゲモニーを確立していくのです。

このイギリスの繁栄は少なくとも一八七〇年代まで続きますが、これ以降、ドイツやアメリカが擡頭するなかでその地位は危うくなり始めます。他方でアメリカは、一九世紀末からドイ

表4-2　ウォーラーステインによるヘゲモニーの段階的推移

			オランダ	イギリス	アメリカ
躍進期	AI期	供給の不足	1575〜1590（15年）	1798〜1815（17年）	1897〜1920（23年） 1895〜1920に近似
確立期	BI期	需給の均衡	1590〜1620（30年）	1815〜1850（35年）	1920〜1945（25年） 1920〜1945に一致
成熟期	AII期	供給の増加	1620〜1650（30年）	1850〜1873（23年） 1845〜1870に近似	1945〜1967（22年） 1945〜1970に近似
減退期	BII期	需要の不足	1650〜1672（22年）	1873〜1897（24年） 1870〜1895に近似	1967〜1989?（22年?　今も持続?）

近似・一致については、第一章の二五年説を参照。
ウォーラーステイン編著『長期波動』（藤原書店）をもとに作成。

ツとともに大英帝国の世界支配を脅かす存在として浮上してくるのですが、その世界的なヘゲモニーが確立するのは両世界大戦期、つまりヨーロッパが絶望的な危機と破滅のなかにあった時代です。そしてその経済的ヘゲモニーは一九七〇年前後まで、冷戦体制のなかで安定的に維持されました。

以上の三つのすべての事例が示唆しているのは、世界システムのなかでのヘゲモニーの交代は、世界経済の収縮期に生じていることです。景気の良い時には秩序は変わらず、収縮と危機のなかでこそ新しい覇権国家が現れるのです。

ウォーラーステインによれば、コンドラチェフの波の拡張期には国際分業化が進み、すでに大国となっている国がこの分業体制のなかでおのれの地位を確固たるものにしていく傾向があります。これに対し、長期波動の停滞期には、生産拠点が半周辺地域へと移動し、国際分業が衰退します。世界的需要の減退期は、比較的低い賃金で生産できる地域が魅力を増し、中核地域での比較的高価な労働による財への投資が減退するため、拠点が中心から周辺にシフトするのです。そうすると、中核的な国家のヘゲモニーは徐々に弱体化していき、むしろそれまで周辺だった地域のなかから新しい覇権国が擡頭してくることになります。

このような長期波動に連動したヘゲモニーの転換は、イギリスからアメリカへの覇権の移行で顕著に生じました。もちろん、この中心移動は第一次世界大戦によるヨーロッパの疲弊が直接的要因ですが、大戦の有無にかかわらず、効率的な技術の優越性は模倣によって消滅しやすいので、二〇世紀初頭の資本主義世界のなかでのイギリスからアメリカへの中心移動は、先進国の経済が停滞するなかでやはり必ず生じたのです。そして同じことが、二一世紀にアメリカから中国への覇権の移動として生じる可能性も、完全には否定できないのです。

2　大航海時代からグローバリゼーションへ

「長い一六世紀」に始まる人口爆発

一つの古い時代が消えていく時のしぶとさ、慣性の大きさと、そのしぶとさに覆いかぶさるように始まる新しい時代の激しさのコントラストは、私たちがいつも頭に置いておくべきことです。古代ローマが滅びていくには非常に長い時間がかかりましたし、私たちの身近な歴史では、古代的な秩序は中世荘園制の時代になってもなかなか完全には消えませんでした。

ホイジンガが『中世の秋』で描いたように、中世という時代は緩やかにフェードアウトしたので、近代が始まってからも中世的なものは社会の各所に残りました。これに対し、新しい時代は緩やかに始まるのではなく、しばしばその前には思いもしなかった仕方で怒濤《どとう》のような変化と共に始まります。これまでの歴史上、驚くほど短期間に、革命的ともいっていい歴史的変化が突然起こる局面が何度もありましたし、そうした局面はこれからもあるはずです。「近代」が始まる時代、一五世紀末から一六世紀初頭にかけての変化も、まさしくそうした劇的なものでした。この突然の始まりを、ブローデルが次のように要約しています。

最初に指摘すべき点は、おそらく、一六世紀とは、突然、世界の広大さを発見した時代だということである。一六世紀の空間は、それ以前よりもずっと大きなものとなっていた。（中略）一六世紀を扱うわれわれは、全世界を問題としなければならない。舞台となるのは、途轍《とてつ》もなく巨大な空間なのだ。近代とは、史上初の世界の一体性にほかならない。地球は、人類共通の冒険の場となったのである。

（『歴史学の野心』三八四頁）

一六世紀、新しい航路や新大陸の「発見」により、それまで経済活動のはるか外部にあった領域が一挙に人々の視界に入ってきました。フロンティアが急激に拡大し、ヨーロッパ経済には質的かつ決定的な変化がもたらされたのです。地球大の規模での近代資本主義が突然始まったのが一六世紀だったとも言えるでしょう。歴史上初めて真の意味でのグローバル経済が成立したこの時期は、人類史の大きな切れ目です。今日のグローバリゼーションは、まさにこの時期に生まれた変化が到達した究極の臨界面なのです。

そして、まさにこのグローバリゼーションのとば口に立った「長い一六世紀」において、世界の人口は継続的な増加に向かいます。他方、これと正反対の変化が生じたのは南北アメリカ大陸で、征服者による大量殺戮やヨーロッパから持ち込まれた病原菌の蔓延《まんえん》により先住民人口は激減し、それまであった文明が次々に滅亡していったことを忘れてはなりません。

しかし、「新大陸」がそうした悲惨な「死」の時代を生きていたのと対照的に、一五世紀～一七世紀前半のユーラシア大陸は「生」の時代でした。ヨーロッパでは一五世紀の半ば頃から一七世紀半ば頃まで人口増加がみられますし、中国はもう少し早く、明王朝の一四世紀後半か人口が増え始め、一七世紀初頭まで続きます。日本でも同様の人口増加が確認でき（第二章）、増え始めた人口は一八世紀に減少に転じるまで増加し続けます。日本の戦国時代を人口の面から見るならば、持続的に人口圧力が高まっていた時期だったからこそ、戦乱が繰り返されても増える人口が著しく、戦国大名たちは新たな人口を吸収して戦争を続けられたのです。

一六世紀、世界的に人口規模が増大し続け、市場も拡大していたわけですが、しかしそれはインフレが長く続くことも意味したわけで、その結果、物価の上昇率に賃金の上昇が追いつかず、人々の生活はむしろ窮乏化の道を辿っていました。経済の拡大と反比例するかのように実質賃金は下降線を辿り、生活の困窮化は一七世紀まで続くのです。当然、貧しさのなかでひしめき合う大勢の人々が、外部へ飛び出していこうとすることになります。

コロンブスやバスコ・ダ・ガマのような人々が新天地に活路を求めて旅立っていった背景には、この時代に増大していた人口圧力があったはずです。そして、やはり人口圧力が急速に高まっていた同時代の日本でも、天下が統一されてしまうとそのはけ口が失われるため、豊臣秀吉の朝鮮出兵のような侵略行為が生じました。この意味で、織田信長が本能寺で死なずに生きながらえたとしても、朝鮮半島への侵略は実行されていたでしょう。

「銀」によるグローバリゼーション

人々をフロンティアに押し出す背景が持続的な人口増加だったとすれば、文字通り世界を一つに繋ぎ、世界システムとしての資本主義を興隆させた最大の媒体は「銀」でした。

しかし、銀と大航海時代の関係は単純ではありません。ブローデルは、大航海時代の直前、「ヨーロッパ内部の鉱山は、利益率が低く稼働率も減少気味で、大陸内の交易に必要な黄金や白銀が不足していたばかりでなく、より有望なアジアとの交易のため、東方諸国、インド洋、そして中国向けにますます大量の銀を必要としていた」（同書、四〇一～四〇二頁）と書きました。ここにおいて、新大陸の銀鉱山が次々と発見され、そこで略奪されていった大量の銀が世界に流れていきます。当時のヨーロッパにとって、奴隷労働を使うことで安価に入手できた新大陸の銀は、「喉から手が出るほど欲しい」（同書、四〇一頁）ものだったのです。

こうして一六世紀半ば以降、新大陸から大量の銀がヨーロッパに持ち去られ、その結果、ヨーロッパでは銀が相対的に安くなっていきましたから、世界各地の交易で使われるのに有利な通貨となります。一六〇〇年のレートだと、ヨーロッパでは一グラムの金を一四・三グラムの銀と交換でき、その銀を中国に持っていけば約二・四グラムの金（一グラムの金は、六グラムの銀と等価）と交換できました。つまり、商人はヨーロッパで銀を安く仕入れ、アジアでそれを有利なレートで金と交換し、その金をもってまたヨーロッパで安く銀を仕入れていくことで、錬金術のようにその金を増殖させることができたのです。

東西交易の結果、新大陸で採掘された銀は、またたく間にアジア各地にも大量に出回り始めます。ブローデルは、「アメリカ大陸の銀は、いつの間にか、すべての経済圏の所有物となっていた。そしてサービスや製品など、競合の起こるありとあらゆる通商・交易・売買には銀が用いられるようになった。つまり、世界各地の経済圏に到着した銀は、さながら血液のように、いとも自然に循環していったのである」（同書、四三八頁）と書いています。

少し脱線しますが、一六世紀から一七世紀にかけての世界経済で銀が果たした役割をめぐっては、石見《いわみ》銀山をはじめとする日本の銀鉱山についても触れないわけにはいきません。新大陸の銀鉱山を別にすれば、当時、日本は世界最大の銀産出国でした。この日本産の銀は、一六世紀末から激増し、やがて鎖国政策によって一七世紀半ば過ぎには急減します。そして、この銀の生産によって空前の繁栄を誇っていくのが戦国大名の大内氏であり、その繁栄はやがて毛利氏に引き継がれ、さらには秀吉の権力を支えていきます。

アンソニー・リードは『大航海時代の東南アジアII』のなかで、当時、「日本のほとんどの銀は中国に流れ、明末期の商業化と都市の拡大を促した。その銀の多くは、直接に中国に入るのではなく、ホイアン、マニラ、パタニ、アユタヤ、カンボジアの市場を通って入って行ったので、これらの都市や他の都市の商業の拡大も、当然ながら促す結果となった。（中略）一六三〇年以降、流入は急速に減少し、東南アジアにおける一七世紀中頃の危機の一因となった」（三四〜三五頁）と書いています。日本における銀の産出量の増減は一六〜一七世紀からすでにアジア経済と直結していたのです。

アジアの一五世紀と一六世紀グローバリゼーション

このように、ヨーロッパの大航海時代は、今日のグローバリゼーションに繋がる長期の持続的歴史の入口で起きた出来事です。しかし実は、この一六世紀のヨーロッパの大発展期を導き、支えていたのはアジアでした。つまり、一五世紀からのアジア経済圏の繁栄は、やがてそこにヨーロッパを誘い込み、その副産物としての新大陸発見が世界の歴史を根底から変えてしまう、そもそもの原点だったのです。もちろん、そこで中心的な役割を果たしていたのは中国の明でした。一五世紀の明は、ヨーロッパによる大航海時代の先駆け的存在です。

明の永楽帝・宣徳帝によって一四〇五年から一四三三年にかけて派遣され、アフリカまで達した鄭和《ていわ》の大航海は、まさに世界の大航海時代の幕開けだったとも言える大事業です。もし永楽帝の死がなければ、鄭和はバスコ・ダ・ガマ以前に喜望峰に到達し、南回り航路を開拓していたかもしれません。しかも、永楽帝は東南アジアへの侵略を進め、ミャンマー東部の銀や金の鉱山を手に入れてもいました。

つまり鄭和と永楽帝は、バスコ・ダ・ガマに先駆けていただけでなく、コルテスにも先駆けていたのです。こうして一五世紀、明の銀生産量は四トンから三六トンへと急激に拡大します。同時に明は、朝貢システムを通じて交易をアジア全域に拡大させましたから、それに呼応した東南アジア北部の少数民族であるペグー人（モン族）の海洋商業国家が大いに繁栄していくことになります。彼らが担う交易ネットワークは、インドネシア、タイ、ミャンマー、マレー半島からインドにまで広がる、広大かつ活発なものでした。

この東南アジアの繁栄を描いたアンソニー・リードの『大航海時代の東南アジアⅡ』によれば、一六世紀から一七世紀の東南アジアには、アユタヤ、マラッカ、ハノイ、アチェ、バンテン、マカッサルなど一〇万人以上の人口を有する都市が実に多数存在し、なかでもペグーは六〇万人もの人口を抱える大都市として繁栄していました。これらの都市とその周辺地域では、「人口の多くが世界経済のための生産と市場取引きに引き込まれ、布や陶磁器や道具類や貨幣など、日常の消費項目が遠距離からの輸入に頼るようになり始めた。交易は東南アジアの国内収入のうちかなり高いシェアを占めるようになり、都市化の度合いを高め、それは二〇世紀直前に再び達した度合いよりも高いくらいであった。これらの都市は、交易と商業に自ら全面的に打ち込んできた共同体であり、船舶の抵当契約、利益の共有、利子つきの貸し付けなどの制度がよく確立されていた」（同書、一七一〜一七二頁）とリードは書いています。

一五、一六世紀の東南アジアは、貨幣経済がかつてないほど浸透し、農業以上に商業が繁栄を支え、それにより世界の交易ネットワークのなかに確固たる地位を築いていたのです。

もちろん、こうした東南アジアが媒介するアジア全域の交易圏は、大明帝国の確立、つまり中国に強大で安定的な政権が誕生したことにより可能になったものでした。一四世紀末以降、明というアジア全体の大きな中心ができたことにより、東アジアの諸地域が秩序の確立に向かっていきます。朝鮮半島では一四世紀末に李成桂《イソンゲ》が李氏朝鮮を建国しますし、日本ではほぼ同時期に足利義満が南北朝を合一し、室町幕府の勘合貿易体制を樹立していきます。ベトナムでは、黎利《れいり》により後黎朝が建国されるのが一五世紀前半で、ほぼ同じ頃に琉球では尚巴志《しょうはし》が三山を統一していきます。このようにして、一五世紀前半のアジアには、明を中心に豊かな世界経済が生まれ、その魅力はやがてヨーロッパの人々を惹き付けていったのです。

つまり、世界史に大航海時代は二つあり、一五世紀初頭からの明と東南アジアを中心とする大航海時代が、ヨーロッパ中心の大航海時代に先駆けていました。このアジア発の大航海時代では、明を中心とする広域経済圏に、周辺の琉球諸島と朝鮮半島、日本列島も組み込まれていました。一五世紀のアジアに存在したのは、北は日本から南はインドネシア、西はインドに至る海洋経済です。ここでの商業の発展は、足利義満と明の勘合貿易や倭寇《わこう》の跳梁《ちょうりょう》、李氏朝鮮建国の動きと連動していきますし、中継貿易点としての琉球を繁栄させ、尚氏による琉球統一王朝も誕生させます。そして、このアジア発の大航海時代が、やがてそこにヨーロッパ発の大航海時代を誘い込んでいくのですが、「新大陸」という巨大なフロンティアを発見した後者は、あっという間に強大化し、前者を植民地化する道に向かうのです。

そうした意味で、近代世界の繁栄の原点を作った東南アジアが、やがてその繁栄に誘い込まれて強大化したヨーロッパによって徹底的に植民地化されていくプロセスは、同じ頃に繁栄していた沖縄が、やがて西欧列強の植民地主義を必死で採り入れていった日本に植民地化され、（現在もなお）収奪され続けることになった歴史とパラレルなのです。

「長い一六世紀」から「長い一七世紀」へ——拡張から収縮への反転

このような二重の意味での大航海時代は、遅くとも一七世紀半ばまでに終わりを告げます。つまり、一五世紀の異なる時点で始まり、一七世紀初頭まで続いた「長い一六世紀」がついに飽和し、限界点に達してしまうのです。そして歴史は、拡張の時代の反動としての収縮の時代、つまり「長い一七世紀」へと向かうことになります。それはすなわちグローバリゼーションの時代から領域的閉鎖の時代への転換でした。この歴史的収縮プロセスは穏やかな停滞として現れ、おおよそ一六二〇年から一七七〇年頃まで一五〇年ほど続きます。

すでに経済の後退は、ピエール・ショーニュが言うところのセビーリャの「景気大後退」（一五五一～六八年）を皮切りに、フランス、アメリカ大陸、イギリスへと波及していましたが、これが一六世紀末に起こった不況の第一段階だとすれば、一七世紀半ばには第二段階として、北ヨーロッパが不況に見舞われるのです。アジアにおいても、一六三九年に日本が鎖国、一六四四年に明が滅亡し、一七世紀のインドで貨幣経済の後退が見られるなど、拡張から収縮への反転は世界規模で広がっていきました。まさにブローデルの言葉通り、「一六、一七世紀におけるこうした連鎖反応は、世界規模、地球規模で観察できるものなのだ。ある種の閉塞感が、インド、中国、そして日本にまで広がって」いったのです（『歴史学の野心』四三〇頁）。

こうした景気後退の原因として、少なくとも二つのことが挙げられています。一つは地球の気候変動です。この時期、地球規模で気候が寒冷化し、それが世界各地で農作物の収穫に深刻な影響を及ぼしました。たとえば一六二六年から四〇年にかけての中国の大凶作は、四〇パーセントともされる著しい人口減少を引き起こしました。また、一六四三年から七一年にかけては、インドネシアで大干ばつによる人口激減も観察されています。

もう一つの要因とされているのは、銀の供給量の低下です。当時の銀の流通を支えていた主要銀山は、ポトシ銀山をはじめとする中南米の鉱山と石見や佐渡、生野などの日本の鉱山でした。しかし一七世紀初頭になると、それまでの過度の採掘によりこれら銀山の生産量が落ち始めます。実際、一六二〇年代にピークを迎えた日本の銀産出量は一六四〇年代までに半分以下に低下し、そのこともあり徳川幕府は一六六八年に銀輸出を全面的に禁止します。こうして農業生産の不安定化、食糧確保の困難や世界経済を支えていた銀の流通量の減少のなかで、世界経済は縮小に向かっていくのです。

その結果起こったのは、縮小した世界経済を寡占化する動き、具体的にはオランダ東インド会社による独占の確立です。オランダ東インド会社は、巧みな経営によって他を排除し、アジアにおける銀を媒介とした市場の独占的な主体となっていきました。徳川幕府の鎖国体制の始まりがまさにこの時期であったことを考えると、幕府が鎖国したのは、単にキリスト教化を恐れただけでなく、こうした世界経済の退潮に伴い、開国して海外と通商を行うメリットが少なくなっていたという事情も大いに関係していたのだと思います。

さらに、鎖国体制の下でオランダにだけ門戸を開いたのは、この頃までに東アジア貿易はオランダ東インド会社に一元化され、独占状態になっていたからに他なりません。つまり、江戸時代の鎖国体制は近世日本独自のシステムではなく、やはり「拡張の一六世紀」から「収縮の一七世紀」へと旋回する世界史的変動局面に半ば必然的に結びついているのです。

3　印刷革命から情報爆発へ

印刷革命という「長い一六世紀」

大航海時代と並び、「長い一六世紀」を特徴づけたもう一つの根本的変化は「印刷革命」です。大航海時代が、やがて南北アメリカ、アフリカ、アジアの諸地域を呑み込んでしまうほどにヨーロッパが空間的に拡張していく出発点だったのと同様、活版印刷（活字）の誕生は情報や知識へのアクセシビリティを革命的に拡大させます。これは、「長い一六世紀」が人類にもたらしたもう一つの不可逆的な変化だったと言えるでしょう。一五世紀半ばにグーテンベルクが発明した活字という新しい情報技術は、知識の伝播《でんぱ》形式を決定的に変え、さらに一六世紀以降のヨーロッパ社会の認識地平を根本的に変化させていきます。エリザベス・アイゼンスティンの『印刷革命』が説得力のある仕方で描いたように、活版印刷による同一の知識の大量複製と流通は、「近代」という時代が形作られていく基底的な地平を出現させるのです。

なぜ一五世紀にグーテンベルクの活版印刷が生まれたのか、その理由については今でも様々な議論があって結論は出ていませんが、いくつかの前提条件は明らかです。

第一の条件は、この時代のヨーロッパに紙があったことです。中国で発明されシルクロードを通じてヨーロッパに伝わった製紙法は、一四世紀末頃までには一般に普及していました。また、合金や活字を彫る技術の発達も重要ですが、もともと金細工師だったグーテンベルクは、この条件もクリアしていたと言えます。さらに重要だったのは読者の存在という条件ですが、中世ヨーロッパにおける大学の発達により学生を中心に世俗的読者層が拡大し、一五世紀には書物に対する需要はこれまでにないほど高まっていました。この他にも、音読から黙読への移行、活版印刷に必要な様々な技能の職人や知識人のネットワークの成立などが挙げられますが、おそらく、これらの様々な条件が整っていくなかで、何らかのかたちで技術のイノベーションが起こったということなのでしょう。

グーテンベルクが発明した活版印刷技術は一五世紀末にはヨーロッパ全土に広まり、やがて本の生産拠点は修道院の写本室から自由都市の印刷工場へと移行していきました。

印刷革命によって、出版物にはいくつかの重要な変化が現れます。たとえば、それまで本は人が書き写すことによって複製されるものでしたから、筆写者は多様な書体を使い分けていたのですが、活版印刷では書体はほぼゴチック体とローマン体に統一されます。また、事項のアルファベット順配列方式による索引(インデックス)が普及し、書物の形が定型化すると共に、新しい知識産業として今日に至る出版業が擡頭していきました。

印刷革命がもたらした変化のなかでも決定的だったのは、本の生産量の劇的増加です。活版印刷は、一つのテクストを何千何万と機械的に再生産することを可能にしました。すでに一四八〇年のイタリアでは約五〇の都市、ドイツでは約三〇の都市、フランスでは九都市、オランダとスペインではそれぞれ八都市、したがってヨーロッパ全体で百数十の都市で印刷工場が稼働していました。一五世紀後半だけで二万七〇〇〇〜三万点以上の書籍、一〇〇〇万〜二〇〇〇万部の印刷本が刊行されるなど、この時代を境に、知識が大量に複製されていくようになったのです。同一のテクストを何千何万と複製することにより、一冊の本の値段は下がり、本へのアクセシビリティは飛躍的に高まりました。今や本は、一部のエリート層だけのものから広く市民層のためのものに一変しつつあったのです。

この変化は、人類の知識のあり方を根底から変容させました。写本の時代は、筆写者による誤写を避けるため、正しい知識は高い能力を持つ選ばれた人間にだけ秘伝されていました。知識の公開は、テクストの散逸と記録の損傷、改変の危険を伴うものとして避けられていたのです。しかし、活版印刷で同一のテクストが大量生産できる時代には、正しい知識を何千何万という読者に一気に伝えてしまえば、その何割かが消失しても、なお正確な知識が維持されます。つまり、知識の維持には知識の公開が欠かせないことになるのです。

これは、知識が秘伝で伝えられる時代から、公開され大量に複製されることで伝えられる時代への革命的転換でした。こうした意味で、現代のインターネットによる知のオープン化は、この一六世紀的な変化の延長線上にある動きなのです。

「文化革命」の世紀としての一六世紀

マクルーハンやハロルド・イニス、ウォルター・オングからアイゼンステイン、数々のメディア論者によって論じられてきた印刷革命をめぐる議論については、私自身もこれまで多くの著書で言及してきたので本書で深入りするつもりはありません。

しかし、ここで重要なのは、マクルーハンの予言とは逆に、一六世紀の印刷革命で生じた情報爆発と知識へのアクセシビリティの劇的な拡大は、今日のインターネットで起きていることの先駆だったこと、つまり一六世紀の大航海時代が今日のグローバリゼーションの端緒であったのと同じように、印刷革命は今日のネット革命の出発点と見なせることです。

たとえば、「一七世紀科学革命」の根底には「一六世紀文化革命」があったと主張する山本義隆の『一六世紀文化革命』は、この知の公開化を自覚的に進めた芸術家として、アルブレヒト・デューラーの名を挙げています。

デューラーはレオナルド・ダ・ヴィンチと同時代人ですが、ダ・ヴィンチが最後まで自分の知識を印刷して公開することを拒絶したのとは対照的に、公開によってこそ新しい知の可能性が開かれると確信していました。彼はイタリア留学から帰国後、『定規とコンパスによる測定術教則』（一五二五年）という本をドイツ語で出版し、留学先で学んだ様々な技法を惜しげもなく公開します。この本のなかで「本書は画家だけではなく、すべての金属細工師、彫刻家、石工、大工、すなわち技術を学ぼうとするすべての人々のために書かれたもの」（『一六世紀文化革命』七九頁）と述べたように、デューラーは知の公開の社会的価値を意識していました。

そして、彼はその後も『都市・城郭・小都市の建造について』（一五二七年）や『人体均衡論』（一五二八年）といった建築学や医学の印刷本も刊行していきます。つまりデューラーは、「イタリアの芸術家のエリート主義を排して、幾何学を実用化しすべての職人に解放した」わけで、「ルネサンス自然主義を徹底させ、計測の精神を先鋭化させ、視覚表現を重視し、そしてなによりも議論を印刷書籍の土俵に押し上げることで、決定的な一歩を進め」たのです（同書、一〇七頁）。

さらに彼は、今日の高精細な可視化技術にも似て、「正確で精密な図版が科学と技術において有する重要性のみならず、それらを原画と寸分異なることなく何枚も再現しうる印刷術のもつ決定的な能力を明確に見抜いた最初の芸術家」（同前）でした。

このようにデューラーが自分の知識を出版によって公開し、人々と共有化していこうとした背景には、彼の出身地であるニュールンベルクという都市の新しさがありました。一五世紀末のニュールンベルクは北部ヨーロッパとヴェネチアを繋ぐ交通の要衝でした。ここに活字鋳造に不可欠な金属細工師や機械工の時計職人が多く集住していたことから印刷産業が勃興し、なかには二四台の印刷機を所持し、一〇〇人を超す職人を雇うアントン・コーベルガーのような印刷出版業者も現れていました。職人が強い力を持っていたこの都市では、ダ・ヴィンチのように王侯貴族のパトロンを得るのではなく、自分の知識を出版して広めていくことによって地位を築いていこうとするデューラーのような人物の登場が可能だったのです。

実際、一四世紀のニュールンベルクでは、デューラーら画工は、パン屋、肉屋、仕立屋、毛皮職人、靴屋、金属細工師、ガラス工と同じように職人層に属し、そうしたなかで彼は知識を印刷物によって広めることで職人全体の知的水準を上げようともしていたわけです。

山本が強調したように、一六世紀には職人や商人といった、それまで大学や修道院で伝承される知から疎外されていた人々が、印刷革命によって「自分たちの経験と思考を公表し、そのことによって学問世界に越境し、それまでの知の独占に風穴を開けはじめた」（同書、五五六頁）のです。彼らは中世ヨーロッパの知的エリートの共通語であったラテン語ではなく自分たちが使っている俗語によって執筆し始め、中世的な大学の知識人文化とは画然と異なる知識創造の地平を形成していきます。たしかに初期の印刷文化は、ラテン語に翻訳された古代の古典や人文主義者たちのラテン語著作を印刷本化するところから始まりました。しかし、やがてそのようなエリート知識層を相手にしたラテン語市場は飽和し、俗語の文字市場が出版産業と融合していきます。出版市場の拡大を求めた印刷業者たちはドイツ語、フランス語、イタリア語の書物を出版するようになり、一六世紀半ば以降、ついにラテン語と俗語のテクストの割合が逆転してしまうのです。

俗語化によって、出版というメディアは知識層のみならず幅広い大衆と結びついた知のメディアになったと言えるでしょう。そしてこの活版印刷による俗語化と公開化は、中世からの秘匿的な知を打破する決定的なモメントとなります。

俗語で執筆した芸術家や外科医や職人や技術者を突き動かしていたのは、伝承されてきた技術だけではなく、研究の成果や実験の結果は公開され社会的に共有され利用され検証されなければならないという思いであった。（中略）彼らの執筆には個人的な栄光を求める私的な意図や打算も込められていた。手写本の時代と異なり、一度に数百から千部も作られる印刷本であれば、おのれの研究や研鑽《けんさん》の成果を積極的に公開することによって、発見者としての名前や発明の先取権、あるいは集団的な成果にたいする個人の寄与を広く認めさせ、定着させることが可能になったからである。いずれにせよその公開の姿勢は、中世のクラフト・ギルドの閉鎖性や魔術や錬金術の秘匿体質の対極にある。（同書、六六一～六六四頁）

山本はこのように、一六世紀に生じた知のメディア論的なパラダイム転換を要約したのですが、職人たちの草の根ネットワークがギルドの権威主義に風穴を穿《うが》つという構図で一六世紀の「文化革命」を捉えるこの視点には、かつて一九六〇年代末の大学紛争において東大全共闘議長として「大学の権威主義」を糾弾した伝説的な人物である山本自身の、ある種のライフワーク的なモチーフが見え隠れしています。

メディア革命から社会革命へ

以上のことは、活版印刷という技術上の変化が、知識のあり方やその担い手、つまりその社会の権力秩序に革命的転換をもたらす可能性を含んでいたことを示唆します。

社会的な担い手の面からするならば、一六世紀まで知識エリートだった聖職者や大学人が最後までラテン語の正典に固執したのに対し、一六世紀後半からの新しい出版文化で中心的な担い手になったのは識字率を上昇させた商工業者層でした。そして、そのような市民層の擡頭を背景に、一六世紀以降の出版文化は「それまで他者が詮索してはならないものとしてそれぞれに維持されてきたいくつもの秘密」(同書、二二頁)を暴いていきます。政治権力の秘密を暴露したマキャベリの『君主論』(一五一三年、公刊は三二年)、カトリック教会の秘密を暴露したルターの宗教改革(一五一七年)がほぼ同時代なのは偶然ではありません。印刷メディアの誕生以前なら、誰かが王権や教会の「秘密」を暴いても、あっという間に排除されてしまったでしょう。しかし、この時代の出版産業の発達によって、大衆読者層が喜ぶ「秘密」を暴き、それによって利益をあげる新しい資本主義的な仕組みが広がっていきます。

権威あるものを引きずり下ろすこの脱権威化の力は、やがてメディアの習性となり、今日まで続くのです。すでに述べたデューラーの著書は、ギルドの中で守られてきた秘密の出版による暴露でしたし、マキャベリの『君主論』は政治権力の秘密の暴露でした。そしてこのような既存の権威的秩序に対する挑戦として、歴史の流れを大きく変えるほどの甚大な影響をもたらしたのが、カトリック教会の秘密を暴露したルターの宗教改革だったわけです。

印刷・出版について豊富な経験を持っていたルターは、教会批判を行う際に巧妙に印刷技術を利用しています。彼は、一五一七年にラテン語で発表した免罪符を批判する『九五ケ条の提題』を翌一八年にドイツ語に翻訳・要約して印刷したことで、その主張はドイツ全土に拡大されました。俗語メディアによって直接民衆に訴えかけたルターの主張は、いわばミリオンセラー商品であり、出版業者たちはおびただしい数のルターの文書を出版し、行商人たちがドイツ中に流通させていくこととなります。

当時のカトリック教会が、聖書を、ラテン語が読める熟達した聖職者のみが正しく読み、解釈すべき聖なる古典とみなし、誰でもがアクセスできる印刷には警戒感を抱いていたのに対し、ルターにとっての聖書はキリスト教信者の誰もが自国語で読んで信仰すべき神の言葉として存在していました。この意味で、ドイツ語という母国語で自身の印刷物を流通させたルターは、ラテン語で教会批判を行い、一握りの知識人エリートのサークル内でしか議論を進めることができなかったエラスムスとは根本的に異なる地平に立っていたのです。ルターの宗教改革はカトリックとプロテスタントの対立のみならず、信者を集める巨大なゴシック教会や教室で教授たちを学生が囲む中世からの大学と、個々人が直接読むことのできる印刷本の対立というコミュニケーション構造の歴史的対立も内包していました。

そしてやがて、この後者の対立においては印刷本が、ゴシック教会や大学の教室に対して決定的に勝利するのです。この印刷本の勝利は、二一世紀の知的コミュニケーションにおいてはっきりしつつあるインターネットの決定的勝利によく似ています。俗語メディアで自分たちの主張を公表できるようになったごく普通の職人や商人、美術家、画家たちは、自らの経験や思考を基に大学や修道院の学問的権威を批判し始めます。たとえば、山本が引用するのは一六〇二年に書かれた次のような記述です。

あなたがたの考える学識者というのは、語学に堪能な人や、アリストテレスその他の有名学者の論理学に通じた人のことですが、これはただ丸暗記が必要なだけです。そのため人は活力に欠けてしまいます。というのも現実の事物には眼を向けないで、書物ばかり見ているので、魂は書中の死んだ事物にあって生気を失ってしまうのです。（山本、前掲書、六四八頁）

ここで批判に晒《さら》されているのは、中世以来の大学の権威主義です。拙著『大学とは何か』で詳論したように、中世の大学はローマ教皇や神聖ローマ帝国皇帝の特許状でその知的権威が支えられていましたが、印刷革命によりその仕組みが根幹から掘り崩されるのです。

今やアカデミックな知の秩序形成は、大学的な権威によってではなく、むしろ勃興するメディア産業の量の世界に支えられていくのです。実際、マスとしての消費者を重視した出版が早々に俗語にシフトしていったのに対し、大学は一八、一九世紀まで知識人の共通語としてラテン語を使い続け、知的エリート限定の閉じた体制を変えませんでした。

二つの時代を生きたコペルニクス

一六世紀の印刷革命によって起こった知の公開化と既存の権威の解体というパラダイム転換は、人々が宇宙の秩序について理解する方式を根底から変えていくことになります。写本によって知識が複製されていた時代には、知識人たちは本を読むためにその本が置いてある修道院まで何カ月もかけて旅をしなければなりませんでした。しかし、同じテクストが大量に活版印刷されるようになると、多数の本を買い集め、その内容を綿密に比較照合することが可能になっていったのです。『天球の回転について』（一五四三年）に発表されたコペルニクスの地動説は、まさにそうした時代が到来したからこそ生まれたものです。

実は、コペルニクスが地動説を唱える時代の前後、重大な天文学的発見はなされていませんでした。しかし、それでも彼が地動説を唱えることができたのは、この時代から天文学者たちが各種の印刷された天文学データを集め、比較照合できるようになっていたからです。

手書きでデータを作成していた時代は、データはしばしば間違いを含み、様々なデータを見るために何カ月もかけてそのデータがある場所に足を運ぶ必要があり、そもそも比較は不可能でした。しかしコペルニクスの時代から、天文学者の利用するデータの形態が劇的に変化し、それまでは遠方まで旅して得ていた多くのデータが容易に入手できるようになります。多数の天文学データが記載された印刷物の出版流通により、コペルニクスはそれらのデータ間の比較検討ができるようになった最初の世代の人だったのです。

しかも、一六世紀に天文学は非常に需要が大きいジャンルでした。大航海時代、天文学は航海に必須の知識で、俗語で書かれた天文学を含む航海術の書物が次々と出版されていたのです。現代でいえば、情報科学や生命科学の分野に比せられる時代の花形だったわけです。そしてこのフロンティア的分野としての天文学が、新しいメディア技術と深く結びついていきます。

実際、ヨーロッパの天文学の基礎を作ったレギオモンタヌスは、印刷都市ニュールンベルクにヨーロッパ初の天文台を建設し、彼が若くして亡くなった後を引き継いだベルナルド・ヴァルターにより、長期の天体観測が行われました。しかもレギオモンタヌスは天文学や数学専門の理系出版社も設立しており、彼が観察から得たデータは公開され、出版物として流通していきます。彼の周囲に集まったのは、大学アカデミズムの外で数学や天文学の知識を有し、職人仕事の価値を理解し、自らも手仕事に携わる新しいタイプの数理的技術者たちでした。出版業者にとっても、地図や天文学的データは、出版形式が定型化しており、学者たちのみならず航海者にも売り捌《さば》くことが可能な有力ジャンルでした。

そして、そのような出版物を最も活用していったのが、コペルニクスのような民間天文学者だったわけです。こうした活用の結果として彼は、たとえキリスト教の考え方に反したとしても、やはり地面が動いているという結論に達せざるを得なくなったのです。

しかし、こうしたこと以上にここで興味深いのは、コペルニクスが「中世」と「近代」という両方の時代を生き、その知の転換を自ら経験した人物だったことです。彼の知的営みの基盤となるシステムが、その前半生と後半生では根本的に変化したとも言えるでしょう。

というのも、コペルニクスの前半生はまさしく中世的な大学秩序が息づいていた時代のなかにありました。一四七三年にポーランド北部で生まれた彼は、クラクフのヤギェーウォ大学でアリストテレスの著作やユークリッド数学を学んだ後、ボローニャ大学に赴いて法学を学びます。そのボローニャで、天文学教授の観測助手を務め、それが天文学にのめり込んでいくきっかけとなったようです。その後、ボローニャ大学で法学の勉強を終えると、今度はパドヴァ大学に医学生として入学します。こうして若きコペルニクスは、約一二年に及ぶ大学生生活を、ヨーロッパ各地の大学都市を転々としながら送っているのです。この一二年間で彼は、神学はもちろん、修辞学や哲学、数学、法学、医学を学ぶのですが、天文学はこれらの主要科目の片隅を占めるにすぎません。

つまり、コペルニクスは天文学だけを勉強して地動説を唱えるに至ったのではないのです。むしろこの時代に大学生になることは、大なり小なりリベラルアーツを基礎とし、法学や医学、神学に通暁した知を身につけることでした。ところが、一五〇三年にフェッラーラ大学で法学の博士号を取得して故郷ポーランドに帰郷してから一五四三年に七〇年の生涯を閉じるまでの後半生、コペルニクスは二度と故郷から外に離れることはありませんでした。前半生の遍歴の大学生としての「動」の時代と、後半生の故郷の司祭としての「静」の時代のコントラストが、コペルニクスの人生を特徴づけています。

そしてこの後半生、コペルニクスは二冊の天文学書を書きます。最初の本である『コメンタリオルス』は、一五一〇年頃に書かれたとされますが、手書きの本であったのでいつの著作かははっきりせず、一九世紀末に写しが発見されるまで、忘れ去られていました。

もう一冊はもちろん『天球の回転について』で、彼の死の年、一五四三年にニュールンベルクの印刷業者から出版され、二三年後にはバーゼルでも復刻が出版され、徐々に読者が広がり、やがて近代科学革命の出発点をなす書物になっていきます。

遍歴の大学生、手書きの著作、印刷本と、コペルニクスの人生における知識とのかかわり方の変化は、彼が生きた一五世紀後半から一六世紀前半にかけて生じたコミュニケーションの地殻変動をよく表現しています。コペルニクスは大学が知の広場として光彩を放っていた最後の時代を生き、新しい知が出版により浮上してくる最初の時代も生きたのです。コペルニクスを今日まで誰一人知らない人はいない有名人にしたのは彼の天文学上の業績ですが、彼の大学での専門は天文学ではありませんでした。彼の博士号は法学者としてのもので、彼は医学も専門的に修めましたが、天文学は副専攻的な分野です。しかし、そうした公式的な学位云々とは別に、彼が天文学に最も大きな情熱を傾けていたことは疑いなく、知の基盤が大学から出版に移行するなかで、彼は市井の天文学者として歴史的な大発見をするのです。

大学の専門としていたわけでもない天文学は、コペルニクスの後半生にとって日々の生業《なりわい》の間隙を縫ってでも打ち込みたい知的フロンティアでした。そして当時、まだ辺境だったポーランドにいた彼が革命的な学説を編み出していくことができたのは、何よりも印刷物が運んでくれる大量のデータがあったからだったのです。

「哲学」から「科学」へ――一六世紀から一七世紀への知の転回

印刷革命による社会の認識パラダイムの転換は、遅くとも一六世紀末までには明白な事実となっていました。一五世紀までの学問の基盤をなしていたのは大学で、そこでの最も正統的な知の体系はトマス・アクィナス以来のスコラ哲学に支えられていました。

ところがこの哲学的パラダイムに対抗し、一六世紀にむしろ科学的と呼んだほうがいいパラダイムが浮上し、やがてそれが前者を押しのけて支配的な知となっていきます。この転換が決着するのは一七世紀です。実際、「一六世紀の末から一七世紀にかけて『新』と銘打った科学書や哲学書がいくつも出版されたこと――たとえばチコ・ブラーエの『新しい天文学の機械』（一五九八）、ケプラーの『新天文学』（一六〇九）、（フランシス・）ベーコンの『ノヴム（新）・オルガヌム』（一六二〇）、ガリレオの『新科学対話』（一六三八）、そしてパスカルの『真空にかんする新実験』（一六四七）――は、『新しい』ということがむしろポジティブな価値を有するようになったことを端的に表明」（山本、前掲書、六四八～六四九頁）していました。

「哲学」の時代とは、論証と分類に基づく定性的な学の時代で、アリストテレスをはじめとするギリシア哲学がそこでの最も重要な参照系でした。これに対して「科学」の時代とは、実験と測定に基づく定量的な学の時代で、経験的なデータが最も重要な学の基盤です。「学問」とは何かという定義そのものにかかわる前者から後者への転換が、一六世紀から一七世紀にかけて生じていたわけで、その結果、「一五世紀に人文主義者たちが賞賛した古典的著作は、一七世紀初頭にはすでに見捨てられていた」のです。これは、「真理を探すべき場所が『遠い過去』の『権威ある文献』から、日常的な生産実践と日々開けゆく地球へと変わったことを意味している」と山本は要約しています（同書、二七頁）。

しかしこの転換は、一六世紀的な意味での文化革命（＝メディア革命）の時代の継続を意味していたわけではありません。一六世紀は、一方では世界がグローバルな市場として結合され、他方ではその担い手が出版という新しいメディア産業に支えられる市民層として登場してきた時代でした。印刷革命は、知的創造の主体を聖職者や大学教授から商人や職人といった一般市民、なかでも知的技能を持った層に変えました。たとえばレギオモンタヌスがニュールンベルクで天文台を建設した際に活躍したのは、大学の外で数学や天文学の知識を有し、職人たちと協働する技術者たちでした。彼らのような無名の知識技能層による膨大なデータの蓄積が、やがて一七世紀の科学革命をもたらしていくのです。

しかし、このイノベーション的な知の波動は一七世紀、勃興期にあった絶対王政を背景にした国家的な科学制度のなかで「革命」の時代から「制度化」の時代へと反転していきます。実際、一七世紀に入るとフランスではアカデミー・フランセーズ（一六三五年）が、イギリスではロンドン王立協会（一六六二年）が設立され、そうした国家的な知の秩序がそれまでの様々な草の根的な運動の成果を糾合していくのです。一七世紀の科学革命の主役を担ったのは、もはや無名の職人ではなく、こうした新たな知の権威体制のなかで卓越的な評価を与えられていったライプニッツやニュートン、フランシス・ベーコンといったエリートたちでした。

そこでは彼ら自身が観察や実験に従事せずとも、研究に必要なデータは流通する印刷物を通じて得ることができます。ここにおいて一六世紀の「現場重視」という知のシステムは、一七世紀以降の「データ重視」というシステムに変容していったのです。

ロンドン王立協会ほど、この変化を先駆け的に担った組織はありませんでした。王立協会は、「王立」とは銘打つものの、実際にはジェントリー層が運営を牛耳った組織で、会員は貴族層が中心で一般の職人や商人が協会会員となることは稀でした。

そのような貴族的性格の強い組織が、一七世紀には新たに擡頭してきた「科学」の担い手として自らを位置づけていくのです。ここには同じ「科学」でも微妙な力点の変化があり、市井の技術者中心の一六世紀文化革命が、自分たちの日常的な経験から自然認識における観察の重要性を強調し、定量的測定と科学的実験を押し出したのに対し、一七世紀になって「閑暇に恵まれた」貴族たちが「実験科学」を新たな知のパラダイムとして創出する際には、それは無名の人々による運動的なものではもはやあり得ず、学会誌への論文投稿と実験や観測結果の権威づけ、論文による業績評価など、今日に繋がる学術体制の原型が構想されていました。

フランシス・ベーコンは同じ一七世紀初頭、『ニュー・アトランティス』(一六二七年)などにおいて、国家から俸給を得る卓越した研究者集団により、国家的に重要な先端的研究が推進され、それが国の開発政策を支えていく体制の出現を予見していました。いうまでもなくこの体制は、二〇世紀の冷戦体制のなかで米ソにおいて徹底したものとして確立していくわけですが、その萌芽はすでに一七世紀に見ることができるのです。

4　二五年単位説と五〇〇年単位説の間――「長い世紀」としての一五〇年

五〇〇年の近代の「入口」と「出口」

以上の考察から、一六世紀と二一世紀という五〇〇年も離れた二つの世紀に、意外なほど多くの類似点があることに気づきます。類似の要点は、両世紀が共にグローバリゼーションと情報爆発という二つの大きな歴史的変化が生じた時代です。

まず、一六世紀のグローバリゼーションは大航海時代のかたちをとりました。コロンブスがアメリカ大陸を発見したのが一四九二年、バスコ・ダ・ガマがインド航路を発見したのが九八年、マゼランが世界一周をしたのが一五一九年から二二年と、短期間に世界は一挙に結ばれていきます。彼らのような航海者たちが世界を繋ぎ、それがその後の人類の歴史に革命的な変化をもたらしていったのです。新大陸がヨーロッパによって「発見」され、ヨーロッパ世界が拡大し、「銀」という世界通貨で地球社会全体を繋ぐ世界経済システムが誕生したという意味で、一六世紀は今日のグローバリゼーションに至る最初のステップでした。

その一方で、もう一つの歴史的変化である情報爆発について言えば、二一世紀のインターネット革命の原点も、やはりグーテンベルクの発明を端緒とした印刷革命に行き着きます。

一六世紀は、知識や情報へのアクセシビリティが活版印刷の普及で劇的に変化した時代でした。それまで写字生が数十、せいぜい数百の単位で書き写していたテクストを、活版印刷は何千何万という大量複製を短時間でしていくことが可能なかたちに転換させました。こうして爆発的に増殖したテクストが一六世紀のヨーロッパに流通していくことで、一六世紀の人々は、二一世紀の情報爆発の先駆をなすような時代を生きたのです。

この変化を私は、近代という時代の「入口」と「出口」の類似として位置づけたいと思います。すでに述べたように、ウォーラーステインは一五世紀末に歴史が新たなコンドラチェフ循環の位相に突入していく契機となったのは、一四世紀後半からの「コンジョンクチュールの危機」だったと考えていました。地球が寒冷期に入り、各地で大規模な凶作が続き、農民反乱が頻発した時代です。社会の混乱は、中世キリスト教秩序の根幹を動揺させていきました。こうして荒廃し、社会的求心力が失われた時代、閉塞した社会からの突破口を求めるエネルギーが渦巻き、やがて危機と閉塞から革新と拡張への劇的な転換が生じるのです。

その後、五〇〇年以上に及ぶ近代という時代のとば口の変動局面で起きたことです。そしてその後、一七世紀のどこかの時点で、その前の世紀の「拡張」の時代から「収縮」の時代へと世界は反転していき、そうした「収縮」の流れが極点に達する一八世紀末までに歴史的な危機、ある意味でもう一つの「コンジョンクチュールの危機」と呼べる状況を経験します。この危機のなかでの最大の出来事は、いうまでもなくフランス革命の勃発でした。

一六世紀と二一世紀が似ていること、つまり近代の「入口」と「出口」が似ていることは、このように一四世紀から一五世紀にかけて起きたことにも類する様々な出来事が、二一世紀から二二世紀にかけて起こる可能性があることを意味しています。

「近代」を構成する四つの資本蓄積サイクル

近代の「入口」がそれまでの中世の「出口＝コンジョンクチュールの危機」であったのと同じような意味で、近代の「出口＝コンジョンクチュールの危機」は、その先にある数百年に及ぶ歴史の「入口」になるはずです。そうした大きな歴史の転換への展望は、次章の議論となりますが、ここでは以上の議論のまとめとして、この近代の「入口」と「出口」の間に横たわる五〇〇年間を、二〇回の二五年（あるいは、一〇回の五〇年周期）よりももう少し長い尺度で構造化して把握しておくことにしましょう。この点で再び参照されるべきは、最近、ブローデルやウォーラーステインの長期持続論を発展させているジョヴァンニ・アリギの四つの資本蓄積サイクルについての考察です。

すでに第一章でも簡単に触れたように、アリギは近代の五〇〇年が、ヘゲモニーの中心が移転しながら継起する四つのグローバルな資本蓄積サイクルの折り重なりによって成り立ってきたと考えています。その四つとは、一五世紀から一七世紀初頭までのジェノヴァ・サイクル（長い一六世紀）、一六世紀後半から一八世紀までを貫くオランダ・サイクル（長い一七世紀）、一八世紀後半から二〇世紀初頭までのイギリス・サイクル（長い一九世紀）、そして一九世紀後半に始まり、二一世紀初頭の現在も続いているアメリカ・サイクルの四つです。それぞれのサイクルはだいたい一五〇年から二五〇年の時間的な幅を含んでいます。

すでに述べたコンドラチェフの波が二五年ないし五〇年の周期、ブローデルの長期持続が五〇〇年にも及ぶ歴史の潮流だとすれば、アリギのいう「サイクル」は、その間をつなぐ中間的な長さのものです。このシステマティックに折り重なる四つの「サイクル」によって近代五〇〇年を捉える目的は、「資本主義世界経済が中世後期のサブ・システム的萌芽から現在の世界的次元へと拡大してきた際の、各段階の蓄積レジームの形成、強化、崩壊を描き、説明する」（『長い20世紀』四一頁）ためだとアリギは主張します。

つまり一五世紀、北イタリアに出現した資本主義的都市ネットワークは、最初は中世的なシステムに多く存在していた「異形の飛び地」にすぎなかったのですが、新大陸発見で加速度をつけて拡張を始め、中心をジェノヴァからオランダ、イギリス、そしてアメリカへと移動させながら全地球を支配するに至るのです。アリギはこの資本蓄積サイクルが、回を重ねるごとに規模を拡大させてきたこと、したがって「過去五〇〇年間にわたる資本主義勢力の拡大は、ウェーバーが強調するように、可動資本をめぐる国家間競争と関連していただけでなく、従前以上に広範で複雑な組織能力をもつ政治的構造、すなわち世界的規模で資本蓄積の社会的政治環境を管理できる政治的構造の形成とも関連していた」（同書、四七頁）ことを強調しています。

アリギがジェノヴァ、オランダ、イギリス、アメリカの四つの覇権国と結びつけたサイクルは、本書の視点からは、いずれも約一五〇年の長さの波動として把握できます。というのも、アリギはそれぞれのサイクルが空間的に移動しながら継起すると考えるので、かなり長い幅の重なりを認めていますが、世界同時的に大きな変動が生じてきたと考えるなら、一五〇年という幅で四つの覇権体制の推移を区分することができるからです。

その場合、最初のサイクルは大航海時代と重なり、一四七〇年頃から一六二〇年頃までです。この一五〇年間に最強の覇権を誇示したのはポルトガル・スペインでしたから、ここはやはり「ポルトガル・スペインの世紀」と呼ぶことができます。一六二〇年頃に始まる一五〇年のサイクルは一七七〇年頃まで続きます。これは、「オランダの世紀」と同時に「フランスの世紀」でした。その後、一七七〇年頃まで続きます。

ることは疑いようもありません。そして、一九二〇年代に本格化する「アメリカの世紀」は、このままいくと二〇七〇年頃まで続くことになります。この「アメリカの世紀」の終焉が、トランプ政権の誕生によってだいぶ早まった気もしますが、それでもアメリカの覇権がここ数年で失われると考えるのはあまりに楽観的です。

このように、もしも四つのサイクルは互いに重ならないとするならば、コンドラチェフの波の三倍、つまり一五〇年周期の長期波動を想定できるのですが、アリギが考えるように覇権国家の空間的移動という観点を生かして波動の間に二五年〜五〇年の重なりを認めるならば、それぞれの波動の周期はおよそ二〇〇年ないし二五〇年となります。

つまり、私たちはアリギのいう四つの資本蓄積のサイクルを、①新しい蓄積体制が古い蓄積体制の内側で発展する最初の金融拡大期間（S_{n-1}からT_{n-1}まで）、②覇権国家が世界経済全体の生産拡大を促進、監視し、そこから利益を獲得する蓄積体制の拡大期間（T_{n-1}からS_nまで）、③飽和した蓄積体制から生じる諸矛盾が別種の蓄積体制の登場を用意していく第二の金融拡大期間（S_nからT_nまで）の三つの異なる局面を含むものとして分析していくことになるのです（図4－1）。

この三つの時期区分で、二つまでが金融拡大期とされているのは特徴的です。「金融拡大期」とは、要するに経済が収縮していく不況期です。それはしばしば「危機」の時代を意味しており、「世界的規模の蓄積が一つの蓄積体制から次の蓄積体制へ移行する前兆」、あるいは「『古

図4-1　長い世紀と資本蓄積のサイクル

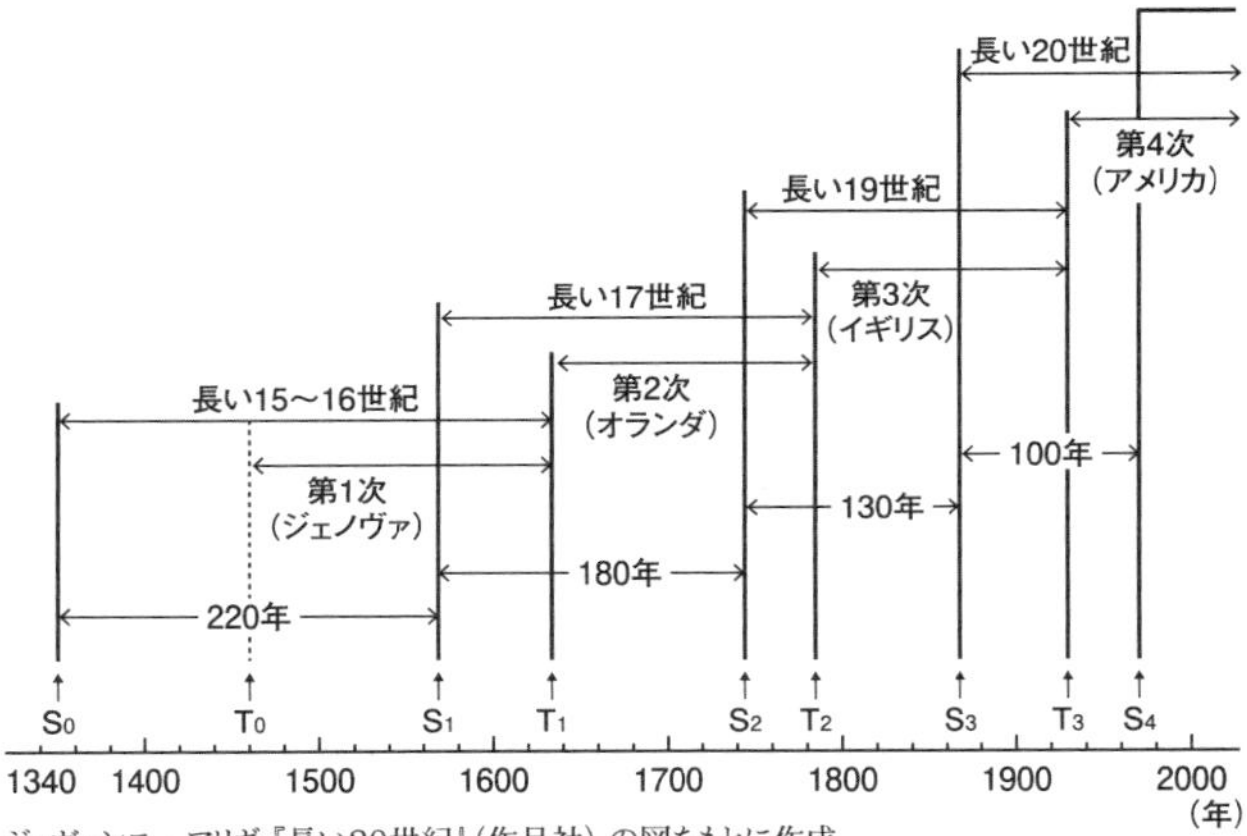

ジョヴァンニ・アリギ『長い20世紀』（作品社）の図をもとに作成。

い』体制の周期的崩壊と『新しい』体制の同時的創造で不可欠の構成要件」をなしています（同書、二一〇頁）。たとえば彼は、一九世紀以降の世界が、一八七三年から九六年までの大恐慌期と一九一四年から四五年までの三〇年間の大戦期の二つの危機を経由してきており、さらに一九七〇年代以降、三度目のより長期の危機を経験しているとします。

最初の危機の時代には、大英帝国の強大な覇権は維持されながらも、そのなかでアメリカが徐々に力をつけていき、第二の危機の時代に英米の地位は完全に逆転しました。

そして今、第三の危機の時代のなかで中国がアメリカと並ぶ強大な国家として擡頭しています。それぞれの危機の時代が、だいたい二五年から五〇年の波動に沿って生じているのに対し、アリギの注目する蓄積サイクルは一五〇年から二五〇年という尺度の話ですから、当然、一つのサイクルは大小のいくつもの危機を経験していくことになります。

二五年、一五〇年、五〇〇年とロジスティック曲線

私たちはこれまで長期の波動ないし持続という観点から、二五年、一五〇年、五〇〇年という三つの歴史の尺度について考えてきました。

二五年の尺度では、フランス革命前後を出発点とするならば、一七九五年前後（フランス革命）、一八二〇年前後（ウィーン体制）、一八四五年前後（二月革命）、一八七〇年前後（普仏戦争／明治維新）、一八九五年前後（帝国主義／日清戦争）、一九二〇年前後（第一次世界大戦）、一九四五年前後（第二次世界大戦／敗戦）、一九七〇年前後（オイルショック／大阪万博）、一九九五年前後（ソ連崩壊／阪神・淡路大震災）といった歴史の切れ目を考えることができます。

さらにブローデルとウォーラーステインにしたがって一五世紀末からこれを始めることも不可能ではありません。もちろん、これらの歴史の単位のなかには大きな歴史的事件にほぼ対応しているものもあれば（一四九五年前後のコロンブスによる新大陸発見、一五九五年前後の秀吉朝鮮出兵、一六四五年前後の清教徒革命など）、歴史的事件との対応は明瞭でないものもあります。しかし、拡張と収縮の長期波動がおおよそ二五年単位の尺度に対応してきたことは、すでに示した通りです。

他方、一五〇年単位の尺度では、①一四七〇年頃から一六二〇年頃までのヨーロッパが拡張を続けた大航海時代（近世の春）、②その拡張期が反転して収縮期に入り、世界が閉鎖と集権化に向かっていった一六二〇年頃から一七七〇年頃まで（近世の秋）、③産業革命と市民革命により、ヨーロッパ社会が植民地主義を伴いながら全世界に大拡張していった一七七〇年頃から第一次世界大戦前後まで（近代の春）、④二つの世界大戦を経て近代が臨界的局面に達し、その臨界面でアメリカの世界的ヘゲモニーが広がる一九二〇年代から二一世紀半ば過ぎまで（近代の秋）、という四つの大きな長期波動を単位とすることができます。

さらに五〇〇年単位の尺度になると、二〇世紀末の五〇〇年前は一五世紀末で、これに先立ち起きた東ローマ帝国の滅亡（一四五三年）は、西洋世界から古代的な世界の残滓《ざんし》が消え失せていったことを示していました。他方、ほぼ同じ頃に起きた応仁の乱（一四六七～七七年）により、日本でも古代王朝的なものの残滓が破壊され尽くしていきます。つまりヨーロッパと日本のいずれにおいても、一五世紀後半には古代的なものが完全に失われ、新しい時代意識や歴史の運動が生まれてくる余地が社会の前面に姿を現しつつあったのでした。

一群の大航海者たちや宗教改革者たち、天才的な画家たちは、そのようにして開けていった社会の空隙を舞台に大暴れしていく疾風怒濤のイノベーターたちだったのです。

注目されるのは、この三つの時間幅の異なる長期的な波動（ないし持続）が、まったく同じ論理で説明されることです。たとえば一五〇年以上の周期の資本蓄積サイクルについて、アリギはある指摘をしています。彼は、この蓄積サイクルを「生産拡大の（拡張）局面」と「金融拡大の（収縮）局面」に分けますが、このうち拡張局面が予測可能な連続的変化であるのに対し、収縮局面は予測できない非連続的変化だと言うのです。つまり、前者は「連続的発展の局面から構成され、その間に資本主義世界経済は一元的発展経路に沿って成長する」のに対し、後者は「非連続的変化の局面から構成」され、この変化を通じて経済は「劇的再構築、再編成を経て別の経路へと『移行』する」のです（同書、四〇頁）。

というのも、拡張期にあっては関与する諸主体がいずれも拡張の恩恵に与かることができ、したがってこれらの諸主体は相互に調整しながら全体の秩序を維持していくことができます。日本経済の特徴とされる護送船団方式も、この国の経済が長らく持続的な拡張期にあったので維持可能だったのです。しかし、社会全体が収縮期に入っていくと、諸主体は相手の領分に侵入し、衝突や血みどろの競争が始まります。このような競争がどんな結果に落ち着くか、誰も容易に予測できません。結局、資本主義がこうした収縮局面に入ると、「その曲線は安定した線をたどらず、多少とも暴力的な上下の揺れに振り回されるようになり、貿易に投下される資本の収益性は、何度も回復と破壊を繰り返す」（同書、三六四頁）のです。

思い出していただきたいのですが、このような「飽和点に達するまでどのくらい時間がかかるかを予測できる連続的拡張期」と「いつ下降が上昇に転ずるかという転回点の予測が不能な非連続的収縮期」という対比は、アリギのような一五〇年以上の単位の波動に当てはまる以前に、まずはコンドラチェフの波において広く見られる対比でした。

だからこそ、シュンペーターはこの収縮期にいかにして一群のイノベーションが現れてくるかを論じたのですし、逆にマンデルはこの収縮期に革命的な社会変動が生まれる可能性を問うたのでした。コンドラチェフの波に関し、拡張局面の解釈は異なる立場の論者の間でもほぼ一致しており、解釈が対立するのは収縮期のほうであることはすでに示した通りです。

ですから、これとアリギの議論を重ねるならば、二五年単位であれ、一五〇年単位であれ、ある社会の拡張期がやがて飽和して停滞し始めるまでの時間は、この拡張の傾向性を調べればある程度予測できること、しかしそのような飽和を過ぎて歴史が反転し、収縮期に入った社会の流れがどのように終わっていくかは予測不能なことがわかります。

同様のことが五〇〇年単位の持続にも当てはまります。つまり、一五世紀末に始まった近代の大きな波は、そこから五、六世紀を経て、二一世紀末までには完全な飽和点に達します。これまでの議論から、それはだいたい「アメリカの世紀」が終わる二〇七〇年頃なのではないかと思われますが、そこから先、完全に飽和した近代世界が、どのように緩やかに朽ちていき、いずれ何かまったく別の時代に移行していくのかは、私たちの論理的な想像力の外にあることです。私たちがはっきり予言できるのは、この五〇〇年以上に及ぶ歴史の持続が、やがて終わっていくこと、そしてその終わりは諸々の傾向性の変化をみれば近づいていることです。

第五章　二五年後の未来　長い一世紀後の未来

――未来の尺度

1　一九九五年という転換点——様々な終わりのなかで

一九七〇年という転換点の二面性

さて、二五年、一五〇年、五〇〇年の単位で歴史の構造的把握を試みてきた本書ですが、いよいよこれまでの議論を踏まえて未来について語るべき時です。

しかしその未来、いったいいつを出発点にすればいいのでしょうか。イギリスがＥＵ脱退を決め、アメリカ大統領にドナルド・トランプが当選した二〇一六年でしょうか。それとも東日本大震災と福島原発事故が起きた二〇一一年でしょうか。あるいはリーマン・ショックによりグローバル資本主義に激震が走った二〇〇八年でしょうか。やはりアメリカで同時多発テロが起きた二〇〇一年だと考える人もいるでしょう。さらには阪神・淡路大震災とオウム真理教事件が起きた一九九五年もあります。ソ連が崩壊した一九九一年、ないしはベルリンの壁が崩れた一九八九年だという人もいるでしょう。

いずれにせよ重要なことは、一九九〇年代から世界は激動の時代に入り、日本でも海外でも五～一〇年ごとにそれまでの想定を超えるような大事件が連発してきたことです。もちろん、八〇年代以前にも大事件がなかったわけではありませんが、第二次世界大戦後の混乱が収まった一九五〇年代から八〇年代までは、朝鮮戦争、ベトナム戦争、キューバ危機、中東戦争等々、どちらかというと準周縁的な地域での予測可能な局地紛争が多かったのに対し、一九九〇年代以降に起き続けているのは、世界秩序の根幹にかかわる激震です。

この激動期が始まったのは一九九〇年代でした。より細かくこれを九〇年代のいつからとするかは諸説あるでしょうが、私としては、ちょうど九〇年代の真ん中の一九九五年を転換点と考えたいと思います。前後数年の幅を見込んでここから始めるという意味です。

そうすると、一九九五年という年の特別な意味が見えてきます。その第一は、一九九五年は、終戦の一九四五年から五〇年後の年であることです。二つの破滅的な世界大戦が終わり、そのあまりに凄《すさ》まじい破壊と消尽の結果、それまで産業革命をリードしてきた欧米や日本には大きな空白が生じ、それがその後の世界的な経済成長の素地となっていきました。

そして、この戦後の経済成長が飽和点に達するのが一九七〇年頃です。世界史的な流れでは、七〇年前後が両世界大戦からの回復のプロセスが終了し、世界が「ポスト戦後社会」へと向かっていく最初の転換点でした。すでに何度も参照したマンデルの後期資本主義論やウォーラーステインの世界システム論がこの時期に出てきているのは偶然ではありません。歴史を単線的な成長・発展のモデルで捉えるのではなく、コンドラチェフがその約半世紀前、つまり一つ前の歴史の曲がり角の時期だった一九二〇年代に考えていたように、周期的な変動を重ねながら螺旋的に変化する過程として捉える観点が、そこで再び浮上してきていたのです。

こうして欧米社会は、一九七〇年代を境に楽天的な成長期から経済的な困難のなかで苦悩しながら構造的再編が進む時代へ向かったのですが、日本の場合はどうだったでしょうか。

実は、一九七〇年前後の転換は、日本社会の大多数の人々にとっては根本的なものとは受けとめられず、やがて人々はこの「一時的な危機」を日本的勤勉さで「乗り越えた」と錯覚していったのです。実際、一八七〇年代に近代化を国家が強力に推進し始めた日本は、帝国化したとはいえ一九二〇年代でも国内は発展途上の社会状態にとどまっていました。それに加えて戦争末期に広島・長崎の原爆を含めて徹底的な米軍の空爆を受けて大都市は廃墟《はいきょ》と化し、人口的にも打撃が大きかったため、日本の人口転換プロセスとしての多産少死（急激な人口増）は、戦前と戦後に分かれて進みました。そうしてベビーブーム世代が戦後の大量消費を支え、さらに七〇年代以降もまだ人口ボーナスが日本経済を支えていったのです。

このように日本の戦後は圧倒的な窮乏状態からの出発であったため、国際環境が悪化してもなお経済成長を続けていける余地を残していたのです。結局多くの日本企業がオイルショックや為替自由化の荒波を乗り切って、八〇年代後半にはバブル経済へと突進していきます。当時、これは日本社会の「強さ」とされ、「ジャパン・アズ・ナンバーワン」などという不遜な言辞まで飛び交ったのですが、しかしこの時代に何が起きていたのか――この点では、次の公文俊平の指摘が正鵠《せいこく》を射ているように思います。

過去を振り返ってみれば、日本の具合がおかしくなり始めたのは、実はもっとずっと以前の、一九七〇年代の石油危機のころからだったのではないか。当時、高度経済成長の終焉に直面したように思われた日本は、狂乱物価の中で、減量経営だ、省資源だと死に物狂いでがんばって二度の石油危機を乗り越えた。そのおかげで、衰退の一途をたどるアメリカを尻目に、日本は世界に冠たる経済大国の地位を確立したかに見えた。しかし、いまになって考えると、あのときの日本は、危機を乗り越えるための努力の方向でボタンをかけちがえていたようだ。もっぱら日本の得意な工業製品の生産性を引き上げ、エネルギー原単位を引き下げることに努力を集中する一方で、社会不安の到来を恐れるあまり、低生産性部門が高生産性部門にもたれかかる経済の「高コスト構造」自体は温存したのである。

（『2005年 日本浮上』四頁）

本格的な危機としての一九九五年

すでに述べてきたように、余裕のある時代にはなかなか社会の構造は変わりません。「変革」のかけ声は上がっても、結局は変化を望まない人々が多数派で、変化の気運は押し戻されてしまうことのほうが多いでしょう。残念ながら、多くの人々はぎりぎりまで追い詰められ、ほとんど手遅れになって初めて自らの身を切る社会の変化を受け入れるのです。

このような意味で、日本社会が多方面で拡張から収縮へと転換し、危機が誰にでも理解できる状況になっていったのが一九九五年でした。このことはすでに拙著『ポスト戦後社会』でも論じたのですが、阪神・淡路大震災やオウム真理教事件に加え、日本の経済的衰退も始まりました。雇用不安と貧困の蔓延、非正規雇用の拡大、高学歴層の就職難、ワーキングプアなどの問題が噴出し、文化的な余裕が社会から失われていきました。

また、超高齢化社会の到来によってその扶養コストの負担は拡大を続け、その一方で少子化対策や女性の労働環境の改善はなかなか進まず、世代間の利害対立が強まっていきました。さらに、日本経済の基盤とされてきた先端的な技術力も弱体化し、韓国、それに中国に追い上げられて世界市場での競争力も弱まっていきました。こうした国力の低下を露呈するかのように、日本人全体が貧困化していきます。ＩＭＦの統計で、二〇〇〇年の日本人一人当たりのＧＤＰは世界四位でしたが、二〇一四年には二四位にまで転落しています。「強すぎる日本」の批判は過去の話で、むしろ「日本は大丈夫か」と心配され始めています。日本は今では世界の先端を進む脅威の国ではなく、不安の中に漂う中規模の国になっていることを正視すべきです。

さらに、一九九五年の大震災は、戦後長らく続いた地震平穏期の終わりも告げました。一九世紀半ばから善光寺地震（一八四七年）、安政大地震（一八五四〜五五年）、濃尾地震（一八九一年）、明治三陸大津波（一八九六年）、関東大震災（一九二三年）、北丹後地震（一九二七年）というように、何度も日本列島を大地震や大津波の災禍が襲っていましたが、一九四八年の福井地震以降、数千人規模の死者が出るような大地震は一九九五年まで起きていません。

ところが九五年以降、もちろん二〇一一年の東日本大震災を筆頭に、再び日本列島に地震が頻発するようになり、首都直下地震や南海トラフ地震、東南海地震も心配されています。社会変動のサイクルと地殻変動のサイクルの対応は偶然ですが、安政大地震が幕末動乱の、関東大震災がアジア太平洋戦争の先駆けとなった過去の経験に照らすなら、一九九五年と二〇一一年の二つの大震災が、どのような歴史の変化の先駆けであるのかが気になります。

しかし世界的な視点からするならば、一九九五年という年は東西冷戦終結、ソ連崩壊、中国やインドの急速な擡頭といった地政学的変化と切り離せません。それはまた、ウィンドウズ95が発売され、インターネットの普及が爆発的に進んでいく最初の年でもありました。

つまり、日本にとって九五年は衰退の始まりでしたが、その同じ年は中国やインドなど、それまで「第三世界」に括られてきたいくつかの大国が劇的に発展し始める年で、さらにそれは全世界のインターネット社会化が始まる年でもあったのです。アメリカもまた、一九九〇年代以降、ICT産業を中心にグローバル経済のなかで新たな成長を開始します。こうして東アジアは、政治や軍事、経済の面で米中関係中心の時代に向かっていくのです。

結局、日本経済は一九八〇年代から九〇年代初頭まで、人口ボーナスの恩恵にも助けられて一周遅れのトップランナーとして振る舞うことができたのですが、それはあくまで「一周遅れ」という条件付きの現象でした。一九九〇年代、自国の社会構造上の弱点に鈍感だったこの国は、世界システムの構造的な転位への対応で大きく立ち遅れるのです。

大中国の復活、国民国家の弱体化、西洋の脱中心化

一九九五年はしかし、一九四五年の大戦終結から五〇年という意味で時代の切れ目であっただけではありません。それはまた一八九五年、つまり日清戦争の勝利を経て日本が東アジアの帝国となってから一〇〇年という意味も含んでいました。

たしかに一九四五年に帝国日本は植民地を失いますが、しかし戦後も自らをアメリカに最も近い国として位置づけ直すことで東アジアでの覇権的地位を保ち続けます。つまり戦前は軍事大国として、戦後は経済大国として日本は東アジアの中心であり続けたのです。一八九五年から一九九五年までの東アジアは「日本の世紀」であったと言うことができるでしょう。

逆に言えば、この一〇〇年間は、古代から東アジアの覇権国であった中国がその地位を失っていた特殊な時代でした。その特殊な時代は日本が東アジアの帝国となるよりも前、清が一八四〇年代のアヘン戦争で敗北し、ヨーロッパ列強の前に屈していく過程ですでに始まっていました。明治維新後の日本は、そのようにして東アジアで強大な中心の喪失が生じたのに乗じ、その隙に入り込んで自らを強大化させ、東アジアの帝国という地位を中国から簒奪《さんだつ》したのだとも言えます。こうして一八九五年から一世紀近くにわたった東アジアにおける「日本の世紀」が、一九九〇年代半ばに終わりを告げるのです。

この地殻変動を生じさせた最大の要因が中国の経済大国化であることは言うまでもありませ

ん。アヘン戦争から一五〇年後の中国は、「失われた中国」ではないのです。経済的、政治的にはもちろん、軍事的にも大中国の復活が目論《もくろ》みられつつあります。この軍事的目論見は、様々な衝突を周辺諸国との間に生じさせていますが、中国経済圏のグローバルな拡大はもはや押しとどめようもなく、二一世紀のアジアが「中国の世紀」となることは確実です。

しかしこのような東アジアは、決して二一世紀に初めて出現したものではありません。それはむしろ、一八世紀までの東アジアでは当たり前の状況でした。一五〜一七世紀の明も一七〜一九世紀の清も各々東アジアの中心だったわけで、とりわけ一五世紀の明には、まるで今日の中国を思わせるような拡張主義に向かった時代がありました。そのような中国と他のアジア諸国がどのようにつき合っていけるのか、歴史から学ぶべきこともあるはずです。

さて、さらに話を広げるならば、一九九五年はフランス革命から約二〇〇年後に当たります。フランス革命はヨーロッパを中心に世界中で市民社会が国民国家の基盤になっていく流れの出発点となった出来事ですが、一九九五年以降のグローバル化の進展によってこの「国民国家の時代」もやはり終わりつつあるようです。九五年、日本で起こったオウム真理教事件は、テロリズムの恐怖にさらされる現在の世界を先取りしたものでしたが、国民国家の力が低下しつつあることと、イスラム原理主義に代表されるようなグローバルなネットワークの浮上とは無関係ではありません。第二次世界大戦後、冷戦体制下でのパワー・ポリティクスの半世紀が続きましたが、一九九〇年代以降、その冷戦体制が崩壊すると、権力と富が多極化し、その中間の不安定な地帯で暴力的なネットワークが跋扈《ばっこ》するようになったのです。

最後に、現代のグローバル化は数世紀にわたる「西洋中心の世界」を徐々に終わらせつつあります。そのこととの関係でいえば、一九九五年は一五世紀末にコロンブスが新大陸を発見してから約五〇〇年後です。新大陸の発見はヨーロッパを中心とする世界システムが誕生する契機となり、その後の植民地化を通じ、「西洋中心の五〇〇年」が続いてきました。しかし、そのような五〇〇年も、一九九五年あたりを境に大きな曲がり角を迎えたのです。つまり、一九九五年という年は、一九四五年から五〇年（戦後日本の危機）、一八九五年から一〇〇年（「日本の世紀」の終わり）、一八四五年から一五〇年（大中国の復活）、一七九五年から二〇〇年（国民国家の後退）、そして一四九五年から五〇〇年（西欧中心主義の終わり）といういずれの意味においても、「近代」という時代が出口にさしかかっていることを示唆しています。

グローバル情報化が創出した資本主義の無限空間

以上の様々な意味において、一九九五年は「終わりの年」でした。しかし、それだけではなく、グローバルな電子情報ネットワークが金融と決定的に結びついていったという意味で、五〇〇年前の新大陸発見にも類することのできる「始まりの年」でもありました。

先に触れたように、ウィンドウズ95が発売された一九九五年は、「インターネット元年」です。社会はネットを介したグローバルな同時性の場へと変容を遂げ、バーチャルな情報空間が資本主義にとっての新たなフロンティアとなっていきます。地球の地理的な広がりを圧倒的なスピードで縮減する情報技術は、資本の回転を加速し、無限とも見える時空を創出していきました。この電子的空間は金融資本主義と結びつき、新たなイノベーターたちの「賭け」の場となっていったのです。そうしたなかから、マイクロソフト、アップル、グーグル、アマゾンをはじめ、世界の情報と経済を動かして巨万の富を得る成功者たちが現れました。

しかし実は、このような電子ネットワークと金融の結合は、一九七〇年代に端緒が見られたものでした。この時期に起きた変動相場制への移行は、マネーの越境性を加速し、グローバルな資本の流動性を高めました。やがてインターネットに統合されていく電子空間が、七〇年代から族生していました。水野和夫によれば、一九七一年、「ニクソン・ショック」でドルは金と切り離され、ペーパー・マネーになったのです。いかりを外されたドルは自由に目盛りが伸び縮みし、バブルが起きやすくなりました。また、同じ年にインテルが今のPCやスマートフォンに不可欠なCPUを開発しました。極端に言えば、地球上の人がすべて『電子・金融空間』に参加することが可能となった」（『資本主義の終焉と歴史の危機』二六～二七頁）のです。

実物経済には必ず限界があり、テレビなどの家電製品から自家用車まで、どんなヒット商品でも需要がある程度飽和してしまえば、後は買い替え需要でしか利益を出せなくなります。しかし、無限に高速で回転させていくことができるネット上の電子マネーは、その規模や回転速度を大きくすればするほど実物経済よりずっと大きな利得を得ることができるのです。やがて、高速に流動するバーチャルな金融商品で、マネーフローの動きが景気自体の振り幅を大きくさせ、その方向性さえも変えてしまう、そんな電子的な金融経済の時代がアメリカ主導で始まっていきました。再び水野の言葉を借りるなら、一九九五年はアメリカにとって「金融経済が実物経済を凌駕し、かつ外国のマネーを米国のために自由に使うことができるようになり、米国の意図が国境の外にまで及ぶようになった。いわば米国の『金融帝国』化元年」(『人々はなぜグローバル経済の本質を見誤るのか』二九〜三〇頁)でした。

しかし、日本はこうした新しい流れに対応できず、「インフレ(成長)がすべての怪我《けが》を治す」という神話に固執し、小泉構造改革やアベノミクスなどの成長重視路線を突き進みます。それは、「消費税引き上げの見送りに象徴されるように、『名目成長率を高めないと財政再建ができない』という考え」を取り続けることへと繋がっていくのです(同書、一三〜一四、三〇頁)。

これに対してアメリカは、経常赤字の増加以上の資本をアメリカに集め、「近代における常識『経常赤字の増加は成長の制約になる』を覆す戦略」(同書、三〇頁)の下、金融グローバリゼーションを進化させていったのです。しかし、このようにグローバルな電子空間を通じた「マネー＝資本」の増殖が際限なく拡大していくことの帰結は、実は明らかでした。水野はすでに、二〇〇七年に出版されたこの著書で次の予言をしていました。

マネーフローの変化が大規模に起きると、世界同時株安が発生して住宅など資産価値の下落を誘発し、資産デフレが起きる。資産デフレ下では不良債権化した資産を償却しなければならないから、企業の保有する現金・預金が減少する。それでも足りなければ、将来の利益が償却財源となるから、手元流動性が増加せず、将来のマネーストックも増えなくなるからだ。マネーストックの減少そのものである。（中略）マネーフローの変化は資産価格の変動を通じてマネーストックに影響を及ぼすという点で、いつでも本当の危機に転化しうるのである。
（同書、六四頁）

この予言は二〇〇八年に的中し、リーマン・ショックが起こりました。問題のサブプライムローンは、未来における住宅の値上がりを前提として組まれていました。ローン債権を証券化し、その返済を前提にした第二次的金融商品を作り、それがさらに第三次商品に展開されていくという、未来を取り込んだ金融無限空間が形成されていたのです。

しかし、大衆層の住宅需要が飽和し、前提条件だった住宅の値上がりが終わることで、金融経済の破綻が生じることは予見できたはずです。情報空間の無限性は、どこかで現実空間の有限性に紐《ひも》づけられなければならず、本当に無限にはなり得ないのです。リーマン・ショックは、電子的な虚構の無限空間の有限性を露呈させた出来事でした。

無限に拡張していくグローバルな金融経済という神話は、今日の世界において実に多くの深刻な問題を内包しています。水野が指摘するように、「実物経済の利潤低下がもたらす低成長の尻ぬぐいを『電子・金融空間』の創出によって乗り越えようとしても、結局バブルの生成と崩壊を繰り返すだけ」で、「バブルの生成過程で富が上位一％の人に集中し、バブル崩壊の過程で国家が公的資金を注入し、巨大金融機関が救済される」一方で、そのしわ寄せは「バブル崩壊でリストラにあうなどのかたちで中間層に向けられ、彼らが貧困層に転落」し、中間層の没落と格差社会を招くことになるのです（『資本主義の終焉と歴史の危機』三七頁）。

このように、かつての中間層が大部分の没落する層と一部の富裕化する層に分裂してきた一方で、かつての先進国も経常赤字高成長国（主にアメリカやイギリス）と経常黒字低成長国（ドイツ、日本など）とに二極化してきました。つまり、先進国でも金融マネーを高速度で回しながら高い成長を続けていくスーパー国家と、実物経済で成長しようと努力するが限界に突き当たる普通の国民国家の二つに分かれ、これが英語圏対非英語圏という構図とも重なっています。一九九五年以降、アメリカは積極的に金融のグローバル化を進めることによって、貿易が経常赤字になっても高成長が続く常識破りの経済の仕組みを実現してしまったのです。

2 「未来」の尺度と次元を設定する

二〇二〇年以降を二五年単位で考える

以上の検討を踏まえるならば、「未来」はすでに一九七〇年代から始まっていたけれども、それがはっきりと姿を現し、電子的な情報網を介してグローバルに拡大し、現代資本主義を根本から変容させていくのは一九九五年以降だと言うことができるでしょう。

換言するなら、二一世紀の第一の始まりは一九七〇年代初頭、第二の始まりは九〇年代半ばで、この二つの「始まり」を経て、実際に二〇〇〇年になる頃には、二一世紀はすっかり動き始めていたのです。だからこそ、きわめて二一世紀的な現象である二〇〇一年の同時多発テロも、二〇〇八年のリーマン・ショックも、二〇〇〇年代が始まるや否や、このすでに動き始めていた二一世紀的な地平のなかで生じていったのです。

肝要なのは、このテロリズムや恐慌のリスクが一時的なものだと思い込み、二〇世紀的な国民国家や資本主義の論理を復古的に持ち出すことでそれらを回避できると錯覚することではありません。二一世紀は長く考えればもう五〇年近くも前から、短く考えても二〇年前からすでに始まっていたのであり、この「未来」の地平で有効な解決策を探す必要があるのです。

そこで、この早くは一九七〇年代、遅くとも一九九〇年代半ばに始まっていた「未来」がこれから辿る道を、本書が主張する歴史の尺度に従って区切ってみることにしましょう。

すでに述べてきたように、一九九五年の次に訪れる歴史の切れ目は二〇二〇年です。二度目の東京オリンピックが開催される年であり、昨年秋に選ばれたトランプ大統領の任期が終わり、次の大統領が選ばれていく年です。トランプ続投は、私にはあり得ない（絶対にあってはいけない）選択だと思われますが、そうするとトランプ政権ですっかり混乱したアメリカと世界の関係を、いったいどのようなリーダーが立て直すことになるのでしょうか――こればかりはまだまったく見えませんが、未来の歴史にとって重要な試金石です。

ではそれ以降、つまり二〇二〇年から四五年までの二五年間、私たちをいかなる未来が待ち受けているのでしょうか。コンドラチェフ的循環を前提にするならば、一九九五年から二〇二〇年までの二五年間が拡張期であるのに対し、二〇二〇年から四五年までは収縮期にあたります。人口ボーナスの恩恵を受けるベトナムやアフリカ諸国を除けば、世界経済は非常に厳しい時代を迎え、様々な矛盾や困難がこれまで以上に露呈していくことでしょう。いかにトランプ政権が大胆な経済成長策を実施しても、それらはカンフル剤的な、というか麻薬的な一時しのぎにとどまり、二〇二〇年代以降までプラスの影響は残しません。

むしろエネルギー政策、移民政策、グローバル経済への対応で、トランプ政権が強引に進めるのは二〇世紀的で、反動的な政策となるでしょうから、これから数年で危機はより深刻になっていきます。ただでさえ苦しい二〇二〇年代は、さらに困難なものとなるのです。

しかし、本当の変革は困難な時代にしか起こりません。ですから世界にとっても、しかしそれ以上に日本にとって、二〇二〇年代から三〇年代にかけては構造的な変革がなされていく時代になるはずです。どんな方向への変革かは未確定ですが、しかしこのままの仕組みでは社会全体が苦しくなる一方なので、大きな変革の気運が高まっていくものと思われます。

もちろん、世界のなかには東南アジアやアフリカのように、二一世紀半ばまで人口ボーナスの恩恵が続く地域もあり、それらの国々では経済成長が続くでしょうから、困難ななかでの変革というモチーフがすべての国に当てはまるわけではありません。しかし、東アジアと欧米は二〇二〇年代以降、かなり似た困難を抱え、内部構造の変革に苦闘していくことでしょう。そこで本当に未来を見通した変革に成功するならば、コンドラチェフ的循環が再び拡張期に転じる二〇四五年以降、日本社会がしばらくの間、一九七〇年代のそれとは異なる意味で安定的な豊かさを享受していくことも不可能ではないはずです。

ちなみに二〇四五年は、俗に「シンギュラリティ（技術的特異点）」に文明が到達する年だと言われています。この年、きわめて高性能の人工知能（AI）が低価格化して私たちの日常生活に浸透し、それらが相互に結ばれて再帰的な回路を形成することにより、人間の知性の及ばない超越的な知性が誕生するというのです。これは、「ヒューマン（人間）」から「ポスト・ヒューマン（機械）」に文明の担い手が交代していくことになるという主張です。本書はこの種の議論に立ち入る気はまったくありませんが、それでも低価格化した人工知能のネットワークが、ちょうど一九九〇年代にパソコンのネットワークとしてのインターネットが世界規模で新産業を勃興させていったように、二〇世紀末以来の大規模な産業イノベーションを生起させ、コンドラチェフ循環の収縮期を拡張期に転換させていくという可能性は否定できません。

このように、二〇二〇年代からの半世紀が、おぼろげながら徐々にはっきりとした相貌を見せ始めているのに対し、その半世紀が終わった二〇七〇年代以降、地球社会がどんな未来に向かっていくのかはまだわかりません。しかし、これも二五年単位のコンドラチェフ的循環からするならば、二〇七〇年代以降、地球社会は新たな収縮期に入っていくことになり、つまりは全地球的な危機の時代を経験する可能性が大きいのです。

二〇二〇年代から四〇年代までの危機が、どちらかというと欧米や日本といった、二〇世紀末までにすでに資本主義を成熟させていた国々が経験するものだとするならば、二〇七〇年代以降に生じるのはむしろ全地球的な、それまで威勢のよかったインドや東南アジア、中南米、アフリカも巻き込んでの困難となっていくでしょう。ひょっとすると、この危機が五〇〇年どころか六〇〇年続いた資本主義に終わりをもたらす可能性すら否定できません。

このように未来を見通す際、比較的高い精度で予測可能な次元と、関係する変数が多すぎて確かなことが言えない次元があります。実際、先のアメリカ大統領選挙では、開票日前日までの予想と実際の結果は異なりました。「政治」においては、わずか一日前ですら未来を予測できないのです。これに対して未来が予測可能な次元もあります。「人口」と「環境」はその代表で、人口の場合、今いない人が突然、ある年齢で出現することはないので、二五〜三〇年という世代間隔の単位で変化が生じていくことになり、戦争や疫病、巨大災害のようなケースを別にすれば、現在の瞬間風速的な変化は未来に大きな影響を及ぼしません。半世紀から一世紀に及ぶ長期的な趨勢のなかで未来の予測が可能です。さらに環境も、長いスパンでの予測が可能な次元です。CO_2の排出と地球温暖化の間には明確な因果関係があり、このまま人類が化石燃料を燃やし続けると二二世紀に何が起こるかは科学的に証明されています。

以上のように、数百年後の未来が高い確度で予測可能な次元と、明日のことすら予測できない次元がありますから、これらを勘案して、私たちは未来を考えていく際の尺度と次元について次のようなマトリックスを設定できるはずです。

Ⅰ　未来の尺度

① 1B（収縮期）　二〇二〇～四五年　矛盾の激化と構造改革の努力、日本社会の変革期
② 2A（拡張期）　二〇四五～七〇年　日本における危機の小康、全世界的な危機の進行
③ 2B（収縮期）　二〇七〇～九五年　全世界的な資本主義の危機と新しい社会への模索
④ 3A＋B　二〇九五年～　持続可能なポスト資本主義社会への緩やかな移行

Ⅱ　未来の次元

① 環境　一〇〇～二〇〇年の単位で科学的予測が可能
② 人口　五〇～一〇〇年の単位で人口学的予測が可能
③ 経済　二五～五〇年の単位でコンドラチェフ循環的な予測が可能？
④ 知識　長期的な趨勢としては、数世紀単位での方向性が予言可能

⑤　人生　　予測不可能だが、次世代の人生を想像することは社会の責務

温暖化の進行により大災害が多発する近未来

そこで、以上のマトリックスを前提に、それぞれの次元と尺度についてどのような未来が予測されているのかを概観してみることにしましょう。まず、二〇二〇年から七〇年までの地球環境がどう変化していくかですが、一九七〇年代のローマクラブによる『成長の限界』の執筆者の一人だったヨルゲン・ランダースは、二〇一二年の著書『２０５２―今後40年のグローバル予測』で、次のような二一世紀の地球環境についての予見を示しています。

それによれば、まず二〇五二年までに、化石燃料による経済成長を目指す社会から太陽エネルギーなどの自然エネルギーを利用した持続可能な社会を目指す方向への価値転換が広がります。すでにドイツがそうした方向をはっきり打ち出しており、トランプ政権のような反動があったとしても、二〇一五年のパリ協定が示すこの流れは、先進国を中心に次第に波及していくことになるでしょう。したがって、長期的にはＣＯ２の排出規制が強化され、世界は化石燃料からの脱却に向かうでしょう。しかしその結果、一部の国々で、ＣＯ２排出量は少なくてもより大きなリスクを含む原発への依存度が高まることも予想されます。日本では、原発が本格稼働を始めてから約四〇年後の二〇一一年に深刻な原発事故が起きましたが、今後、同様のことが中国やインドでも起きる可能性は小さくありません。

さらにランダースは、化石燃料や原子力の環境リスクを含めたコスト増大から、エネルギー強度（一〇〇万ドル相当のＧＤＰ生産に必要なエネルギー量）の低下が見られるはずだと言います。地域差は見られるものの、今後生産現場での省エネが促進され、よりエネルギー使用量が少ないサービス・介護産業への産業の重点移行や再生型エネルギーの効率化が進むことなどにもよって、経済を動かすのに必要とされるエネルギー需要が減ると予想されるのです。

したがって、たとえ産業規模が拡大し続けても、ＣＯ２排出量は今後半世紀で徐々に減少していく可能性があるのですが、しかし地球の気候変動はそれ以上のスピードで進みます。つまり、たとえ数々の規制を行っても、地球の平均気温が危険な閾値《いきち》を超えて上昇していく可能性は高く、二一世紀後半に地球環境は深刻な状態に陥ると予想されるのです。干ばつ、豪雨、洪水、ハリケーンや台風の強大化、異常気象、熱波、寒波、高温地帯の拡大といった、温室効果ガス排出と不可分の関係にある災害が頻発する未来は避けられそうもありません。特に、たとえば気温上昇でツンドラの永久凍土が溶解することにより強力な温室効果ガスであるメタンガスが噴出し、それが温暖化を加速させ、さらなるツンドラの凍土溶解、温暖化を招くという悪循環的連鎖が続く可能性もあります。

また海では、大気中のＣＯ２増加で海水の酸性化が進み、やはり地球の平均気温の上昇を招く悪循環も生じ得ます。こうして海面は二〇五二年までに平均〇・三メートル以上上昇するとされますが、アジア太平洋地域の一部では地形的条件などから一〜一・五メートルの上昇にもなり、その結果、水没の危機に見舞われる地域や国が出てくるはずです。

欲望充足の投資から課題解決の投資へ

ランダースが「狭い地球上でひたすら拡大路線を突き進んできた人類は、これからの四〇年間（二〇五二年まで）、ますます多くの問題に直面するはずだ。資源の枯渇、耐えがたい環境汚染、種の絶滅や生態系の破壊、猛威を振るう異常気象とそれに対抗するための建築物の必要性、人口過剰に伴う長期的問題等々」（同書、一一三頁）と述べるように、数々の大規模災害を引き起こす地球温暖化は、文明の自然への関与の結果です。その根本にあったのは、人間、とりわけ資本主義の中心を担ってきた欧米や日本、さらには東アジア諸国の人々の欲望充足でした。しかし二一世紀を通じ、地球環境の悪化が人類滅亡の可能性を現実的にする時代には、むしろ課題解決型の投資がより大きな意味を持つようになります。

課題解決型の投資には二種類あり、一方は、未来の資源枯渇や環境破壊、人口的リスクを避けるための予防的な投資です。自然エネルギーの開発とコスト削減、海面上昇に対する対策、巨大地震に対する対策、人的資源の確保と育成をそうした例として挙げられるでしょう。

しかし他方には、資源や環境の諸問題が引き起こしたダメージを修復するための事後的な投資もあります。たとえば、フロンガスや二酸化硫黄、窒素酸化物、温室効果ガスなどの有害な排出物によるダメージを減少させる措置や一定の年限が過ぎた原子炉を廃炉にするコスト、沖合の石油掘削施設の撤去、地震や異常気象によって破壊されたインフラの復旧などです。

こうした課題解決のための投資は、ランダースの試算では全世界のGDPの一〜六パーセントに及ぶとされます。投資拡大と共に産業規模も拡大し、防災・環境産業から介護・人材育成産業まで、社会的リスクを減らす技術やシステムの開発が成長産業となっていきます。

しかし、課題解決型の投資だけで問題を抜本的に解決するのは困難です。気候変動や放射能汚染といった地球規模の大きな課題を解決するためには、市場だけに頼るのではなく、政府による規制や政策転換が不可欠ですが、この公的介入が成功する確率は大きくありません。選挙で選ばれる政治家は、有権者に負担を強いることには容易に手を出しませんから、危機を事前に予測し、対策を講じることは困難です。先進国の経済が停滞し、国内での貧富の格差拡大が進めば、アベノミクスやトランプ大統領の出現が示すように、「成長経済幻想」への先祖返りが蔓延します。政治家たちは、直近の支持拡大を狙って長期的には破滅的な政策を推進し、やがて危機がいよいよ抜き差しならないところまできて初めて規制に動き出すのです。

したがって、地球環境に関する危機を解決するための大規模な変化は、危機の回避に間に合うタイミングでは起きず、その帰結として二一世紀後半の人類は「悲惨な状況」に直面しそうです。大気中の温室効果ガス濃度は、およそ半世紀後には取り返しのつかないレベルにまで上昇しているのです。しかし、もしこの全地球的な危機を人類が乗り越えることができれば、二一世紀末以降の人類には希望が残っています。ランダースは、「現在の持続不可能なやり方は、

『持続不可能』という言葉が意味する通り、無限に続くことはあり得ない」からこそ、「二一〇〇年までに、世界は今よりはるかに持続可能なものになっている」と確信しています(同書、三六頁)。人類の滅亡か存続かという瀬戸際になれば抜本的な対策が講じられざるを得なくなり、そうした土壇場での人類の能力を私たちは信頼すべきということでしょう。

しかしそこまで追い詰められてからの変革では、その先に可能な社会の選択の幅は限られたものになっています。つまり、二二世紀に持続可能な世界が実現しても、それが魅力的なものになるのか、今よりずっと幸福度が低いものになるかは、人類が現在の段階でどんな行動を選択するかにかかっています。だからこそ、未来へのメガネが必要なのです。

地球人口は一〇〇億を超えず、漸減に向かう

環境についての未来予測はこのくらいにして、話を人口の未来に移しましょう。現在、世界の人口は七〇億人超ですが、人口増加率は一九六五〜七〇年に年二・一パーセントだったのが、二〇〇〇〜〇五年には年一・二パーセントとなり、さらに二〇四五〜五〇年では年〇・六パーセントに低下すると試算されています。つまり、人口増加率は二一世紀の後半になるほど漸減していくのです。ですから未来の地球の人口は、最終的にも一〇〇億人に達することはなく、二一世紀末までにピークに達し、以後はやや減少していくことでしょう。飽くなき拡大を求めてきた近代文明ですが、こうした人口減少に伴い、二〇七〇年までに全世界のＧＤＰも停滞か

ら減少に転じ、環境破壊も縮小していくかもしれません。

第二章で述べたように、近代化の過程で発生する人口ボーナスは長く続きません。人口推移の指標である合計特殊出生率の世界平均は一九五〇～五五年が五・〇（先進国は二・八）だったのですが、二〇〇〇～〇五年では二・七（同一・六）まで低下しています。日本では、四・五四（一九四七年）、二・〇（一九六〇年）、一・五四（一九九〇年）、一・二六（二〇〇五年）と、この数値の低下が急激で、このままでは現状の人口規模が維持されないのはもちろん、二一世紀半ばまでに人口漸減どころか急減が進み、あまりの人口減少のスピードで社会的基盤の崩壊が生じるのではないかと心配されています。

こうした人口急減は、韓国、台湾、さらに中国など東アジア全体で大規模に生じていくことが予想されているのです。すでに二〇〇五年のデータでも、韓国と台湾の合計特殊出生率は一・一まで落ち込んでいますから深刻です。経済的には今も成長期にある中国ですら、一人っ子政策の影響もあり、この数値が一・七まで減少しています。さらに東南アジアに目を向けると、タイでもこの出生率は一・九まで減少しています。つまり、東アジアのどの国でも、長期的には自国の国民だけでは人口の維持が不可能になっているのです。

少子化にはいくつかの原因がありますが、まず都市化が進展し、メディアの普及によってライフスタイルが変化することで価値観が変わっていく、つまり子育てに一生を費やすよりも自分の生活を楽しみたいという意識の拡大が挙げられます。こうした変化は二〇世紀半ばまでに欧米で始まり、それよりやや遅れて日本も経験したものでした。タイやメキシコ、韓国でも経済成長や都市化に伴い、一九七〇年頃にすでに人口増加率は減少に転じており、全人類の人口は一九七〇年代を変曲点として産業革命以降の大爆発期を終える方向に向かいました。

すでに第一章で、「長い一九世紀」が一七八九年頃から第一次世界大戦が始まる一九一四年まで続いたとする立場と、一八七〇年代には「長い二〇世紀」が始まっていたとする立場があることに触れましたが、ここでもし「長い二一世紀」という尺度を導入するのなら、その開始は一九七〇年代とするべきでしょう。その場合、一九、二〇世紀が人口爆発の時代だったのに対し、二一世紀は世界の人口が爆発から定常化へ向かう時代として把握されます。

第一次産業が中心だった多産多死の時代、子どもは労働力として期待されていたわけですが、工業化が進むと粗労働生産性（GDPを生産年齢人口で割る）が上昇し、大量の労働力を投入する「人海戦術」の有効性は減少します。他方、児童労働も禁止されていくことで労働力の面での子の役割は減じ、その代わり、人生における充足感や将来の夢を託す投資対象としての面が大きくなっていきます。しかも、一人の子を育てるのに両親が費やさなければならない養育時間や教育コストはどんどん増大していきます。つまり、育児にはお金と時間が膨大にかかることになり、豊かではない両親が多くの子を持つことが難しくなっていきます。また、核家族化が徹底することによって、夫婦世帯や単身世帯が激増し、自分の子に老後の面倒を見てもらうという期待も持てなくなり、多くの子を持つ経済的意味も失われます。

これらの理由から、子は一人か二人いれば十分という意識が拡大し、経済発展を遂げた国や地域ではほぼ例外なく少子化が進んでいくのです。

こうして一九九〇年代から膨大な若年人口に支えられて進んだアジアの急成長も、やがてこれらの国々が少産少死社会へ移行していくなかで終わり、アジアはより変化の遅い高齢化社会となっていきます。多くの国で少子化対策が重大な課題となる一方、平均寿命は伸び続けるのです。すでに日本の平均寿命は八〇歳を超え、二〇四〇年代までに限りなく九〇歳に近づいていくとされています。そして、同じような現象が他のアジア諸国でも起こるのです。中国の場合、現在の平均寿命は七〇代半ばですが、二〇四〇年代までに八〇歳前後になります。東南アジアの国々でもほぼ同じペースで寿命が伸びますから、二一世紀半ばのアジアは、人類の歴史に類を見ないほど大量の高齢者を抱えた地域となっているのです。

その時代、なお生産年齢人口の比率が高いのはアフリカくらいです。特に一九八〇～二〇〇〇年代のアフリカの合計特殊出生率は五・〇以上で高止まりを続けており、アジアが老いてゆく時代に、アフリカはなお多産多死社会から多産少死社会への移行期で、人口ボーナスの恩恵を享受し続けているはずなのです。現在、中国が積極的にアフリカへの投資を続けているのも、こうした未来を見据えてのことでしょう。

このように人口がもう増加しなくなった社会において、どのような社会的性格の人々が大勢を占めていくようになるかを、第二次大戦後のアメリカ社会の変化を観察するなかから見通したのが、デイヴィッド・リースマンでした。彼は、アメリカ社会学の古典といえる『孤独な群衆』で、出生率が低下し、それに伴い労働人口も減少していく初期的人口減退期の社会では、それまでの近代化の段階では支配的だった遠くの星を指し続ける羅針盤に従って自己の行動を動機づける内部指向型のパーソナリティに代わり、むしろレーダーが感知するところに従い態度を変える他人指向型のパーソナリティが支配的になっていくことを発見したのです。

このような人口減退社会では、とりわけ同時代人、つまり同輩集団やメディアに登場する同世代の人々の役割が増大します。彼ら同時代人は、本人のふるまいに対して陪審員として判定を下していくのですが、その基準となるのは消費嗜好《しこう》です。他人指向型の若者たちはメディア上の流行や仲間の気まぐれな趣味に強い興味を示し、そうすることで自分のレーダー装置が正常に作動しているのを確かめます。彼らは仲間から承認を得ようとする競争に多大なエネルギーを使うのですが、この競争は露骨に競争的であってはなりません。彼らは自分だけが突出して輝くのは危険なことだと考えますが、さりとて完全に協力的なわけではなく、自分の外面にちょっとした差をつけることで仲間に先んじようとするのです。

先進国の周縁化と多極化する世界

以上のような人口学や社会学による未来予測は、二一世紀半ばの世界で、それまでの先進国とその外側に広がるかつての発展途上国の地政学的な関係が大きく変わることを示唆しています。一九五〇年代、欧米や日本などと発展途上国の人口比はおよそ三一・三対六八・七で、当時の先進国は世界人口のおよそ三分の一を占めていました。

しかし二〇〇五年になると、その比率は一八・五対八一・五になっており、二〇五〇年には一三・二対八六・八になると予想されます。つまり、欧米や日本などの国々は、人口の面では世界の約一割しか占めなくなっていくのです。たしかにこの発展途上国には中国、インド、ブラジルなど大きな人口を擁し、急速に経済発展を遂げている国々と、西アジアやアフリカの一部の国々のように、今も多くの人々が飢えに苦しんでいる地域の両方が含まれています。この両者の格差は二一世紀半ばまでさらに開いていく可能性もありますが、少なくとも世界のなかでのかつての先進国の比重が大幅に小さくなっていることは否定できません。

こうして二〇二〇年代以降、世界の人口の重心は、ますます発展途上国の側へシフトしていきますが、二一世紀半ばまでその中核を担うのはアジアです。つまり一九世紀がヨーロッパの世紀、二〇世紀がアメリカの世紀であったのならば、二一世紀はある程度までアジアの世紀なのです。実際、二〇〇五年の時点で、インドや西アジアまで含めたアジアの人口は世界人口の六〇パーセントを占め、世界で五人のうち三人はアジア人です。

しかし、急速に超高齢化が進むアジアは、やがてその発展のスピードも遅くなり、人口比率も減少に向かいます。アジアの世紀は二一世紀末までには衰えていき、世界はさらなる多極化の時代に入っていくのです。人口学的な面では、二一世紀後半、少子化と超高齢化が進むアジアにとって代わるのはアフリカです。アフリカと中東を合わせた人口は二〇五〇年には世界の三〇・三パーセントと世界最大となり、アフリカの存在感は現在よりはるかに大きなものとなっています。アフリカへの投資は最後のフロンティアへの投資であり、資源も豊かなこの地域は、資本主義世界システムの最終段階を支える主要な担い手となっていくでしょう。

しかし、そのアフリカ大陸の人口爆発も二〇七〇年頃までには収束を迎え、全世界で人口ボーナスは消えていきます。地球上のどこにもフロンティアを見出せなくなれば、これまでのような成長重視の資本主義は立ち行かなくなるでしょう。

臨界に達した世界が直面する困難

つまり、環境学と人口学のいずれの面から考えても、二一世紀末までに資本主義世界システムは限界に達すると考えられます。アフリカまでを含めた地球規模のスケールで、私たちの世界は二一世紀後半までに環境、人口、生産性などの条件が臨界点に達し、やがて徐々に諸条件を悪化させ、社会によっては貧困が深刻化していくように思われるのです。

貧困化が社会不安を増大させ、破局に向かうリスクすらあるでしょう。「成熟国家では人口が減少し労働力が縮小するにつれて、GDPの成長はマイナスになる。それはパイが小さくなることを意味する。小さなパイを切り分けるのは難しい。市場経済では、低成長のせいで失業率が上がり、収入の格差が広がる。時がたつにつれて不平等はさらに拡大し、社会的な緊張、軋轢《あつれき》、そして、体制への反発が生じる。そのまま不平等が解決されなければ、さらに深刻な社会問題が発生し、経済成長率はいっそう低下」（ランダース、前掲書、一〇五頁）します。

実際すでに先進諸国には職にあぶれた膨大な若者たちがおり、彼らは「両親や祖父母が彼らに手渡そうとするこの地球が、生命維持システムは劣化し、経済は借金だらけで、職はほとんどなく、住宅も手に入らない、ぼろぼろになった惑星だということに気づき始めて」います。さらにこれらの国々では、「（老人たちが）今後三〇年から四〇年にわたって年金と医療を受けるつもり」でいます（同書、六七頁）。そして増加し続ける老人たちの負担を押し付けられることに、若者たちの我慢は限界に達しつつあります。

そうした未来の地球にとっての最大の課題は、「問題をいかに解決するかということではなく、解決するための合意をいかに得るかということ」です。実際、「先見の明ある政府が先導しようとしても、民主主義体制では短期志向の有権者の反対に遭い、思うようなスタートは切れない」でしょう。「大衆や資本家に短期的な利益をあきらめさせて、腕まくりをさせ、この難題に取り組ませる」ことには時間がかかり、問題解決にいたるまでにさらに長い時間がかかります。結局、「私たちは未解決の問題を抱えたまま長く生活することに」なりますが、そうして時間が空費されている間に、社会の劣化はさらに進むのです（同書、三一一頁）。

繰り返されるバブル崩壊とリーマン・ショック

以上のように、二〇二〇年代以降の未来について、環境や人口の次元で長期予測を立てることは可能ですし、十分なデータに基づくならば、五〇年、一〇〇年の単位でかなりの精度の予測をすることもできるでしょう。しかし、経済の次元での予測となると、環境や人口ほどに連続的ではないので、予測も一定の不確実性を含まざるを得ません。それでもコンドラチェフ自身が狙ったように、経済動向についての長期予測がまったく不可能というわけではなく、不確実性を承知の上で未来を予測してみることが何度となく試みられてきました。

したがって、私たちはここで再びコンドラチェフ以降の長期波動説に従いそうした可能性を考えてみたいのですが、そうすると二〇二〇年から四五年までの二五年間は経済の収縮期に当たります。つまりこの時期には、一九九〇年代以降にマイクロソフトやアップル、グーグル、アマゾンを押し上げていったような大規模なイノベーションによる上昇気流は、たぶん生じないのです。もちろん、小規模のブームは様々に起こってくるでしょうが、少なくとも欧米や東アジアの発達した資本主義諸国では、それらは限定的にしか波及しないでしょう。

しかし、全体的には下降気味の波動上でも、諸企業や政治家、それに私たち自身がなんとか「成長」を実感していこうと必死になります。つまり、好景気に向かっていると信じ込める状況を作り出し、経済を上げ潮に乗せていこうとするのです。しかし、歴史の大きな動きに逆らって減税措置や金融政策だけで経済を上昇軌道に乗せようとすれば、そこに生じるのはバブルです。そして、そのバブルは必然的にはじける運命にあるのです。その上もし、崩壊が突然、何も予防措置もなく生じるのなら、それはまさしく二〇〇八年のリーマン・ショックの再来以外の何ものでもありません。

実際、このように力ずくでも経済を上昇させようとする政策誘導やバーチャルの次元で資本を増殖させる仕組みの開発と、そうして生じたバブルが数年単位ではじける過程を、一九九〇年代以降の世界は何度も経験してきました。その最たるものはもちろんリーマン・ショックですが、驚くべきは、人々がそうした手痛い経験から何も学んでいない点です。

日本のバブル崩壊は一九九〇年代前半ですが、その後も二〇〇〇年代初頭や二〇〇八年以降、何度か経済の落ち込みを経験してきました。小泉改革やアベノミクスがこうした下降傾向への対応として出てきたことは言うまでもなく、アメリカもリーマン・ショックの後、オバマ政権を経てトランピズムに至ります。一貫して経済的な沈滞を打開しようとさらなる新自由主義的な政策がとられ、減税措置と規制緩和で政府はますます小さくなり、その後、一時的に経済が上昇に転じても、国内の経済格差は拡大する一方なので、社会の劣化が進みました。

そもそもの「好景気」が人為的に演出された「バブル」だったのですから、やがてそれがはじけるのは必然で、多くの人は自分だけはババを引かないと思っています。こうして人々は経済が沈滞すると、まるで麻薬中毒の禁断症状のように「バブル」でもいいから現状の困難から脱したいと同じ誤りを繰り返していくのです。

本当は、資本主義が長期の上昇気流に乗っていくには大規模なフロンティアが必要です。一九世紀末から第一次世界大戦までの帝国主義列強による世界の徹底的な分割により、地球の地理的な空間ではそうしたフロンティアが消えかかるのですが、一九四五年以降、世界大戦の悲惨によって生じた空白が新たな成長のフロンティアとなり、九〇年代以降はインターネットの拡大によりバーチャル空間にフロンティアが創出されてきました。二〇二〇年代以降の世界は、そんなバーチャルなフロンティアも含め、資本主義の外部空間が失われた時代となります。

このフロンティアなき世界に、二一世紀の社会がどこまで耐えることができるかが、私たちの未来の大きな試金石なのです。見田宗介が「現代社会はどこに向かうか」で、「『高度成長』をなお追求しつづける慣性の力線と、安定平衡期に軟着陸しようとする力線との、拮抗《きっこう》するダイナミズム」(『定本 見田宗介著作集Ⅰ』一七八頁)と表した通り、歴史の軌道はもうカーブを描いているのに、ドライバーの視野のほうが前しか向けず、アクセルを踏み続けて無理やり真《ま》っ直《す》ぐ進もうとするので、カーブを曲がりきれずに何度も「観客席に突っ込ん」でいるのが現在です(見田宗介・大澤真幸『二千年紀の社会と思想』一〇頁)。このような状態を脱するには、歴史と未来に対する私たち自身の思考法を根本的に変えていく必要があります。

3　二一世紀は一六世紀か、それとも一七世紀か？

「長い二一世紀」をいかに把握するか

さて、環境や人口といった予測容易な次元は別にして、二一世紀の世界が全体としてどう変化していくかを見通すには、まずは二五年単位の変化よりも精細度をもう少し下げ、歴史を大摑みに把握しておくのがいいかもしれません。すでに示したように、二五年、五〇年といったコンドラチェフ的尺度よりももう少し大きな尺度は、一五〇年を基本単位とする「長い世紀」です。ブローデルが「長い一六世紀」を語り、ホブズボームが「長い一九世紀」を語ったのに対し、ウォーラーステインやアリギは「長い一七世紀」や「長い二〇世紀」について語りました。このうち「長い一六世紀」と「長い一九世紀」はやや似た性格を有しており、欧米文明の長期的な拡張、二つの帝国的な世界化の時代を指し示しています。

それらに対し、「長い一七世紀」や「長い二〇世紀」はそのような拡張の世紀が環境条件の臨界まで達し、むしろ歴史の運動が反転していった時代でした。とはいえ「長い二〇世紀」は、アジア・アフリカの徹底的な分割というところまで拡張し続けた欧米、そして日本の帝国主義が、臨界に達してお互いに真正面から衝突し、一挙に自滅していった世紀であり、さらには世界戦争の結果、新たな世界秩序の模索が行われた時代でした。問題は、このような臨界面を経過した後に立ち現れる「長い二一世紀」がどのような相貌を持つことになるかです。

前章までの議論を踏まえるならば、二一世紀は相矛盾する二つの貌《かお》を持っています。一方でそれは、新大陸の発見によってフロンティアが拡大し、ヨーロッパが爆発的に拡張していった「長い一六世紀」と多くの点で重なります。何よりも一六世紀と二一世紀は、一方は新大陸発見、他方はグローバルな情報空間の創出によって資本主義が急速に拡大する時代です。とりわけビル・ゲイツやスティーブ・ジョブズなどICT産業の起業家たちがこれまでの経営者とは違う感覚で経済を動かし、世の中の価値観を転換させていったことは、単にイノベーションによる経済成長という点で一九世紀半ばの鉄道建設ブームや二〇世紀半ばの自動車や家電のブームと重なるだけでなく、「長い一六世紀」に中世秩序が崩壊し、大航海者たちにより世界像の転換が進んだこととも重なります。また、中国やインド、ブラジルなどの新興経済圏が勃興していることも、かつてイタリアやスペインなどからオランダ、イギリスなどの北方地域に重心が移ったことと重ねられるでしょう。そして九〇年代以降、このような経済の拡張が新自由主義的な政策によって促進されてきたことも、貿易中心の一六世紀を彷彿《ほうふつ》とさせます。

その一方で、二一世紀の世界は拡張から収縮へと反転した「長い一七世紀」にも似た様相を呈しています。先進諸国は重厚長大産業の深刻な停滞や失業者の増大に悩んでいます。とりわけ日本では、経済の長期的な停滞のなかでかつての大黒柱的な企業が傾いていきました。劇的なスピードで進んだグローバリゼーションへの反動として、移民排斥や保護主義的政策などの規制強化へと向かう流れは、いみじくもかつて禁教と鎖国に向かった日本、拡張から収縮、やがては内部秩序の統制に向かう一七世紀の国々に通じる面があるのです。総じてこの時代は、社会全体から安定感や安心感が失われていった時代です。矛盾と不安定性が増大するなかで、『高度成長』をなお追求しつづける慣性の力線と、安定平衡期に軟着陸しようとする力線との、拮抗するダイナミズム」が様々な番狂わせ的な出来事を生んでいきます。

二一世紀がこのように相矛盾する相貌を持つ時代であるからこそ、二五年、一五〇年、そして五〇〇年の単位で時代を見る遠近両用の歴史の「メガネ」が必要になってくるのです。

大航海時代の延長としてのグローバリゼーション

第四章でも述べたように、拡張する世界資本主義とグローバリゼーションの始まりの時代としての一六世紀の傾向性は、その多くが二一世紀に繋がるものです。

まず、成長の「長い一六世紀」は、人口爆発の最初の時代でした。世界人口の増加は一四世紀前半までは微々たるものでしたが、中国では一四世紀半ばから一七世紀初頭、日本では一六世紀から一八世紀前半、ヨーロッパでは一五世紀半ばから一七世紀半ばまで、人口が大きく増加する時代に入ります。この人口爆発は今日に至る世界的な人口転換過程の始まりであり、飢《き》饉《きん》や戦争、疫病による大量死を経ながら現在に至ったのです。つまり、二一世紀は一五世紀頃から約六世紀に及ぶ地球規模の人口増加の最終段階にあると考えられます。

始まりということでは、銀という共通通貨を媒介に世界資本主義が勃興していた一六世紀は、やはり数世紀に及ぶグローバル経済の始まりだったと言えます。一六世紀に世界中で流通し始めた銀はまさに今日のドルと同じで、さらにそれは電子マネーに転化していきます。異なる地域、社会を貫いて互換性のある通貨の流通圏が拡大し、やがてその媒体はどんどん軽くなって、ついには重さを失うのです。今日の電子的なグローバル資本主義は、紛れもなく一六世紀の銀本位のグローバル資本主義の延長線上の現象です。

こうした人口と金融両面での一六世紀と二一世紀の共通性は、そもそもは「大航海時代」と称される初期的グローバリゼーションによってもたらされたものでした。すでに述べたように、この初期的グローバリゼーションは一五世紀から一六世紀にかけて、まずは中国・東南アジアから始まり、やがて新大陸発見という決定的な出来事を経てポルトガルとスペイン、オランダ、ヨーロッパ諸国を中核に大規模かつ暴力的に進行していきます。ちなみにこの大航海時代の覇者はポルトガルとスペインからオランダ、そしてイギリスへと転移していったのですが、一六世紀から一七世紀にかけてこれらの国々の間で戦われた覇権争いを、今日のアメリカとロシア、中国の間で戦われている覇権争いに擬えることもできるでしょう。

さらに、キリスト教とイスラム教が世界宗教化し、両者がしばしば暴力的に対立していったという意味でも、一六世紀は二一世紀と似ているのです。実際、この二つの宗教はどちらも中東から発した一神教で、普遍主義的な志向が極度に強い信念体系です。アジアで布教が始まったのはイスラム教の方が少し早く、一五世紀初頭から一七世紀半ばにかけて、アチェ、マラッカ、ブルネイ、マニラなどの東南アジアの要衝がイスラム教化されていきました。

それにやや遅れて一六世紀、イエズス会を中心にキリスト教のアジアへの布教が活発化します。イエズス会創立者の一人フランシスコ・ザビエルが西インドのゴアに到着したのが一五四二年、一五四五年にはマラッカに、そして一五四九年四月に日本に向けて出発し、八月に鹿児島に到着しています。この段階で日本にイスラム教が入ってこなかったのは、商売の観点からはそんな辺境まで影響力を拡大させることに関心がなかったからでしょう。

逆にキリスト教は、まだイスラム教が手をつけていなかった日本列島までを射程に入れ、商売云々《うんぬん》以上に信仰の問題として全世界の改宗を目指したと考えられます。

イスラム教とキリスト教のアジア進出は、それまでこの地域で広く信仰されていたヒンズー教や仏教などの多神教を次第に周縁化していきます。もちろん仏教も土俗的な諸信仰に比べれば十分に普遍主義的なのですが、一六世紀は市場的な社会関係が広がるなかで下剋上《げこくじょう》的な状況が各地に出現し、それまでの権威体制が大きく揺らいだ時代でした。そのようななかで新興勢力が旧来的な権威を否定し、いわば革命的に新しい権威秩序を形成していこうとする場合、はるか外部からやって来た超越的な普遍主義には利用価値があったのです。

そしてやがて一六世紀後半のアジアでは、この新来のイスラム教とキリスト教の対立が、暴力的な宗教対立・紛争を発生させていきます。特筆すべきは、当時、より原理主義的で過激に暴力的だったのが、先行するイスラム教よりも後からやって来たキリスト教のほうだったことです。キリスト教徒たちの暴力は、たとえばアチェにおける対立でイスラム教徒を強硬化させ、それぞれが異教を絶対排除するようになっていきました。ここで再び、リードによる当時の東南アジアについての描写を引用しておきましょう。

スペイン人が一五七一年にイスラム化していたマニラを占領した後、一六二〇年までにルソン島低地部の住民の事実上全部がキリスト教徒となり、またヴィサヤ諸島も一六五〇年までにはキリスト教化された。このようなキリスト教改宗の早さは、宣教活動の歴史にかつて例をみないものとして歓迎された。ヨーロッパの反宗教改革とイエズス宣教師の活動は、東部インドネシアとヴェトナムにキリスト教の福音ももたらした。（この時期にはイスラム教でも）ポルトガル人に負けず劣らず不信仰者に対する対決ムードが高まっていた。キリスト教とイスラム教との対決ムードは、国家というものを国際的な兄弟団の中のメンバーへと変えてしまい、そのもとで通商しようとするものがどちらの側に立っているかについて、きびしい圧力をかけた。

（『大航海時代の東南アジアⅡ』一七八頁）

したがって、現在のインドネシアがイスラム化され、フィリピンがキリスト教化されていることの原因はこの時代にまで遡ることができ、フィリピン南部のイスラム過激派の存在も、大航海時代にヨーロッパからやってきた布教者たちが作り出したものだと言えるのです。多様な人種や文化、価値観が混在していくグローバリゼーションが逆に反動としての原理主義を強め、異教排除の動きが激化していくというこの一六世紀アジアの状況は、そのまま今日のキリスト教とイスラム教の原理主義的対立を想起させるものです。

日本が経験した四回の「開国」

このような一六世紀以降の歴史のなかで、日本は大航海者たちが開いた世界システムの周縁にあり、その拡張と収縮の波への適応を重ねてきました。安土桃山時代、明治維新、敗戦後という三つの時期に、日本は拡張するグローバルな波への「開国」を重ねてきたのです。

最初の「開国」は、「長い一六世紀」に対応します。村井章介の『世界史のなかの戦国日本』から引用するなら、「一六世紀、イベリア両国が地球を逆まわりしてアジアで出会ったことにより、有機的連関で結ばれた地球規模の『世界』が、ヨーロッパの主導権のもとで端緒的に成立した。その波は、確実にユーラシアの東の涯《はて》にある日本列島にまでうち寄せた」（一七頁）のです。それまで東アジア冊封体制と勘合貿易システムのなかにあった日本は、一六世紀前半、グローバルな潮流の先端を担っていたポルトガルやスペインに接触し、中世的秩序に変わる新しい秩序が模索されていきます。それはやがて織田信長と豊臣秀吉という新しいタイプの軍事的リーダーによる列島統一に至るのですが、この時代の大きなうねりは、一四世紀的な世界秩序を担っていた明朝の弱体化とも並行するものでした。

信長が生きていたら挑戦していただろう中華帝国制覇という過大な野望に秀吉は挑み、蛮行の果てに失敗し、豊臣家は滅亡していくのですが、それに成功したのが清朝を打ち立てた女真族のヌルハチだったのです。拡張路線を推し進めた秀吉の失敗は、反動として収縮への流れを強めました。これを担ったのが徳川三代で、キリシタン禁制、鎖国、参勤交代制といった彼らによる「徳川の平和」の構築は、収縮する一七世紀の世界システムに対応するものでした。

国内の農業生産は一八世紀初頭まで成長し続けますから、この収縮した体制は権力を安定化させることに成功します。しかし、一八世紀半ば以降になると打ち続く飢饉や再び拡張期に転じた世界システムへの対応など、いくら改革を重ねても危機が続く苦境に陥っていきます。

こうしてやがて、二度目の「開国」の時代が来ます。この開国は、世界システムの二度目の大きな拡張期である「長い一九世紀」に対応していました。一八四〇年代にアヘン戦争が起こり、ヨーロッパ列強は一挙に東アジアに拡張していくのですが、これに呼応して日本は幕末の動乱へ向かい、やがて明治維新となります。

ペリー来航と開国、幕末の動乱が連続した出来事の流れであることは言うまでもありませんが、この流れはより大きな世界システムの拡張波のなかに明確に位置づけることができます。そして日本にとって幸運だったのは、一八七〇年から九五年までの明治国家が近代化に向けて離陸していく二五年間、ヨーロッパ列強の世界システムの方はちょうど収縮期に入っていたことでした。この隙間を縫うように、日本は国民国家体制を確立していきます。日清・日露戦争が起こったのは、ヨーロッパが再び拡張期に入った時期で、日本はそうした世界の動きと歩調を合わせて東アジアの帝国へとのし上がっていくことになります。

安土桃山時代と幕末維新期の「開国」に共通するのは、いずれもヨーロッパの近代世界システムの大拡張を受け、それに適応しながら新しい社会体制が作られていったこと、そしてその新しい体制は、世界システムの収縮期にむしろ安定化していることです。

第二章で触れた世代論に戻るなら、幕末維新世代の坂本龍馬や高杉晋作、伊藤博文らは、ヨーロッパの拡張に対応し、日本に新しい社会体制を作ることに邁進《まいしん》した世代でした。それに対し、開化民権世代の森鷗外や夏目漱石、岡倉天心たちは、ヨーロッパの拡張が一時停滞し、日本という国民国家が成長するなかで青年期を過ごした世代であり、それに続くポスト日露世代である芥川龍之介や宮沢賢治たちは、再び拡張を始めたヨーロッパに同調して日本が帝国主義国家としてのし上がっていく路線に疑問を感じていた世代だったと要約できます。

つまり、世界システムの波動にぴったり連動しつつ、近代日本が形成され、確立し、それが問い返されていく世代的展開が起きていたのです。

これらに続く三度目の「開国」が起きたのは敗戦後、一九四五年以降のことで、アメリカによる占領期を含めて六〇年代末まで続いたと思います。この開国はアメリカの強大な傘の下で進行し、日本の社会や文化のなかにアメリカニズムを深く浸透させました。この三度目の「開国」としてのアメリカナイゼーションの特徴や、それが明治以来の西洋化とどのように異なっていたのかについては、すでに拙著『親米と反米』で詳しく論じたので繰り返しません。

さらに四度目の「開国」とは、一九九〇年代以降のグローバリゼーションのなかでの変化です。しかし、安土桃山と幕末維新、敗戦後という過去三回の「開国」に比べると、現代のグローバリゼーションへの対応から既存秩序に代わる新しい体制が出てくる可能性は大きくないように思われます。過去三回の「開国」が、「南蛮の時代」「西洋の時代」「アメリカの時代」という外部から到来した大きな拡張波に対する内発的な反応であったとするならば、現在進行中の「開国」における「外部」とは、むしろ韓国や中国、東南アジア、旧植民地の経済発展に示されるように、かつての周縁からの力として到来しています。

そもそも日本が世界システムの周縁とは言えなくなっている現状で、一六世紀や一九世紀、戦後のような「開国」を通じた発展は、今ではもう望めなくなっているのです。

文字技術の革命から視聴覚技術の革命に向かった近代

さて、大航海時代の到来によって人やモノの移動が地球規模で開かれていった一六世紀のもう一つの特徴は、活版印刷術による知識の大量生産時代の到来でした。

すでに論じたように、一五世紀半ばにグーテンベルクにより開発された新しい文字技術は、その後の人類の歴史を非連続的に変化させました。活版印刷により同じ文書が大量に複製・流通していくようになり、また一部の読者によって多数の文書が手元に収集されることにもなり、認識論上の革命が生じます。大量の読者が、以前よりもずっと安く、多くの本を手元に置くようになったので、希少な本を求めて放浪の学徒となることはすたれ、一冊の本の解釈を念入りに繰り返すよりも、様々な書物の綿密な比較照合に力が注がれるようになりました。

さらに、印刷の普及は社会的な記憶の構造も変化させました。手書きの時代、時間を超えて知識を正確に伝承するためには、できるだけ選ばれた人間の秘伝としておく必要がありました。知識の公開は、それが書かれた文書の散逸や記録の損傷の危険をともなったからです。

ところが同一の文書が大量生産されるようになると、印刷された情報が正確でさえあれば、たとえ出版された本の大部分が消失しても、残った一部で正確な知識が伝えられるわけです。印刷は、知識の継続的な継承を徹底した公開化を通じて達成することを可能にしたのです。

こうして印刷術が可能にした知識の新しい流通と蓄積、編集の地平は、ルネサンスと宗教改革、科学革命、それにナショナリズムまでの五〇〇年以上に及ぶ不可逆的変化の条件をなしていきました。その壮大な歴史はすでに本書で何度か紹介してきたので繰り返しません。重要なことは、一九世紀に至るまで、すべてのこうした文化的変化を促していたのは、活字による文字の大量複製というたった一種の新技術であったことです。たしかに量的には、一八世紀にスタンホープが金属製印刷機を、さらに一九世紀初頭にはケーニヒがシリンダー式印刷機を開発して印刷による大量生産能力は劇的に高まりました。しかしそのすべてにおいて、大量複製されるのは主に文字列で、書籍に雑誌、新聞までの活字メディアが中心でした。

ところが一九世紀半ば以降、活字とは大きく異なる大量複製技術が登場します。その端緒となったのは写真でした。写真はやがてその連なりから動く写真、つまり映画を生みました。他方、蓄音器や電話からラジオに至る音声技術の革新も進み、二〇世紀初頭には、両者が結びついてトーキーが生まれ、さらに音声のみならず映像の無線送信、つまりテレビが生まれていきました。同じ頃、印刷にも変化があり、リトグラフからオフセットに至るポスター印刷術が開発されていきます。記憶の媒体では、写真から映画までを可能にしたフィルム、音声の刻印を可能にした円盤レコード、やがて映像も音声も記憶することができる磁気テープが登場し、それがやがてコンピュータ技術と結びついていきます。このように、一五世紀末から一九世紀末までの約四世紀は、もっぱら活字というたった一種の文字技術が人類史を変えてきたのに対し、一九世紀末以降、多種類の視聴覚技術が二〇世紀の人類史を変化させてきたのです。

しかし、この大きな変化にもかかわらず、一九世紀末以降の技術的変容は、まだ人類の知の歴史にとって決定的な転換点ではありませんでした。というのも、一九世紀に写真や映画、蓄音機や電話のような視聴覚メディアの登場によって生じていたのは、文字の大量複製から映像や音声を含めた視聴覚の大量複製への拡張でした。これに対して二〇世紀末以降、パーソナル・コンピュータとインターネットが結びついていくことで、そうしたマス・コミュニケーションの回路に地殻変動が生じます。すなわち、「一対多」から「多対多」へのメディア構造の転換です。少数の送り手が知識を生産し、無数の受け手がそれを消費していくような構造が弱まり、無数の送り手が無数の受け手と知識をやりとりしていく構造が浮上し、もはや誰が送り手で誰が受け手なのかの区別自体、判然としなくなっていったのです。

もっとも、コミュニケーションの基盤構造が「一対多」から「多対多」に変化したからといって、それがそのまま民主的な政治形態やフラットな公共圏による文化創造を発展させるとは限りません。近代以前の社会においても、民衆の社会的コミュニケーションは「多対多」に近い構造を持っていたのですが、逆に「一対多」のマス・コミュニケーションが広がった近代においてこそ、民主化やフラットな公共圏は確立してきたのです。むしろ逆に、「多対多」のコミュニケーション構造が、近代の民主的価値をなし崩しにし、コミュニケーション空間において諸コロニーの閉鎖的体制を創出させる可能性は小さくありません。

「生産・流通・消費」から「蓄積・検索・再利用」への移行

今日のデジタル革命は、もちろん五世紀前のグーテンベルクの印刷革命と比べられる人類史的な変化ですが、その場合、デジタル技術がインターネットと結びついて「多対多」の相互発信的な構造を持っていることに加え、①文字のみならず映像、音声などの多次元的な情報形式を統合しつつあること、②デジタルデータは元の資料媒体から完全に切り離されており、その可塑性がきわめて高いこと、③活字文化の時代と比べ、同時に処理される情報量の地球規模での爆発的拡大がみられることなどの点でグーテンベルク以上の変化だともいえます。

この変化は、かつてグーテンベルク革命がそうであったのと同じように、これから数世紀をかけて人類の未来に決定的な影響を及ぼしていくでしょう。すなわち、ユーチューブのようなややゲリラ的な映像配信だけでなく、小学校から大学まで、図書館、博物館、多くの都市の文化・商業施設までが流れに巻き込まれて変容していきます。

そしてこの過程は、これまで述べてきたネットワークの地球規模での拡張や送り手と受け手のボーダレス化といった社会‐空間的変化だけでなく、メディアが組織する時間性の変容も伴っています。すなわちこの過程を通じ、知識の再生産を主導するのが、「生産・流通・消費」の回路から「蓄積・検索・再利用」の回路へ移行するのです。

もちろん、前者の回路もすぐに消えるわけではなく、メディア産業は相変わらず新しいブロックバスター的なコンテンツを大量生産・流通させていきます。デジタル化がどんなに進展しても、ハリウッド映画やベストセラー小説がなくなるわけではありません。

しかし、ちょうど有名ブランドの商品と古着やビンテージといった二次的な流通が重層していくように、知識のリサイクル型の再利用は、これまでの大量消費を補完しながら影響を拡大させていくのです。デジタル技術は無限の記憶力を持ち、膨大な情報を蓄積し、検索可能にします。そのため、新しい知識を消費していくことが主流だった文化の時間構造に変化が生じ、むしろ記憶と再生の契機がますます大きな役割を演じていくようになるのです。

すべての情報がデジタル形式で統合され、そのコンテンツが再利用可能なものになるなかで、私たちの知識と文化は、大きくフロー型からストック型へ、さらに創造的なリサイクル型へと転回しつつあります。異なる媒体形式のメディア資産を十全な環境で保存しつつ、デジタル化を通じてリサイクルし、横断的に活用していくことが技術的には可能になっているのです。

とりわけここで、「リサイクル」という用語が借用されるのは、社会全体が成長型から成熟型へと質的に変化しており、単に物質やエネルギーの循環だけでなく、文化的な創造と享受、循環についての長期的に持続可能な仕組みが構想されなければならないという認識からです。過去の文化資産を包括的に蓄積し、将来の利活用に供していく仕組みは未来の公共的基盤です。将来、環境面だけでなく、文化の面でも「リサイクル」の仕組みが構想されていくのです。

ローマクラブ『成長の限界』が示した一七世紀的未来

一六世紀以降、知識の大量複製と流通を実現していった印刷革命と、二一世紀以降、知識の諸形態が距離を超えて瞬時にやりとりされ、蓄積され、創造的に再利用されていくことを可能にするデジタル革命の違いは、この二つの世紀が導く位相の違いとも対応しています。

かつてマクルーハンが言い当てていたように、一六世紀の印刷は最初の資本主義的大量生産システムであり、一九世紀以降の工業製品の先駆をなして量産品としての書籍や雑誌、新聞を生んでいきました。これに対して二一世紀のデジタル技術は、かつてのような意味での大量生産と結びついているのではありません。グーグルやフェイスブックは何らかの量産品を大衆に販売しているわけではなく、莫大な情報を集めながら消費者の嗜好を組織しています。個人の思考をモニタリングし、先取りし、管理する仕組みとしての現代資本主義は、大量生産・消費の回路にとどまることなく、無数のリサイクルの仕組みも掌中にしていきます。つまり、資本主義に再帰的な仕組みが採り入れられることで、単純な大量生産・消費への依存は過去の物語となりつつあるのです。

こうしてみると、一九七二年にローマクラブが発表した『成長の限界』は、二一世紀の再帰的な資本主義の到来を環境学的な視座から予見していたとも言えましょう。知られるように、この報告書に書かれた未来への提言は、その後の地球環境をめぐる国連の取り組みに大きな影響を与え、一九九二年のリオ・サミット、九七年の京都議定書、二〇〇二年のヨハネスブルグ・サミット、一五年のパリ協定といった数々の環境問題に関する国際的な取り決めの伏線となりました。つまり一九七二年から半世紀もの間、国連を主要な論議の舞台として、人類は自らの「成長の限界」とそれへの対策を模索し続けてきたのです。

この著名な報告書は、世界人口、工業化、汚染、食糧生産、資源利用について、過去の成長率がそのまま続くなら、二〇七〇年までに地球上の全成長が限界に達することを示しました。彼らはまず、人口は幾何級数的に増加する傾向を持つという、すでに論じたマルサスの法則を出発点とします。人口と同じように、工業生産も、経済成長が続いていけば投資は幾何級数的に増殖します。そして、これらの幾何級数的な増殖の結果として、地球の汚染もまた幾何級数的に増大することになります。

しかし、これもマルサスが二世紀以上も前に考えていたように、人口や経済を支える物質資源、すなわち食糧生産、原材料資源、エネルギー資源には限界があり、幾何級数的な増殖はあり得ません。さらに、成長の維持に必要な社会環境、つまり教育や社会的安定性にも幾何級数的な変化を期待することはできないのです。したがって、これらの制約から人口や工業生産の増大は必ず限界に突き当たり、それを突破できなくなります。報告書ではこのような「成長」の必然的な限界が、多くの数量的データに基づきながら分析されていました。

もう一つ、この報告書が示したのは、環境リスクに対する予防措置とそれが実際に効果を発揮するまでの短くないタイムラグです。たとえば一九七〇年代初頭、ＤＤＴの危険性が認識されて使用を禁止したとしても、それまでに自然環境に放出されたＤＤＴは魚類の体内に摂取されて増加を続け、自然環境内のＤＤＴ含有量が一九七〇年の水準まで戻るには約二五年がかかります。同じようなタイムラグは、ＣＯ２や放射性物質でも存在します。ですからこの種の問題は、対策を立てれば危機が回避されるというものではなく、危険を察知して慌てて対策を立てても時すでに遅し、手遅れになることのほうが多いのです。

振り返れば、同様の問題は、人口学的危機についても早くから指摘されていました。人口爆発にしろ少子化にしろ、私たちの社会はしばしば、環境条件からすると過大ないし過小な人口変化を示していくのですが、そのような傾向が危ういと考えて何らかの政策的対応がなされていったとしても、それが意味ある結果を生むのは一世代以上後のことなのです。

ローマクラブにより提起された「限界ある未来」という展望は、いわば「新しい一七世紀」とでも呼ぶべき二一世紀の姿を浮上させています。すでに述べたように、一七世紀は一六世紀の拡張波が環境条件による限界に突き当たって反転し、洋の東西で人口も経済も停滞期に向かった最初の時代でした。一六世紀末から一七世紀初頭にかけて、大航海時代から領域的閉鎖の時代への転換がたしかに生じたのです。この時、日本では鎖国が行われ、徳川幕藩体制の強化が進み、中国では明代から清代への転換がありましたが、ヨーロッパではジェノヴァやヴェネチアのような都市型社会が歴史の主役から降りて、むしろフランスやイングランドで領域国家形成と国内秩序の再編を経て、絶対王政が確立していきました。

一九七〇年代を端緒として予見され始めたのは、このような開放と閉鎖、拡張と収縮、権力の分散化と集中化のせめぎ合いが、二一世紀にも生じていく可能性だったのです。

ジェノヴァの「利子率革命」と超低金利政策

二一世紀初頭、グローバル資本主義はかつて一七世紀の世界で起きたのにも似た市場の飽和に近づいています。経済成長を遂げた国々では、それまでのように資源を安く仕入れて安い人件費で効率的に生産した商品を高い値段で売る都合のいい交易条件が成立しなくなります。たとえば、オイルショック時のように資源の価格が上昇すれば、安く仕入れることはできなくなります。また、労働組合が強くなるに従い人件費も上昇します。

他方で新興国の擡頭により、供給は過剰化し、商品は値下がりしていきますから、価格競争で先行者は不利な立場に追いやられます。さらに為替レート変動の結果、自国通貨が一定以上に強くなっていくと輸出商品の現地価格が高くなり、その商品は購買対象としては魅力を失います。資源価格の上昇、人件費の高止まり、新興国の擡頭、為替レートの変動といった諸条件がすべて困難な方向に転じれば、経済は半ば必然的に停滞期に向かうのです。

まさにこのようなすべての面で悪条件が揃《そろ》っていったのが、一九九〇年代半ば以降の日本経済でした。日本企業はこの困難な状況を突破するために、雇用の不安定化という選択をしていったように思われます。その結果として多くの若者たちが未来の職を失い、経済格差が広がっていきました。しかし、それでも交易条件の抜本的な改善が生じなかったので、ついにアベノミクスの時代となり、金融政策によって経済の基盤的な条件を好転させていこうとするに至りました。問題は、日本が一九九〇年代から二〇一〇年代にかけてとったこうした個別的行動が、同時代の世界システムの変動のなかで持っていた限界性です。

二一世紀初頭の世界が直面しているのは、一六世紀から一七世紀にかけての世界が経験したのと似た状況です。それは、何よりもジェノヴァの「利子率革命」に顕著に示されています。この「革命」は、当時の経済を主導していたジェノヴァで金利が極度に低くなっていった状況を指します。この時代、イタリアの銀行にはスペイン皇帝が新大陸で得た大量の銀が集まっていました。しかし、投資が隅々まで行き渡ってしまったことで、資本がだぶついているのに投資先がない状態に陥ります。もはや利潤を生み出せる投資先がなくなったため、利子率がどんどん下がっていったのですが、それでも投資は伸びなかったのです。今の日銀のゼロ金利政策も含め、二一世紀初頭に先進諸国で趨勢的に利子率の下落が続いていることを考えると、この一七世紀の利子率革命は今日的な意味を有すると言えるでしょう。

水野和夫が述べたように、「資本を投下し、利潤を得て資本を自己増殖させることが資本主義の基本的な性質」である以上、「利潤率が極端に低いということは、すでに資本主義が資本主義として機能していないという兆候」です（『資本主義の終焉と歴史の危機』一六頁）。

水野は、利子率＝利潤率が二パーセントを下回れば、資本側が得るものはゼロであり、そのような超低金利が一〇年を超えて続けば既存の経済・社会システムは抜本的な構造改革を迫られると指摘します。実際、日本の国債利回りは二〇年以上も二・〇パーセント以下という超低金利が続いており、「経済史上、極めて異常な状態に突入している」（同書、一六頁）のです。

なぜならば、こうした持続的な利子率低下が意味しているのは、投資をしても利益が生まれない状況があり、これを変えていくために利子率を下げて投資を喚起するのだけれども、それでも投資が拡大しないのでさらに利子率を下げていくという状況です。この循環が進んでいけばどこかで一定の資金は回り始めるでしょうが、そこから得られる利益は薄いので、実は投資が増えたように見えてもそれほど儲かってはいないのです。

本書の第三章以降で確認したように、このような経済の飽和状態を打破するのは、シュンペーター的な意味でのイノベーションか、あるいは大規模な戦争や大災害、そしてマンデルが考えていた体制の変革です。逆に言えば、多くの人を確実に不幸にする戦争や大災害を避けながら、しかも体制の抜本的な変革に向かうこともなく現状を打破しようと、政府や企業は当面、シュンペーター的なイノベーション路線を選ぶでしょう。

しかし、そのようなイノベーションは技術だけで生じるはずもありません。今日の日本でイノベーションのカギを握るのは、金融政策でも一部の研究への大規模な投資でもないのです。それはむしろ研究教育体制や雇用システム、社会的風土全体の抜本的な構造改革です。

ところが、そのような改革は必ず多くの既得権益と衝突しますから、改革はなし崩し的に揺り戻されていきます。その結果、当面は金融政策として、極端に低い利子率で投資の拡大を図り、見かけ上で経済成長しているかのような体裁がとられることになります。しかし、金利政策自体は経済を長期上昇させません。錬金術は存在しないのです。

結局、「長い一七世紀」としての二一世紀が続くなかで、この世界が向かいそうなのは、体制の構造的な変化なのかもしれません。水野もこの点について、「一七世紀の利子率革命が『帝国』の時代から『近代主権国家』の時代への幕開けを告げたように、二一世紀の利子率革命は時代の歯車が逆転し始めていることを告げるサインなのだ」(『人々はなぜグローバル経済の本質を見誤るのか』一〇七頁）と論じています。

二一世紀が国民国家を基盤にしたグローバル資本主義の時代から何か別の体制に向かおうとしているのなら、その先にあるのは何でしょうか。それは果たして「近代主権国家」の時代が終わり、再び「帝国」の時代に戻ろうとしているのでしょうか。すなわち、一七世紀半ばまでの世界では、オスマン帝国やムガール帝国、大清帝国などが世界経済の主要部分を担い、ヨーロッパはまだその周縁にすぎなかったのと同じように、二一世紀後半の世界では、中国とロシア、インド、それにアメリカを加えた大陸国家が多極的に帝国的秩序を復活させ、ヨーロッパも日本もその周縁で辛うじて生き延びていくことになるのでしょうか。

4　資本主義五〇〇年の歴史の果てで

歴史の流れは速くなっているのか?

本書ではこれまで、大きな歴史の潮流のなかで私たちの生きる「現在」がどのような位置にあるかを把握するのに、二五年、一五〇年（長い一世紀）、五〇〇年という三つの歴史の尺度を設定し、この三つの遠近の尺度、すなわち「歴史のメガネ」を通して「過去」と「未来」を見通すと、歴史が単なる不規則な出来事の連続ではなく、ある構造性をもった長期持続（ブローデル）なり長期波動（コンドラチェフ）なりの姿に見えてくることを示してきました。このような構図のなかで、私たちが考えることのできる最も大きな歴史の尺度は五〇〇年から六〇〇年の単位のもので、これは一般に「近代」と呼ばれています。

この「近代」の時間の流れについて、しばしば信じ込まれている錯覚があります。それは、現在に近づけば近づくほど「歴史の速度」が速くなり続けてきたというものです。

歴史を二五年単位で測っていくことができるとの仮説を、これまで私は様々な場で話してきましたが、そうすると何度かビジネスの最先端にいるリーダー的な立場の方々から、「歴史の周期が二五年で一定というのはおかしい。実感として歴史の速度はどんどん速くなっている」という指摘を受けました。たしかに、日本経済は韓国や中国の猛烈な追い上げを受け、グローバリゼーションが進展し、リーマン・ショック、東日本大震災、トランプショックと続き、激動する時代に対応せねばならない毎日ですから、大企業トップも次々に新たな方針を打ち出さなければならず、忙しさの度合いが加速する状況に置かれているはずです。その実感からすれば、「歴史の速度はどんどん速くなっている」ように感じられるのです。

しかし、次々に新しい事態が起きていくことと、歴史の速度が速くなることは同じでしょうか？　そもそも歴史の「速度」は、いかにして測ることができるのでしょうか。

歴史の速度ということを持ち出すならば、実は、その速さは現在に近づけば近づくほど、むしろだんだん遅くなっているのです。これは、すでに論じてきた二五年、五〇年単位で異なる時代を比較してみるならばすぐにわかります。たとえば、一九四五年の日本と、その二五年後の一九七〇年の日本は、まったく違いました。戦争で何もかも失った日本から、たった二五年で経済大国と自画自賛するほどまでに日本は復興を遂げたのです。しかし、一九九五年の日本と、その同じ二五年後の二〇二〇年の日本は、どれほど違っているでしょうか。リーマン・ショックや東日本大震災、アベノミクスも経過していますから、アップダウンは激しい二五年でしたが、一九九〇年代からの「失われた二〇年」という言葉にも示唆されるように、同じ二五年という時間幅でも一九四五年からの二五年ほどには変化していません。

もちろん、一九四五年が特殊なのだという反論もあり得ます。そこで、今度は一八七〇年から一九二〇年までの五〇年間と、一〇〇年後の一九七〇年から二〇二〇年までの五〇年間を比較してみましょう。どちらが大きな変化を経験した半世紀だったでしょうか。

一八七〇年は、まだ江戸幕府は崩壊した直後で、この国にはサムライたちが当たり前のように刀を腰に差し(廃刀令は一八七六年)、チョンマゲをして歩いていました。これに対し、一九二〇年の日本は大正デモクラシーとモダニズムに溢れ、第一次世界大戦の好景気から不況期へと反転しようとしていました。柳田国男の『明治大正史 世相篇』が見通したように、一八七〇年と一九二〇年では、社会の深層にまで及ぶ構造的変化がありました。しかし、一九七〇年と二〇二〇年の間の半世紀に、そのような構造的変化が起きた(あるいは起きる)とは思えません。一九七〇年は日本の戦後復興の頂点で、二〇二〇年はそこからむしろ後退してきています。

そのため多くの人が、未だに一九六四年の東京オリンピックや七〇年の大阪万博を懐かしみ、その再来に期待をかけているのです。

つまり、同じ二五年や五〇年という時間幅で測ってみれば、一見変化が激しいかに思える現代よりも近代化に邁進していた時代のほうが大きな変化が起きていたのです。しかし、それならば時代を遡るほど歴史の流れが速かったのかというと、もちろんそんなわけはありません。江戸時代の二五年、五〇年よりも、明治、大正、昭和の二五年、五〇年の変化のほうがもちろん大きいのです。つまり、少なくとも二五年以上の比較的長い歴史の幅で測った時、その間に社会が変化した距離は、一九世紀半ばから二〇世紀末までの「長い一世紀」、なかでも一八七〇年から一九七〇年までの一〇〇年が顕著に大きく、他の時代を圧倒しています。

いうまでもなく、速度は距離を時間で割ったものですから、同じ時間的長さで社会の変化を割れば、一九世紀後半から歴史の速度はどんどん速くなり、その速いスピードの時代は二〇世紀後半まで続いたことになります。考えてみれば、この時代は近代化、そして人口転換が一気に進んだ時代でしたから、これは当たり前の話であり、ヨーロッパでいえばもう少し前、一八世紀末から歴史のスピードは速くなり、その速い歴史の時代が二〇世紀前半まで続いたのだと思いますし、日本以外の東アジア諸国は、ヨーロッパや日本の植民地主義に蹂躙されながら、二〇世紀初頭に速い歴史の時代に入っていくのです。

したがって、このように長く大きい視座のなかで考えれば、現在に近づくほど歴史の速度が速くなっているというのは錯覚です。日本の場合、歴史のスピードは一九七〇年代以降、現在に近づけば近づくほど遅くなっています。なぜならば、現在の欧米や日本は、一九世紀以降の人口転換、近代化のプロセスがほぼ終わっていく段階にあり、そこではロジスティック曲線の上昇カーブがなだらかになるに従い、変化のスピードが緩やかになっているのです。

ひょっとすると、歴史のスピードが「どんどん速くなっている」と感じてしまうのは、もっと歴史の変化が直線的に速かった時代の発想に今も囚《とら》われ、だんだん減速しつつある歴史の速度に適応できないでいるからかもしれません。あるいはもう少し穏当に言えば、この「歴史の減速」時代には、なかなか「減速」という変化に適応できずに無理にでも成長路線に突き進もうとする動きが様々に生じ、社会全体の変化が不安定になります。歴史の方向性が定まらず、正反対に社会が揺れ動くのです。そのような歴史の不安定性が、「速くなっている」という錯覚を生む大きな要因なのかもしれません。

「世代の星座」が示す世代間の距離

このような「歴史の減速」についての展望を説得的に示しているのは、先に触れた見田宗介の「現代社会はどこに向かうか」です。ＮＨＫ放送文化研究所が一九七三年から五年ごとに継続的に行ってきた「日本人の意識」という調査があります（『現代日本人の意識構造』）。その時系列的なデータを基礎にすると、ほぼ「戦争世代」（一九一六～一九二〇年生まれ）、「第一戦後世代」

図5-1　意識構造上の各世代の位置

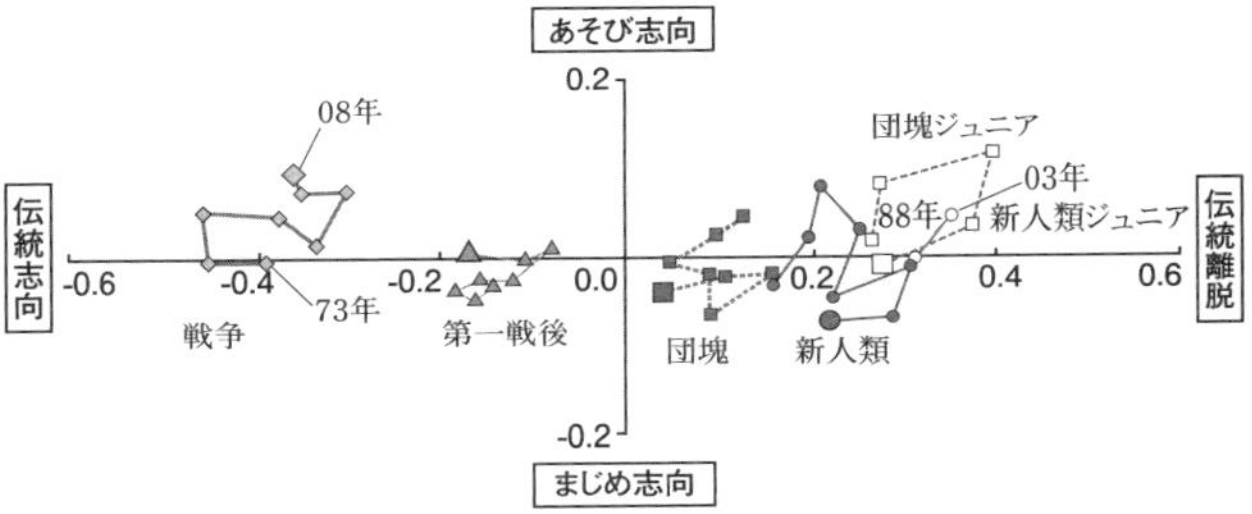

NHK放送文化研究所編『現代日本人の意識構造』の図をもとに作成。

（一九三一年～一九三五年生まれ）、「団塊世代」（一九四六年～一九五〇年生まれ）、「新人類世代」（一九六一年～一九六五年生まれ）、「団塊ジュニア世代」（一九七六年～一九八〇年生まれ）、「新人類ジュニア世代」（一九九一年～一九九五年生まれ）という祖父母世代から孫世代まで三代にわたる六つの世代について、約一五年単位の世代差で意識がどのように変化しているかを検証することができるのです。

この「世代の星座」の分布から、見田はこれらの世代で世代間の距離がだんだん小さくなっているという重大な結論を引き出しています。つまり、世代間の時間的距離は同じであるにもかかわらず、相互の意識の距離は後になるほど短くなっています。たとえば、戦争世代と第一戦後世代の差が〇・一九、第一戦後世代と団塊の世代の差が〇・二一、団塊の世代と新人類世代の差が〇・一八だったのに対し、新人類世代以降はその差が急激に縮まり、新人類世代と団塊ジュニアでは〇・〇六、団塊ジュニアと新人類ジュニアでは〇・〇三です。

表5-1　世代間距離（2008年）

戦争	第一戦後	0.19
第一戦後	団塊	0.21
団塊	新人類	0.18
新人類	団塊ジュニア	0.06
団塊ジュニア	新人類ジュニア	0.03

表5-2　16〜19歳と親世代の距離

1973年	0.31
1988年	0.17
2003年	0.06
2008年	-0.01

上・下とも『定本 見田宗介著作集 I』（岩波書店）より。

団塊の世代前後で、世代間の距離に変化が生じていますが、これには高度成長期の経験の差が影響していると思われます。「歴史は加速する」という歴史感覚は団塊の世代のあたりまで根づいていますが、実際にその頃まで、社会はそのように変化していたのです。

さらに親子間（一六〜一九歳とその親世代）の意識の距離も、現在に近づくほど縮小しています。一九七三年の時点では親子間の世代意識の差は〇・三一ありましたが、八八年になると〇・一七とほぼ半減し、二〇〇三年に〇・〇六、〇八年にはマイナス〇・〇一と、今世紀に入ってから親子間の意識の世代的な差はほぼ消失してしまいました。

今は成人に近い年齢の子どもたちが、自分の親と一緒に買い物に行くことに何ら抵抗感をもたない時代です。「親の権威がなくなった」といった議論もありますが、原因はもっと深く、親世代と子世代にそれほど意識の断層がなくなってきているのです。

見田はこの点について、『近代』は古代・中世よりも変化の急速な時代であり、近代の中でも、一八世紀より一九世紀、一九世紀より二〇世紀は、変化の激しい時代であった。二〇世紀でも、一九七〇年代くらいまでは、最近の一〇年はその前の一〇年よりも変化が速い」（同書、一七四頁）状態が続いていた。これが、それまでの「歴史は加速する」という常識を支えてきたのですが、この「常識」は一九七〇年代以降の歴史には通用しないと指摘しています。

すでに論じたように、こうして現在、歴史が「減速」しつつある理由は明白です。ここでも見田の議論に従うのですが、一五〇〇年頃から二〇〇〇年頃までの約五〇〇年間、地球という有限な空間上での人間というよく適合した動物種による大爆発が生じました。この大爆発は、自然征服の技術と精神、貨幣により加速していく交換経済、都市という密集する社会形態の三つの変数に媒介されて五世紀もの間続いてきたのですが、それがようやく二〇世紀末以降、緩やかに終わりつつあるのです。

その兆候はすでに一九七〇年代から出てきており、①アメリカの白人人口及び英独仏の人口は、いずれも一九七〇年代を変曲点としてスローダウンしてきていること、②日本の人口増も、欧米より一〇年ほど遅く、一九七〇年代後半の変曲点を経て低減化し始めたこと、③タイ、メ

近代歴史曲線：$H(t)=K(t)+B(t)+L(t)$

$\Delta t(t_{n+1}-t_n)=25$年

H＝*Histry*（歴史関数）

K＝*Kondratiev*（コンドラチェフ関数　25/50年単位）

B＝*Bactrian*（バクトゥリアン［フタコブラクダ］関数　150/300年単位）

L＝*Logistics*（ロジスティック関数　500年単位）

キシコ、韓国などでも、一九七〇年頃に人口増加率は減少に転じていることなどに示されていました。総じて全人類の人口は、一九七〇年代を変曲点として大爆発期を終える方向に向かっており、資本主義そのものも、急勾配の成長軌道を終えていくのです。

近代歴史曲線を提案する

さて、いよいよ本書の結論です。第一章からこの第五章までで検討してきた尺度や次元、歴史事象についての考察を総合すると、一五世紀末から近未来までの五〇〇〜六〇〇年に及ぶ歴史について、「近代歴史曲線」とでも呼ぶべき次のような関数式を考えることができます。

この関数式で、「t」は二五年単位の歴史的時間です。その起点は、すでに述べてきたように一五世紀後半に始まったと考えられます。

関数式の右辺にある最初の「K」は、コンドラチェフの波のKで、これは約二五年の上昇波と下降波から構成される約五〇年周期の循環的な変化です。数学的な近似でいえば、おそらく三角関数、$K=k\sin(t-T)$ といった式で示せるのではないかと思います。

右辺の次に出てくる「B」は *Bactrian*、つまり「フタコブラクダ」

のBです。この波動は、一五世紀末から一七世紀前半までの「長い一六世紀」の上昇、一七世紀半ばから一八世紀後半までの「長い一七世紀」の停滞、そして一八世紀末から二〇世紀初頭までの「長い一九世紀」、さらに二〇世紀の二つの世界大戦というカタストロフによる大変動を終えた一九七〇年前後までの上昇、その一九七〇年代から二一世紀末か、あるいは二二世紀初頭まで緩やかに続く「長い二一世紀」の停滞という二つのより大きな長期波動から構成されています。

そして右辺の最後に来る「L」は、ロジスティック関数のLで、これについてはすでに第二章で説明しました（七五頁）。第二章の説明に付け加えておくべきは、ここではこの曲線の始点が一五世紀後半、終点が二一世紀後半〜二二世紀と想定されていることです。人類は、おそらく二三世紀になる頃までには、ブローデルからウォーラーステインまでが論じてきた「近代世界システム」とは異なる世界システムを生き始めているはずですが、そのような「未来」が二一世紀の間に実現するかどうかは疑問です。しかし、そうした方向への変化はすでに一九七〇年代から始まっており、私たちはその終点を見通せる位置にいるのです。

そして、この歴史曲線に沿って未来を見通すならば、二一世紀は三重の意味で終わりに差しかかる時代であることがわかります。まず、最も長い五〇〇年単位のロジスティック曲線で考えるなら、その右肩上がりの上昇はだんだん緩やかになり、ほとんど上昇が認められないほどまでになっていきます。これは、マルサス的な過程です。歴史の速度はこの縦軸の変化の度合

図5-2　歴史関数（近代歴史曲線）

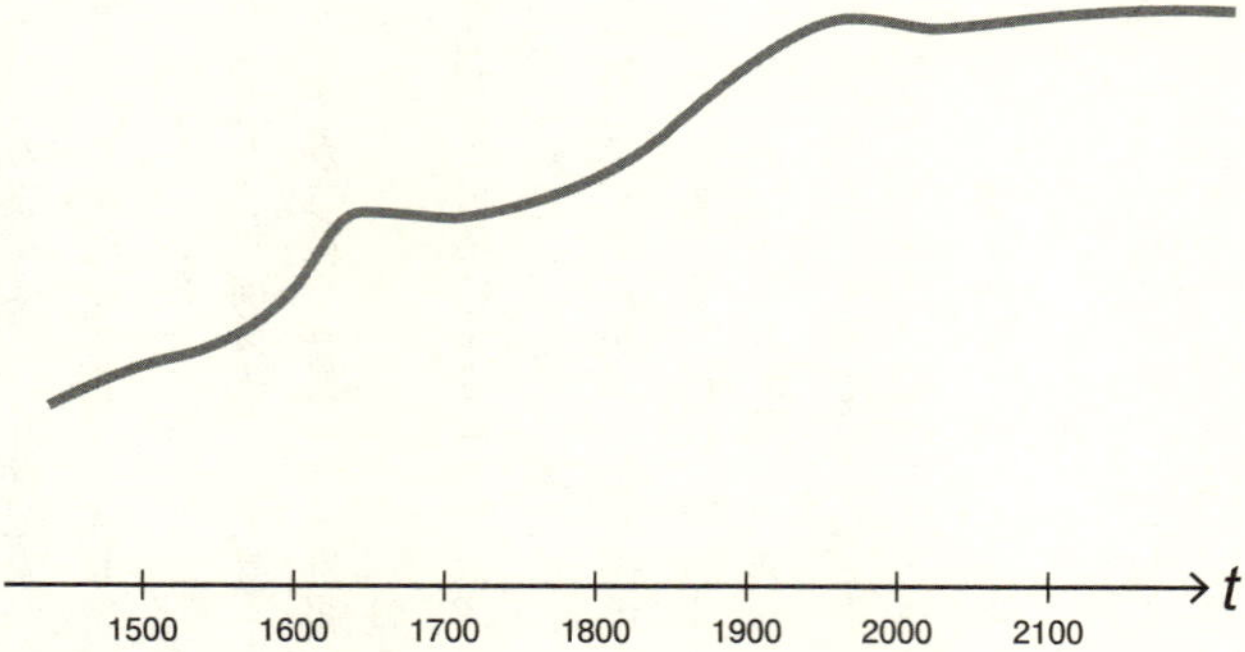

図5-3　コンドラチェフ関数：K（t）（25/50年単位）

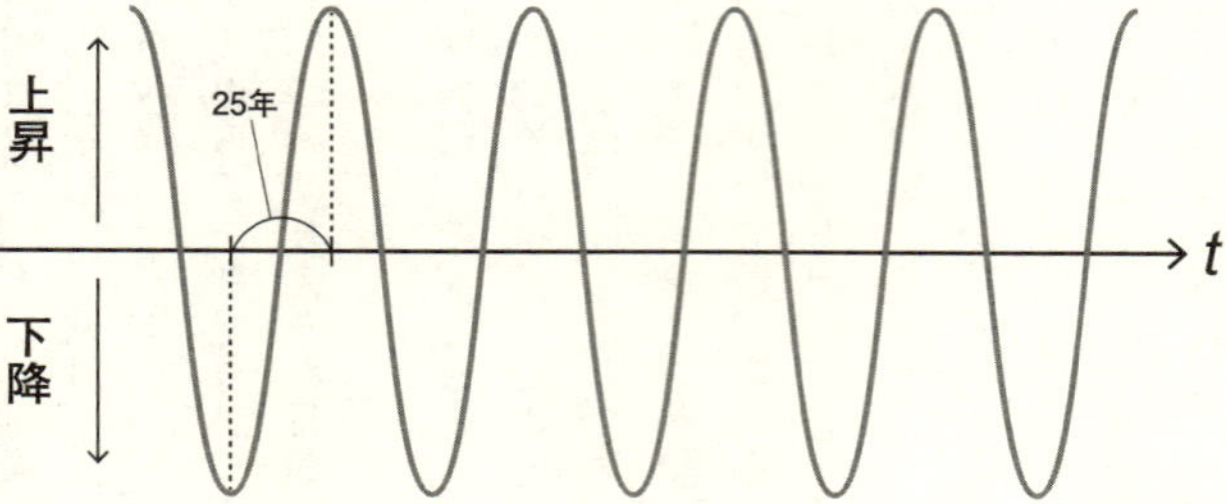

図5-4　バクトゥリアン関数：B（t）（150/300年単位）

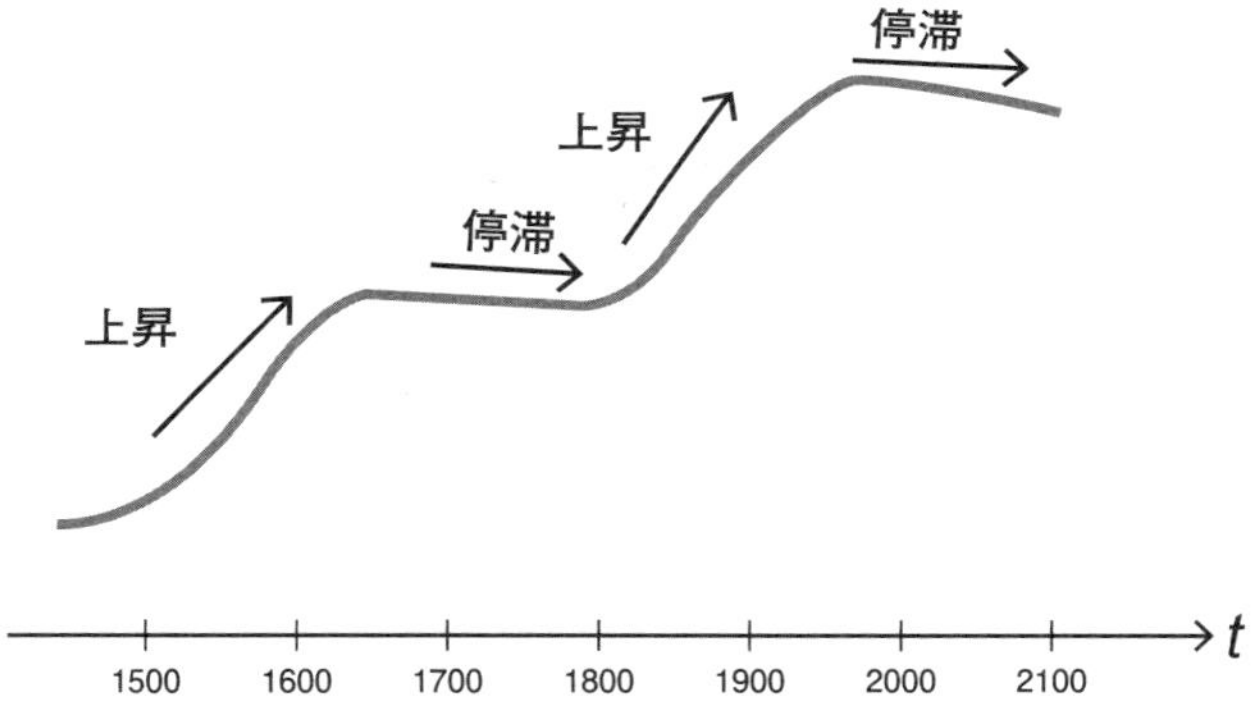

図5-5　ロジスティック関数：L（t）（500年単位）

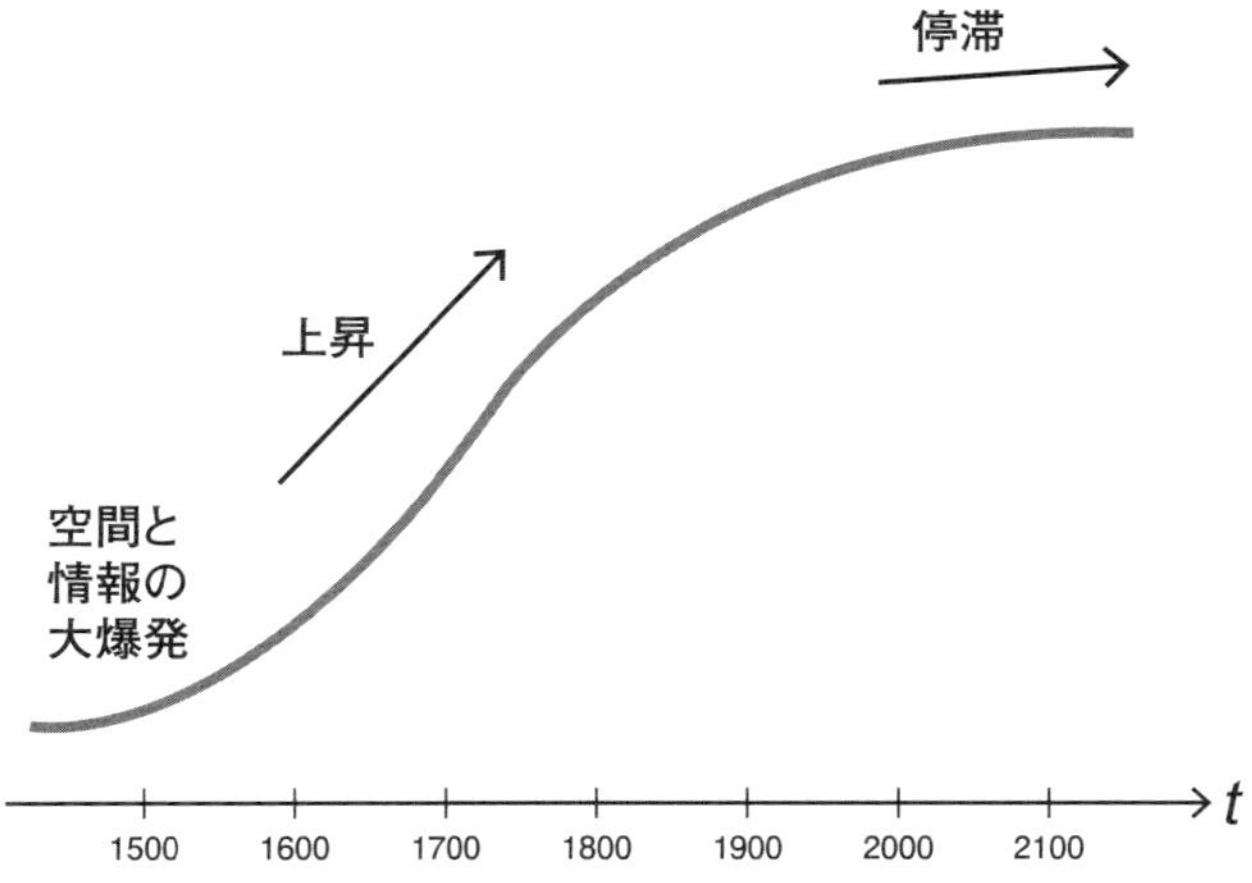

いを横軸の時間で割ったもの、つまりこの曲線の傾きですから、速度もだんだん小さくなり、限りなくゼロに近づいていくのです。これはつまり歴史がだんだん定常状態に近づき、直線的には変化しなくなっていくことを意味します。かつてフランシス・フクヤマが述べたのとは異なる意味で、二一世紀は「歴史の終わり」に近づいていくのです。

次に、上昇と下降が約一五〇年単位の「長い世紀」に対応するバクトゥリアン曲線でも、二一世紀は、一八世紀末から二〇世紀初頭まで、ないしは両世界大戦の影響で戦後も続いた近代化の歴史が、一九七〇年代に屈折し、その後の長い停滞が二二世紀初頭くらいまで続く過程のなかに位置づけることができます。この過程に関し、欧米とアメリカ、日本、東アジア、アフリカといった地域によって上昇が始まる時期やそれが停滞に屈折する時期が異なりますが、それでも地球上のすべての主要な地域で、二一世紀末までにこの屈折は生じるはずです。このことは、地球温暖化をはじめとする様々な環境的限界と深く関係しています。ローマクラブの「成長の限界」は、まさにこうした限界水準を示すものでした。

そして最後にコンドラチェフ曲線ですが、ロジスティック曲線やバクトゥリアン曲線、つまり五〇〇〜六〇〇〇年なり一五〇〇年なりの歴史の曲線が臨界値に近づいていくために、コンドラチェフ曲線も、その周期は同じでも振れ幅がだんだん減衰していく可能性があります。

地球が開発され尽くし、経済格差を含みながらも一定の消費社会がグローバルに実現され、バーチャルな空間も新たなフロンティアではなくなった後は、もう新たに大きなフロンティアは現れません（二二世紀になっても、多数の人類が月や火星に移住してはいないでしょう）。技術革新や経済的ブームは生まれるでしょうが、破滅的な戦争が起きなければ、それが大規模なコンドラチェフの上昇波を生むまでには至らないのです。

ですから二一世紀を通じ、再び地球上のどこかからビル・ゲイツやスティーブ・ジョブズが現れてくる可能性は小さいと思います。もちろん、資本主義が続く限りコンドラチェフの波はなくなりません。人々は好況と不況に一喜一憂し続けるでしょう。しかし、ちょうど一五～一六世紀、初期資本主義におけるコンドラチェフ波がかなり不規則だったのと同様、二一～二二世紀のそれも、一八～二〇世紀に示したような規則性を失っていくかもしれません。

二一世紀は一七世紀か、それとも一四～一五世紀か？

このように歴史曲線の傾きに注目して二一世紀を位置づけるならば、この世紀がグローバリゼーションと情報爆発という点で一六世紀との共通点を多く含みながらも、同時に一七世紀的傾向を多く含んだ世紀となっていくであろうこと、つまり単純にグローバル資本主義が地球全体を覆っていくような方向には進まないことは容易に予想できます。

このグローバリゼーションの屈折を二〇〇〇年前後に指摘していたのは、第二章で触れたエマニュエル・トッドです。トッドは彼の家族社会学的分析を前提に、人口学的変化と識字率の変化を歴史の大きな変化に結びつけ、二一世紀にはアメリカが確実に世界システムのなかでの覇権を失っていくと論じていました。その結果、二一世紀の世界システムはグローバル化よりもリージョナル化、つまり北米は北米、東アジアは東アジア、ヨーロッパはヨーロッパというように地域的に閉じる方向に向かい、さらに内部でも内側に向かっていくといった一七世紀的傾向が強まっていくと予想したのです。

トッドは一方で、本書の観点と同じくマルサス的な理由から、「自由貿易と賃金の削減の結果として需要停滞の傾向があることは自明の事柄であり、世界経済の成長率の規則的な低下とますます頻繁に起こる景気後退の原因は、それで説明がつく」(『帝国以後』一〇七頁)と言います。欧米や日本などの先進資本主義国では、すでにいかに消費社会的レトリックで需要を喚起しようとも、実質賃金の減少や将来への不安からもう需要はそれほど伸びず、経済成長が難しくなっていきます。この世界経済の臨界状況のなかでアメリカでは、「アメリカ社会の『帝国的』変形」が進みました。一九九〇年代以降、アメリカは貿易赤字を拡大させ続け、海外から流入する資金フローに構造的に依存していきます。これは、「アメリカ社会の上層階層を一国の枠組みを越えた帝国的社会の上層階層に次第に変貌」(同書、一一〇頁)させる過程でした。

こうして国民国家としてのアメリカと帝国としてのアメリカが分裂します。この分裂を通じ、帝国アメリカが繁栄すればするほど国民国家アメリカは劣化し、空洞化するという悪循環に入っていったのです。その結果、アメリカ国内では、「成熟した民主主義の危機」がはっきり顕在化していきました。トランプ政権誕生のはるか前から、アメリカはもはや民主主義のリーダーではなくなりつつあったのです。

このアメリカの劣化は、九〇年代以降、かつての第三世界の国々で経済成長と民主主義の進展が顕著になっていったのと好対照でした。トッドによれば、一九九〇年代以降のアメリカで進展したのは「災禍をもたらす前進、（民主制から）寡頭制への前進」でした。「民主主義がユーラシアに定着し始めたまさにその時に、それはその誕生の地で衰弱しつつある。アメリカ社会は、基本的に不平等な支配システムに変貌しつつある」のです（同書、四〇～四一頁）。

この分裂と国内の劣化は、全体としてグローバルな次元でのアメリカの覇権を弱めます。いかに軍事力で圧倒的優位を誇っていても、アメリカが徐々に世界の中心から退いていく日が近づいているのです。「つい最近まで国際秩序の要因であったアメリカ合衆国は、ますます明瞭に秩序破壊の要因となりつつある」（同書、一頁）と、トッドは言います。これは、トランプ大統領の誕生を前にして言っているのでも、リーマン・ショックに際して言っているのでもありません。同じ傾向が、9・11とイラク戦争の頃からはっきり現れ始めていたのです。

さらに言えば、一九九〇年代から一貫して、グローバル化を推進する帝国としてのアメリカが前に進もうとすると、必ずそれに反発する孤立主義的アメリカが頭をもたげ、その前進を引き戻してきました。その結果、アメリカは一九九七年に対人地雷禁止のオタワ条約を、一九九八年に国際刑事裁判所設立を、二〇〇一年にはCO2排出規制に関する京都議定書への調印を拒否してきました。アメリカがグローバルなコンセンサス形成でリーダーシップを握ってきたとは、少なくとも一九九〇年代以降に関する限り言えないのです。そしておそらく、オバマ政権からトランプ政権に交代した二〇一七年以降、アメリカが世界の秩序形成者としてよりも秩序破壊者として振る舞う傾向はますます強まっていくでしょう。

しかし振り返るなら、アメリカの覇権の衰退は一九七〇年代から指摘され始めていた現象でした。六〇年代を通じた日本やドイツの経済成長により、世界経済のなかでのアメリカの圧倒的地位が揺らいでいたのです。七〇年代にアメリカは貿易赤字国となり、エネルギー輸入国ともなっていきます。そしてまさに一九七一年の「ドルショック」と七三年の「オイルショック」、すなわち米ドルと金の兌換《だかん》停止から変動相場制への移行とＯＰＥＣによる石油価格の大幅引き上げは、アメリカが世界の資本主義経済を牛耳る時代の終わりを予告しました。

一九二〇年代以降、アメリカはイギリスに代わり世界的覇権を確立してきたのですが、その最盛期は六〇年代までの半世紀で終わり、七〇年代にその覇権は退行し始めます。しかし当時、これはむしろ日本の発展と結びつけられ、「ジャパン・アズ・ナンバーワン」的な言説が一世を風靡しました。九〇年代以降の「失われた二〇年」で、これは幻想であったことがわかりますが、アメリカの覇権の衰退は幻想ではなく、その後も継続していくのです。

その先にある二一世紀にどのような世界が広がっているのか——。田中明彦は一九九六年という早い時点で、その先にあるのは「新しい中世」なのだと看破しました。田中は国際政治学の視点から、というか彼独特の鋭利な先見能力で、二一世紀が「ポスト冷戦」という以上に

「ポスト・アメリカ」の時代となり、国民国家と並んで多数の国際機関のような「非国家的主体」の力が増し、多次元多層的な相互依存の世界となると予見したのです。そしてこの相互依存性の増大により、今や世界は「『近代』と呼ぶのはふさわしくない段階」、すなわち「『新しい中世』の特徴を徐々に示しはじめ」ます（『新しい「中世」』一六八頁）。

田中は二一世紀の世界と「中世」世界（この場合は、ヨーロッパ中世）の共通性を、主に主体の特徴とイデオロギー状況に注目して並べています。一方で主体の特徴からいうと、ヨーロッパ中世には「実にさまざまな主体や、主体からなるネットワーク」が存在し、「これらの主体間の関係はきわめて入り組んだものであって、帰属意識はまったく複雑」でした。そこでは「領土と主体との関係も、固定的というよりは流動的」でした（同書、一七〇〜一七一頁）。これらの特徴は、まさしく二一世紀の世界に通底するもので、私たちはますます「タックスヘイブン」の大西洋の島に本拠を置きながら国境を容易《たやす》く越境し、グローバルな影響力を行使する巨大企業や世界各地の国際的NGO組織の時代を生きています。相変わらず国籍は重要ですが、それはナショナリズムの心情による以上に、諸々の身元証明に不可欠だからです。

他方、イデオロギー面でも、中世ヨーロッパ全域にキリスト教の普遍主義が行き渡っていたのと同様、二一世紀の世界で「自由主義的民主制」の地位は揺らぎそうにありません。

本書の観点からすると、田中が指摘した点に加え、中世と二一世紀のメディア論的類似も指摘しておくことができます。すでに論じたように、一六世紀から二〇世紀までの五世紀間は、活版印刷からテレビまでのマスメディアの大拡張時代でした。これに対し、二〇世紀末のインターネット登場以降、一対多の一方向的コミュニケーションは、多対多の双方向的コミュニケーションへと大転換を遂げます。しかし、二一世紀初頭にネット社会が深く浸透していくと、一見、マスメディアの画一性からより多様で自由な社会への解放に見えたこの転換が、無数の不安定性、閉鎖性、さらには国籍よりも階層や嗜好、知的能力に準じたコミュニケーション圏の分断を含んでいることが明らかになりました。こうした特徴、つまりネットワークが双方向的、多層的でありながら、階層や職分、知的能力に応じて分断されている状況は、近代的というよりも、はるかに中世のコミュニケーション世界に近いように思われます。

「中世」ということは、ヨーロッパでいえば一二～一三世紀か、そうでなければ一四～一五世紀です。つまり拡張期の中世ならば一二～一三世紀、収縮期、つまりウォーラーステインが述べた「コンジョンクチュールの危機」であれば一四～一五世紀になります。「近代」が「中世」に移行していくためには、いくつもの「コンジョンクチュールの危機」を経過しなければなりませんから、二一～二二世紀がまず対比されるべきなのは一四～一五世紀でしょう。そうすると、私たちには未来の選択肢がもう一つ増えたことになります。

すなわち、「一六世紀としての二一世紀」「一七世紀としての二一世紀」「一四～一五世紀としての二一世紀」、この三つです。このいずれもが西洋中心主義的な歴史観を前提にしているとの批判を受けそうですが、そうした批判は本書の企図にとって本質的な批判ではありません。

「一四〜一五世紀」「一六世紀」「一七世紀」のいずれもが、まさしく理念型的なモデルであり、私たちが「長い世紀」としての一五〇年くらいの単位で未来を見通すためのメガネなのです。私たちが二一世紀以降の未来を見通していくためには「長い一四世紀（中世）」「長い一六世紀（大航海時代）」「長い一七世紀（近世）」というような三つの「歴史のメガネ」が必要です。

そして、本書の議論を通して確実に言えるのは、この未来の選択肢に「一九世紀」や「二〇世紀」は含まれない。つまり、一九〜二〇世紀に確立した国民国家体制や産業システム、近代主義的価値の延長線上には「二一世紀」が存在しないことです。

見田宗介の言葉を最後に再び引くならば、二一世紀の軌道はカーブを描いています。しかし、今の私たちは、そのカーブを曲がりきれずに何度もガードレールにぶつかっている。もうだいぶ車は傷んでしまいましたが、さらにスピードを出してカーブを曲がりきれずに崖《がけ》から落ち、車を大破させないためには、歴史という道の先に何があるのかを見通さなくてはなりません。そこにあるのは、幾分か「一七世紀」で、幾分か「一四〜一五世紀」で、なお「一六世紀」でもあるような未来です。本書で示した「歴史の尺度」は、必ずやそうした複合的な未来を見通す物差しとして有効性を発揮するはずです。

終章　世代史と世界史をつなぐ

ブルクハルトと「世界史的考察」

マルサス、コンドラチェフ、シュンペーター、ロストウ、マンデル、ウォーラーステイン、そしてブローデルを導き糸としながら二五年、一五〇年、五〇〇年という「歴史の尺度」について考察を進めてきた本書ですが、これらのある者はマルクス主義、ある者は近代主義の立場を背景に歴史と社会について考えていた人々でした。しかし、一連の考察が導いたのは、私たちが獲得しつつある歴史の風景が、近代主義、マルクス主義のいずれをも貫いていた目的論的な歴史観には従いそうもないことでした。

乱暴に総括すれば、近代主義的な歴史観が追求したのは「成長」でした。他方、マルクス主義的な歴史観が追求したのは「革命」でした。しかし、私たちが達しつつあるのは、「成長」は続かないし、「革命」も起きない未来です。「成長」も、「革命」も、一五世紀末に始まる五〇〇～六〇〇年の長さの世界史を形作っていく近代資本主義が、私たちの未来への想像力に埋め込んでいった「夢」の一種でした。「革命」は、地球上の多くの社会が多産多死社会から多産少死社会に人口転換を遂げ、ロジスティック曲線やバクトゥリアン曲線上のカーブが急上昇していく過程でしばしば発現してきました。清教徒革命も、フランス革命も、二月革命も、ロシア革命もこの点では共通の特徴を持っています。他方で「成長」は、長い上昇曲線がほとんど終わり、社会が次第に少産少死社会へと定常化していくプロセスでも、とりわけ資本家や政治家、株価の上昇を狙う投資家たちの強迫観念となり続けています。

どうすれば「夢」の内側から外に出て、つまりは「夢よりも深い覚醒」を通じ、「革命」も「成長」もない未来の「豊かさ」を認識していくことができるのでしょうか。そのためには少なくとも、私たちは「成長」や「革命」、そしてこれらの観念の根底にある「進歩」や「発展」に向かって直線的に進む歴史観から外に出ていく必要があります。

ブローデルやウォーラーステインはこのことに自覚的でしたが、未だにこうした問題意識が広く共有されているわけではありません。本書の読者には、「大予言」という企《たくら》みに満ちたタイトルから、二一世紀の新しい「成長」の未来や、何らかの革命的ですらあるような出来事が生じる未来、あるいはそうした「未来」のカタストロフィックな破綻の予言を期待された人もいるかもしれません。しかし、本書が予言しているのは、そうした芝居じみた「成長」や「破綻」ではあり得ません。本書の予言は、歴史的な変化は二五年、五〇年、一五〇年、五〇〇年という単位で生じてきたし、これからもそのくらいの尺度で生じていくこと、そしてその尺度で捉えたとき、「近代」はすでに限界に近づいていることです。

振り返れば今から一五〇年ほど前、すでにヤーコプ・ブルクハルトはキリスト教神学を背景としたヘーゲル－ランケ的な目的論的歴史を疑問視し、「進歩」や「発展」とは異なる視座からの歴史記述を試みていました。下村寅太郎の見事なブルクハルト論によれば、一九世紀の多くの歴史家たちが「世界史は未来に向かって次第に完成に向かうと判断し」ていたのに対し、ブルクハルトはそうした歴史観を、「判断の基礎となっている『進歩』の理論は、広く多数の読者をもつ歴史家の真偽とりまぜた結果から啓蒙主義の願望と思弁から次第に築き上げられた一種の文学的多数意見」でしかないとして拒絶しました（『ブルクハルト研究』五二六〜五二七頁）。なぜなら、人類史を「進歩」として捉えるようになったのは近代特有のことです。古代には原初に黄金時代があり、その後の文明は劣化の道をたどったと信じられていましたし、アジアでは多くの社会が歴史は輪廻《りんね》するという観念を共有してきました。歴史が未来に向かって直線的に進歩するという観念は特殊なのです。その背景にはキリスト教の終末論があり、やがて一六世紀から一八世紀までのどこかの時点で、「終末」の恐怖は無限の「進歩」への希望に置き換えられていったのです。

この転換は「世俗化＝脱魔術化」（マックス・ウェーバー）の過程ですが、それは結局、「終末論を漠然たる期待にすぎない進歩の理念に置き換えたものにすぎない」とブルクハルトは看破していました。彼の考えでは、近代の啓蒙主義は「宗教改革の鬼子」で、「無限の進歩は、本来明確であった超世間的な『終末』の代りに不明確で内世間的な無限を期待すること」への退行なのです。その結果、すべての歴史が完結する「終末」に代わり、「盲目的な進歩」の観念が人々を虜《とりこ》にしていくことになります（同書、五八二頁）。

しかし、実際にこの「進歩」の観念に真実味を与えていたのは科学技術の革新とその社会的影響です。つまり華々しい技術革新に比べ、道徳・芸術・哲学などの文化領域で「進歩」は認められません。凡庸な批評家は、この文化的進歩の「不在」を「遅延」と批判することでしょう。しかしブルクハルトの革新性は、一九世紀西欧が自明視していた「進歩」の観念を「真の歴史的認識の宿敵」と見なし、その背後にある神学的形而上学を徹底的に排除して歴史理解の可能性を探究した点にありました。そこで彼が引き出した方法とは、「歴史を時間的継起的な系列においてでなく、空間的並列的な状態において考察し、これを体系的に叙述すること」、世界史を「個々の民族、個々の時代の継起の線的系列の総和としてでなく、すべての民族、すべての時代の状態の並列的『体系』として考察」することでした（同書、四三五頁）。「編年的な『物語的』叙述」から「構造的な『体系的』叙述」へのこの転換は、歴史の人類学的空間化とでも呼ぶべきものです。そこで問われるのは、空間化された歴史における歴史的時間とは何かという問いでしょう。この新しい歴史には始点も終点もありません。歴史に始めも終わりも「中間」も存在しないなら、そこに流れる歴史的時間とは何か——。一方で、この歴史は必然的に、歴史を出来事の継起と見なすことから離れ、「反復して起こるもの、恒常的なもの、類型的なものをわれわれの心の中で共鳴し、かつ理解しうるものと考える」（ブルクハルト『世界史的考察』一六頁）方向に向かいます。歴史のなかに継起も発展も進歩も求めないなら、そこに浮かび上がってくるのは「パターン」や「構造」ということになるのです。

しかしブルクハルトは、歴史が単に同一の構造の繰り返しだとも、また異なる構造間にあるのが単なる断絶だとも考えませんでした。革命や戦争を私たちは歴史の断絶と見なしがちですが、実はそうした危機にこそ歴史の連続性が生起します。ブルクハルトが「歴史の危機」と考えるのは、特定の政権の危機や党派間の抗争、内乱ではありません。しかし、たとえば古代において「民族大移動こそが初めての真の危機であった」(同書、二八九〜二九〇頁)と彼は言います。この危機は、「人口の少なくなった南方の国々を占有したいという、繁殖力旺盛な若い諸国民にきざした衝動」から起こった「一種の生理学上の均衡化」でした(同書、二九二頁)。その結果、「新しい物質的エネルギーと古い物質的エネルギーの融合」が生じ、「古い物質的エネルギーは、精神的に変容して、国家から教会に変じて生き続ける」ことになったのです(同書、二九〇頁)。

だからこそ、ブルクハルトは、初期の『コンスタンティヌス大帝の時代』では古代が中世に転換する過渡期を、『ルネサンスの文化』では中世から近世への過渡期を扱ったのです。つまり古代は姿を変えながら中世に、中世は変形して近代に受け継がれました。同じように、一九世紀には交通機関やマスメディアの発達によって、つまり人々が自由に移動し、「異なった事柄を誰もがほとんど同じように思考するということが広範囲にわたって拡まっていること」(『世界史的考察』二九四頁)、今風に言えば「グローバリゼーションによる世界の均質化」により、新たな危機が近づいていると彼は考えていました。しかしまさに、このような危機を通じた連続性の経験こそが、「歴史における人間を目的から解放」(下村、前掲書、四四五頁)することを可能にします。なぜなら、危機にあっては歴史の連続性が惰性ではなく、人間的な選択の問題となるからです。ですから彼は、「世界史は本質的に過渡期である。『危機』である。『危機』は岐路であって、自由な選択が可能であり、決断が要求される。歴史の連続性はこれにおいて成立する」(同書、五八八頁)と論じました。

ブルクハルトが「無限の進歩」の歴史を拒絶し、歴史の連続性にラディカルな問いを投げかけたのは一九世紀半ばで、おそらく彼はそうした挑戦をした最初の人でした。彼はすでに、自国の「歴史の最も真正なる研究は、故国を世界史的なものと、そしてその法則と対比」させ、それを「大きな世界全体の一部として考察すること」なのだと述べ(『世界史的考察』二八〜二九頁)、いわばグローバル・ヒストリーこそ歴史なのだという見解を示していました。そして彼以降、同じような問題提起は何度も出されていきます。なかでも「進歩」の歴史に対する非西洋世界、とりわけ植民地からのポストコロニアルな問い返しの重要性は看過できません。そのような問い返しのなかで、歴史概念の変容が二〇世紀後半に生じました。本書で取り上げたブローデルやウォーラーステインは、その変容をリードした人々でした。ですから大きくいうなら、ブルクハルトからブローデルまでの歴史の空間化を継続的実践と見なすことができます。

本書のこれまでの議論に沿って整理するなら、もともとマルサスやコンドラチェフが発見したのは歴史のなかで繰り返されるパターン自体だったのですが、一九五〇年代から七〇年代までの冷戦体制のなかで、ロストウはそのパターンを「成長」の神学と結び、マンデルはそれをむしろ「革命」の神学と結んでいきました。その一方で、ブローデルからウォーラーステインまでが示したのは、五〇〇年にも及ぶ長期持続、つまり「変化」ではなく「持続」の歴史性だったのです。ブルクハルトがすでに理解していたように、歴史学が直線的な変化の学ではなく、危機と持続の学であるならば、そうした歴史は何らかのパターンをもって繰り返すものであり、異なる地域で異なる歴史のパターンが繰り返されてきたことになります。この点で、人類学と歴史学がきわめて近い領域となるわけですが、これもすでに示してきたように、そうした無数の差異を内包した歴史のパターンは、一五世紀末に始まる五〇〇年の歴史のなかで、徐々に近代世界システムに統合され、それ固有のリズムに従うようになっていきました。このリズムこそ、本書が一貫して強調してきた約二五年というコンドラチェフ的単位でした。そしてこの二五年単位の歴史のリズムは、一方ではグローバルな資本主義化のプロセスと、他方ではローカルな世代的循環の周期と共振してきたのです。

世代史と戦中・戦後日本の一五年周期説

しかし、ここでグローバルな長期持続からローカルな世代単位の歴史に目を転じるなら、日本の近現代史の「歴史の尺度」は、二五年単位よりも一五年単位のほうが広く使われてきたことに気づきます。というのも、私たちはしばしば「戦前派」「戦中派」「団塊の世代」「新人類」「団塊ジュニア」「バブル世代」「氷河期世代」といった呼称で「世代」を分類するのですが、そうした意味での「世代」の幅はだいたい一〇年以下です。そして、このような世代的な変化と時代の変化が、頻繁に結びつけられてきたのです。

すでにお気づきのように、この場合の「世代」の意味と、本書で使った「世代」の意味は異なります。第二章で論じたように、本書では「世代」という言葉を親子間の距離を示すものとして使ってきました。親子の間の世代間隔は、近代を通じて二五～三〇年です。これに対し、「世代」は一定の時代的経験を共有する同輩集団にも使われます。その共有される経験は、「戦争」や「占領」、「安保」、「大学紛争」であったりするわけです。そして、このように時代的経験を共有するのは、数年からせいぜい十数年の年齢差に収まる人々です。この場合、「世代」は兄弟姉妹の年齢差の範囲内に収まります。つまり、時代経験の共通性に注目するならば、兄弟姉妹の年齢差に収まる世代によって歴史を特徴づけていく理由もあるのです。しかも、この一五年の時間幅で起こることは、しばしば同型的なパターンの繰り返しになります。

たとえば鶴見俊輔は一九五九年、『戦後日本の思想』で「日本の歴史は完全に循環する」と言い切りました。歴史を出来事の不可逆的な継起としてではなく、あるパターンの循環として見る視点の提案です。彼は、戦前を一九三一年の満州事変から四五年の敗戦まで、戦後を敗戦から六〇年安保までと、各々一五年単位で捉え、この二つに反復を読んでいきました。「循環するのは困ったというのではなく、循環があるからこそ、一五年間同じところに立っていれば、向うが回ってくる。メリーゴーラウンドにのりさえしなければ、外側から何度も同じ仕方でつくることによって、うまい具合にその一部分をつきくずすこともできる」と彼独特の表現を使いながら、「何十年間じっとして同じ地点で根を深めていくことによって、相当深い哲学を日本の思想史のわくの中で作り上げる」可能性を語ったのです（同書、一七頁）。

鶴見のこの一五年単位説を戦後について拡張したのが、日高六郎の議論です。日高は『朝日ジャーナル』（一九七九年八月一七・二四日号）掲載の「『滅私奉公』から『滅公奉私』まで」で、現代日本における六〇年単位の循環という視点に立ち、第一次大戦以降の歴史を一五年単位で四つに分けました。第一期（一九一四年～三〇年）を大正デモクラシーの一五年、第二期（一九三一年～四五年）を軍国主義の一五年、第三期（一九四六年～六〇年）を「民主」主義の一五年、第四期（一九六一年～七五年頃）を経済主義の一五年とし、一五年ごとの歴史の位相転換を示したのです。このうち、第一期と第三期はともに「文化国家」を反復し、第二期から第四期への展開は「軍事国家」から「経済国家」への連続性を含んでいます。

日高はとくに、第三期から第四期への移行で「滅私奉公」から「滅公奉私」、つまり「公がすべてであり私はゼロである」という意識から「私がすべてであり公はゼロである」という意識へのパラダイム転換が起こったと主張しました。この二つの違いはとても大きいのですが、いずれも意識や生活を画一化する点は同じで、前者の時代意識が人間を阻害する反人間的システムであるならば、経済優先の価値観が根を下ろした後者も人間を空洞化させてしまう没人間的システムです。日高のこうした時代区分を延長していくなら、一九七六年～九〇年の第五期は、消費社会が進みバブルの時代を迎えた、さらなる「経済国家」への追求が見られた時期とみなすことができ、さらに第六期となる一九九一年〜二〇〇五年は、それまでの「経済国家」路線が破綻していく一五年と見なすことができるでしょう。

鶴見の一五年単位説が思想史の、日高の一五年単位説が社会意識における循環論であったなら、同じ一五年単位の歴史を社会的欲望のかたちについて論じたのは見田宗介です。ここでキーワードとされたのは「現実＝リアリティ」でした。見田は、「現実」の対義語（「理想」「夢」「虚構」）を使いながら、戦後日本における欲望のかたちの変化をおよそ一五年単位で三つに区分しました。まず、戦後すぐの一九四五年〜六〇年のプレ高度成長期は、デモクラシーとコミュニズムの二つの「理想」が熾烈なイデオロギー闘争を展開した時代でした。この時代の人々は、「現実」が存在していることには疑いを持たず、「現実」を超えるものとして「理想」を掲げました。続く一九六〇年〜七〇年代前半は高度成長期の「夢」の時代で、デモクラシーの理想はマイホームの夢へ、コミュニズムの理想はコミューンの夢へ置き換わっていきました。それはつまり、「現実」が徐々に蒸発していった時代です。そして、ポスト高度成長期の一九七〇年代後半〜九〇年代には、人々が「現実」から撤退し、東京ディズニーランド現象に見られたような消費社会的なシミュラークルが日常世界に全面開花していきます。

見田の時代区分が示されたのは一九九五年（『現代日本の感覚と思想』）ですが、二〇一〇年代に入ってから、見田はこの三段階のもう一つ後、一九九〇年頃〜二〇〇五年頃の特徴についても言及しています（『二千年紀の社会と思想』）。グローバル化とバーチャル化が同時進行したこの時代には、「現実」という感覚がそもそも失われていきます。見田はこれを「バーチャル」の時代と呼び、「虚構」の時代との違いを指摘します。すなわち、「虚構」には嘘のニュアンスが強いのに対し、「バーチャル」には開き直った感じがあるわけで、サブプライムローン問題などを例に挙げながら、「虚構」という感覚そのものの消失を問います。おそらく二〇〇五年以降の一五年をこの議論の延長線上で考えるなら、グローバル化の揺り戻し期であるこの時期は、リーマン・ショックや福島第一原発事故、二〇一六年のアメリカ大統領選など、それまで「バーチャル」な次元で予定調和的に動いてきた（かに見えた）システムが破綻していくという意味で、次の一五年は「破綻」の時代と呼べるかもしれません。

日本の近代化論における一五〜二五年単位説

鶴見や日高、見田は、戦後日本を批判的に問い返す「歴史の尺度」として、一五年という単位が一定の有効性を含んでいることを示してきたのですが、他方で日本の近代化、資本主義システムの発展を政策的に誘導しようという立場の人々によっても一五年単位説が提案されてきました。これはちょうど、本書で言及してきた論者でも、マンデルやウォーラーステインに対してシュンペーターやロストウというように、思想的には対立する人々が歴史の尺度では認識を共有していたのに似ています。

たとえば、公文俊平が一九九八年に提案した三〇年単位説はその典型でしょう。彼はコンドラチェフの五〇年周期説を一〇年延長し、三〇年の上昇、三〇年の下降からなる六〇年周期の変動モデルを示しました。公文はさらに、この三〇年の単位を前半と後半で一五年ごとに分けていますから、公文説は一五年単位説だと言うこともできます（『２００５年 日本浮上』）。これによれば、最初の三〇年は一八五五年から八五年までの危機＝下降の三〇年です。このうち五五年から七〇年までの一五年が激動する国際環境のなかでの模索期、七〇年以降が維新政府による体制改革の一五年です。そして、これに続く一八八五年から一九一五年までの三〇年は上昇の三〇年となり、近代日本は富国強兵・殖産興業を進め、日清・日露戦争に勝利して帝国化していきます。この三〇年は、一八八五年から一九〇〇年までの改革期と、その後の一九一五年までの発展期に分かれます。さらに、一九一五年から四五年までの三〇年は下降期となり、両世界大戦と覇権のアメリカへの移動、そして日本の壊滅的な敗戦が生じました。この三〇年、日本は前半一五年の模索期から後半一五年の破綻期へと向かいます。そして戦後、一九四五年から七五年までの三〇年は再び上昇期となり、日本はアメリカのヘゲモニー下で復興・発展の道を突き進んでいきます。そして七五年以降、日本は再び下降期に入っていくのですが、その下降は三〇年後の二〇〇五年頃まで続くというのが公文の予言でした。

　ちなみに公文は、この一五年単位の変化をコンドラチェフの波と位相をずらしながら重ねており、景気変動的な意味では一八八〇年から九〇年までが谷の一〇年、一九一〇年から二〇年までが山の一〇年です。さらにその三〇年後、つまり一九四〇年から五〇年までが谷の一〇年、三〇年後の一九七〇年から八〇年までが山の一〇年です。この仮説をそのまま当てはめれば、二〇〇〇年から二〇一〇年までが三回目の谷の一〇年となり、経済は二〇一〇年代に回復に向かうという安倍政権が喜びそうな予測になるでしょう。

ただ、厳密に言えば、公文の三〇年単位はこの谷や山の一〇年とは微妙にずれており、そのずれが彼の尺度を複雑にさせてもいます。こうしたずれが生じる最大の理由は、公文が一方ではシュンペーターの議論を強く意識し、他方では戦前・戦後日本の歴史が一五年単位で説明するると納得のいくことが多いとの認識があり、両者を重ねようと一五年、三〇年、六〇年の尺度を考えたことにあると察せられます。公文は自説を正当化するため、「幕末以後の日本は、これまでのところ、世界の経済や政治の一〇〇年単位の変化を、六〇年単位で走り抜け、追いついてきたという見方がとれるかもしれない」(同書、一三頁)と述べていますが、日本だけが周期を「短縮」できるはずはありません。世界史的に「一〇〇年」単位の変化を、日本だけ「六〇年」の単位に「短縮」できるという説明は説得力を欠いています。

こうした疑問も残りますが、公文の議論には参考にすべき点も含まれます。たとえば彼は、「下降の三〇年は、単なる混乱や迷走の三〇年にはとどまらない。とりわけその後半の一五年には、歴史的な大事件が勃発する」と述べ、幕末の開国が引き起こしたインフレに革命と内戦の時代が続き、世界不況が生じる下降期に日本が戦争に向かっていくというパターンの共通性を指摘しています。そして「私たちは第三下降過程(一九七五年~二〇〇五年)の後半にあたる

『紛争の二五年』（一九九〇年〜二〇〇五年）の、ちょうど真中にいる。（中略）今回私たちの前途に待ちうけている歴史的大事件とは、いったい何なのだろうか」という問いを投げかけますが、革命や内戦といった大事件の数々は、経済の上昇期によりも、むしろ時代を規定してきたシステムの危機が明らかになる下降期に派生しやすいという指摘には同意できます（同書、二八〜三〇頁）。

公文に先駆けて村上泰亮は『反古典の政治経済学』（一九九二年）で、シュンペーターのモデルを発展させた五〇年周期説を示していました。そこでの一つのポイントは、経済の循環周期と技術の循環周期が逆方向に動いてきたとの指摘です。つまり、下降期は革命や内戦が起きやすくなるだけでなく、技術革新も増加するのです。「経済の発展期＝技術の停滞期」「経済の停滞期＝技術の発展期」というこの仮説からすると、一七七五年から一八〇〇年頃までの下降期には綿紡績機械で技術発展があり、一八〇〇年から二五年頃までの上昇期にそれが普及していきます。次に、一八二五年から五〇年頃までの下降期には蒸気船や鉄道についての技術発展があり、一八五〇年から七五年頃までの上昇期にそれが大西洋航路や大陸横断鉄道のようなかたちで普及していきます。一八七五年から一九〇〇年までの下降期には化学技術や電気技術の革新があり、一九〇〇年から二五年頃までの上昇期にこれらの技術が普及し始めます。一九二五年から五〇年頃までの下降期には原子力やテレビの技術開発があり、それが民間に普及していくのは一九五〇年から七五年までの上昇期です。さらに一九七五年から二〇〇〇年までの下降期には、とりわけ半導体とICTの面での技術革新があり、それが二〇〇〇年から二五年までの上昇期（?）に普及して経済的なブームを支えます。こうした逆相関の波動は本書でも何度か言及してきたところですので、これ以上の解説は不要でしょう。

本書の起源を一九七〇年代に遡る

ここで一つ、以上の概観と結びつく小さな発見に触れたいと思います。私事になりますが、私はこの終章で言及したすべての諸先達と自分の人生のどこかの段階で接しています。

まず、私は学部・大学院を通じて前述した見田宗介先生の学生で、見田先生に思想的影響を受けています。しかし、その私が学部時代を送ったのは、東京大学教養学部教養学科相関社会科学分科という長ったらしい名前の一九七〇年代半ばに出来た学科で、私はその第一期生の一人でした。そして、前述の村上泰亮先生や公文俊平先生は、見田先生とともにこの学科の中核的な教授陣でした。今から約四〇年前、まだ二〇歳そこそこの私は、見田先生のゼミはもちろんですが、村上先生のゼミにも出席していましたし、公文先生の授業にも出ていたことがあります（当時、同学科に進学した一六人のクラスメートの多くが、学生から見て左右の両巨頭だった見田・村上双方のゼミに出ていました）。

そして私は同学科卒業後、社会学を学び、やがて東大新聞研究所に助手として採用されますが、前述の日高六郎先生は長く新聞研教授として活躍した人です。私が採用された頃にはもう退職されていましたが、同氏の逸話は所内に語り継がれていました。鶴見俊輔氏との私的な関係はありませんでしたが、同氏の仕事について私は本まで書いています（『アメリカの越え方』）。

もちろん、これらは単なる個人の逸話的偶然にすぎないとも言うことができます。しかし、とりわけ一九七〇年代から九〇年代までの数十年間に集中して（鶴見の一五年循環説は特異に早い）、一五年、三〇年、六〇年といった単位での歴史の段階論や循環論が語られ始めたのは、おそらく偶然ではありません。本書で述べてきた考察を踏まえるならば、一九七〇年代は、それまで数百年間、右肩上がりで成長してきた近代の大きな転換点でした。先進諸国では成長の臨界に達した近代が、それまでの歴史の直線的な延長線上ではない未来を展望し始めたのが七〇年代だったのです。

その七〇年代に、一九三〇年代生まれの村上、公文、見田をはじめとする社会科学者たちは四〇代という学問的に多産な時期を迎え、異なる仕方でこの転換期に反応していました。そして、彼らよりも二〇～二五年若い私たちの世代は、この曲がり角に立つ世界の価値転換の影響を、これらの先生たちに媒介されながら大学生として受けていたはずなのです。たしかに見田、公文、村上ら東大教養学科の教授たちが本章で触れたような「歴史の尺度」について本のなかで語るのは九〇年代以降です。しかし、過去数百年に及ぶ近代についての多方面からの問い返しが、新しい学際的な社会科学の基軸になるとの展望は、七〇年代から共有されていたはずです。

このように、数百年単位でグローバルに変動する歴史は、様々な現場で繰り返される世代的な連環のなかに数十年単位で循環するローカルな歴史を形成していきます。本書もそうしたほとんど無意識的な次元で作動してきた連環から浮上した一つの所産に過ぎないのかもしれません。二五年という歴史の尺度は、数百年にも及ぶ長期持続の歴史と、おそらく一〇年、一五年で分節化もされ得る世代経験の歴史をつなぐ公約数的単位です。逆に言えば、本書が歴史の二五年単位説を提起した重要な目的は、単に未来予測を容易にすることでも、歴史の大きな流れを把握しやすくすることでもなく、このような公約数を媒介変数的に世代史と世界史の間に置くことで、一つひとつのローカルな世代的記憶と数百年単位の世界の歴史をつなぐ方法論を手にすることだったのです。つまり、この尺度に媒介させることで、それぞれの世代の同時代的経験や地域での親子、あるいは祖父母から孫までの世代間の継承や断絶が、グローバルな資本主義の長期変動と構造的に結びつき続けてきたことが浮かび上がってくるはずです。また逆に、個人が自分の人生のリズムだけで大きな歴史の変動に挑戦しても、時を得ずに討ち死にしてしまうのが大半ですが、大きな歴史のリズムのなかで時を得た世代的挑戦が歴史を変革していく可能性も、この歴史の尺度は示唆しているはずなのです。

あとがき

本書は、拙著『ポスト戦後社会』で扱った一九七〇年前後から九〇年代半ばまでの日本社会の変化の考察を、この二五年間よりもはるかに大きな歴史、すなわち『博覧会の政治学』で論じた一五世紀末の大航海時代から一九七〇年の大阪万博までの数百年に及ぶ地平のなかに位置づけ、歴史の近景と遠景をつなごうとする試みです。前者で私は、一九四五年から七〇年前後までの「戦後」と七〇年前後から一九九五年頃までの「ポスト戦後」を対照させました。後者では、大航海時代に萌芽した「まなざしの近代」が、一八世紀末以降の「博覧会の時代」にどう帝国主義や消費社会と結びつきながら大衆の欲望を動員していったかを描きました。

戦後が一九七〇年前後で屈折すること、近代が一五世紀末からの「近世」と一八世紀末からの「近代」に分かれること自体は、長く論じられてきたことです。本書はこの二つの歴史の尺度が、長く大きな近代資本主義のうねりのなかで連続してきたことを示唆しています。

約二五年の幅で歴史の変化を捉えるという説を、私はかなり前から雑談や自由気儘《きまま》な対談などでは話していました。でも、あまり本気にしてはもらえないだろうとの思いもあり、この説を正面に掲げて本を出すのは躊躇《ちゅうちょ》していました。ある時、「それは、吉見俊哉の大予言だね」と言ってくれたのは石田英敬氏で、この反応に力を得て、集英社新書編集部の落合勝人氏と本書の構想を練り始めました。落合氏とは昨年、『「文系学部廃止」の衝撃』を出しており、本書はその延長線上にもあります。同書では、「文系」の知が五〇年、一〇〇年の長い射程で価値の形成や転換を考えてきた点で大いに「役に立つ」ことを強調しました。そんな前著との関係でいえば、本書で私は、「文系」の知の特性を実践的に示そうとしたと言えるかもしれません。

誤解がないように但し書きしておけば、私は歴史が機械論的に約二五年の周期で回転する歯車を装塡していると考えているのではありません。そうした本質論ではなく、近代家族と資本主義が社会の根幹をなす限りにおいて、その自由な活動の結果、二五年くらいの尺度で分節化すると見通しが良くなる過去から未来への流れが生まれると主張しているのです。

たしかに、日本と朝鮮半島、中国、ベトナムだけを見てもごく最近まで同じリズムで変化してきてはいませんし、人々は地域によって異なる時間を生きてきました。本書が示したのは、あくまで近代の西洋が世界化していく過程で広がった資本主義の時間です。いずれ私たちは、この時間から外に出ていくでしょう。しかしそれは、少なくとも一世紀以上は先になりそうです。ですから本書は、私が自分の人生のなかで示せる最も長い未来の見通しです。

最後に、前書に続き短時間で本書を上梓《じょうし》できたのは、ひとえに落合氏、細川綾子氏、加藤裕子氏をはじめ集英社新書編集部の見事なサポートのおかげです。心からお礼申し上げます。

二〇一七年三月一一日　東日本大震災から六年の日に

参考文献

エリザベス・アイゼンステイン『印刷革命』別宮貞徳監訳、みすず書房、一九八七年
アルジュン・アパデュライ『さまよえる近代』門田健一訳、平凡社、二〇〇四年
ジョヴァンニ・アリギ『長い20世紀』土佐弘之監訳、作品社、二〇〇九年
ジョヴァンニ・アリギ『北京のアダム・スミス』中山智香子監訳、作品社、二〇一一年
ハンナ・アーレント『過去と未来の間』引田隆也・斎藤純一共訳、みすず書房、一九九四年
イマニュエル・ウォーラーステイン『ポスト・アメリカ』丸山勝訳、藤原書店、一九九一年
イマニュエル・ウォーラーステイン編著『長期波動』山田鋭夫他訳、藤原書店、一九九二年
イマニュエル・ウォーラーステイン『近代世界システム』I、川北稔訳、名古屋大学出版会、二〇一三年
英『エコノミスト』編集部『2050年の世界』東江一紀他訳、文藝春秋、二〇一二年
NHK放送文化研究所編『現代日本人の意識構造（第七版）』NHK出版、二〇一〇年
ノルベルト・エリアス『文明化の過程』上・下、赤井慧爾他訳、法政大学出版局、一九七七年、一九七八年
大澤真幸『不可能性の時代』岩波新書、二〇〇八年
岡田光正『コンドラチェフ経済動学の世界』世界書院、二〇〇六年
デイヴィッド・オレル『明日をどこまで計算できるか?』大田直子他訳、早川書房、二〇一〇年
ニコラス・ガイアット『21世紀もアメリカの世紀か?』増田恵里子訳、明石書店、二〇〇二年
鹿毛敏夫『アジアのなかの戦国大名』吉川弘文館、二〇一五年
加藤雅『景気変動と時間』岩波書店、二〇〇六年
鹿野政直『大正デモクラシーの底流』日本放送出版協会、一九七三年
菊地史彦『「幸せ」の戦後史』トランスビュー、二〇一三年
アンソニー・ギデンズ『近代とはいかなる時代か?』松尾精文他訳、而立書房、一九九三年
鬼頭宏『人口から読む日本の歴史』講談社学術文庫、二〇〇〇年
久野収・鶴見俊輔・藤田省三『戦後日本の思想』中央公論社、一九五九年
公文俊平編著『2005年 日本浮上』NTT出版、一九九八年
キャロル・グラック他『日本はどこへ行くのか』（日本の歴史25）講談社、二〇〇三年
栗原彬・吉見俊哉編『敗戦と占領 1940年代』（ひとびとの精神史1）岩波書店、二〇一五年
アルフレッド・W・クロスビー『数量化革命』小沢千重子訳、紀伊國屋書店、二〇〇三年

桑原武夫「大正五十年」『桑原武夫全集』第五巻、朝日新聞社、一九六九年
ピーター・J・ケイン他『ジェントルマン資本主義の帝国』I・II、竹内幸雄他訳、名古屋大学出版会、一九九七年
アレクサンドル・コイレ『閉じた世界から無限宇宙へ』横山雅彦訳、みすず書房、一九七三年
河野稠果『人口学への招待』中公新書、二〇〇七年
アンドルー・ゴードン『日本の200年』上・下、森谷文昭訳、みすず書房、二〇〇六年
J・S・ゴールドスティン『世界システムと長期波動論争』岡田光正訳、世界書院、一九九七年
ニコライ・コンドラチェフ『コンドラチエフ景気波動論』中村丈夫編、亜紀書房、一九七八年
ワイリー・サイファー『ルネサンス様式の四段階』河村錠一郎訳、河出書房新社、一九七六年
サスキア・サッセン『グローバリゼーションの時代』伊豫谷登士翁訳、平凡社、一九九九年
下村寅太郎『ブルクハルト研究』（下村寅太郎著作集9）みすず書房、一九九四年
ヨーゼフ・シュンペーター『経済発展の理論』上・下、塩野谷祐一他訳、岩波文庫、一九七七年
ヨーゼフ・シュンペーター『景気循環分析への歴史的接近』金指基編訳、八朔社、一九九一年
ヨーゼフ・シュンペーター『資本主義・社会主義・民主主義』中山伊知郎他訳、東洋経済新報社、一九九五年
アラン・ジョクス『〈帝国〉と〈共和国〉』逸見龍生訳、青土社、二〇〇三年
ジョセフ・E・スティグリッツ『世界に格差をバラ撒いたグローバリズムを正す』楡井浩一訳、徳間書店、二〇〇六年
リチャード・セネット『それでも新資本主義についていくか』斎藤秀正訳、ダイヤモンド社、一九九九年
田中明彦『新しい「中世」』日本経済新聞社、一九九六年
エマニュエル・トッド『帝国以後』石崎晴己訳、藤原書店、二〇〇三年
エマニュエル・トッド『世界の多様性』荻野文隆訳、藤原書店、二〇〇八年
ツヴェタン・トドロフ『他者の記号学』及川馥他訳、法政大学出版局、一九八六年
アルビン・トフラー『未来の衝撃』徳山二郎訳、中公文庫、一九八二年
アルビン・トフラー『第三の波』徳岡孝夫監訳、中公文庫、一九八二年
ジョン・トムリンソン『グローバリゼーション』片岡信訳、青土社、二〇〇〇年
P・F・ドラッカー『新しい現実』上田惇生他訳、ダイヤモンド社、一九八九年
中島楽章編『南蛮・紅毛・唐人』思文閣出版、二〇一三年
ヤン・ネーデルフェーン・ピーテルス『グローバル化か帝国か』原田太津男他訳、法政大学出版局、二〇〇七年
デヴィッド・ハーヴェイ『ポストモダニティの条件』吉原直樹

監訳、青木書店、一九九九年
ジークムント・バウマン『リキッド・モダニティ』森田典正訳、大月書店、二〇〇一年
ケネス・バーク『動機の文法』森常治訳、晶文社、一九八二年
イアン・ハッキング『知の歴史学』出口康夫他訳、岩波書店、二〇一二年
羽田正『新しい世界史へ』岩波新書、二〇一一年
ヴィンセント・バーネット『コンドラチェフと経済発展の動学』岡田光正訳、世界書院、二〇〇二年
速水融『歴史人口学の世界』岩波現代文庫、二〇一二年
速水融編『歴史人口学と家族史』藤原書店、二〇〇三年
原田至郎「世界システム・レベルの戦争相関因子」、山本吉宣・田中明彦編『戦争と国際システム』東京大学出版会、一九九二年
ウィリアム・バーンスタイン『「豊かさ」の誕生』徳川家広訳、日本経済新聞社、二〇〇六年
トマ・ピケティ『21世紀の資本』山形浩生他訳、みすず書房、二〇一四年
日高六郎「『滅私奉公』から『滅公奉私』まで」『朝日ジャーナル』一九七九年八月一七・二四日号
ポール・ファイヤアーベント『方法への挑戦』村上陽一郎・渡辺博共訳、新曜社、一九八一年
マイク・フェザーストン『ほつれゆく文化』西山哲郎他訳、法政大学出版局、二〇〇九年
マーク・ブキャナン『歴史は「べき乗則」で動く』水谷淳訳、ハヤカワ文庫、二〇〇九年
フランシス・フクヤマ『アメリカの終わり』会田弘継訳、講談社、二〇〇六年
藤田省三『精神史的考察』平凡社、一九八二年
アンドレ・グンダー・フランク『リオリエント』山下範久訳、藤原書店、二〇〇〇年
ヤーコプ・ブルクハルト『世界史的考察』新井靖一訳、ちくま学芸文庫、二〇〇九年
フェルナン・ブローデル『地中海をめぐって』（ブローデル歴史集成Ⅰ）浜名優美監訳、藤原書店、二〇〇四年
フェルナン・ブローデル『歴史学の野心』（ブローデル歴史集成Ⅱ）浜名優美監訳、藤原書店、二〇〇五年
フランシス・ベーコン『ニュー・アトランティス』川西進訳、岩波文庫、二〇〇三年
ウルリッヒ・ベック『世界リスク社会論』島村賢一訳、ちくま学芸文庫、二〇一〇年
ダニエル・ベル『イデオロギーの終焉』岡田直之訳、東京創元新社、一九六九年
ダニエル・ベル『脱工業社会の到来』上・下、内田忠夫他訳、ダイヤモンド社、一九七五年
ダニエル・ベル『資本主義の文化的矛盾』上・中・下、林雄二郎訳、講談社学術文庫、一九七六年、一九七七年
ヨハン・ホイジンガ『中世の秋』兼岩正夫他訳、創文社、一九五八年
ケネス・ポメランツ『大分岐』川北稔監訳、名古屋大学出版会、

二〇一五年
ケネス・ポメランツ他『グローバル経済の誕生』福田邦夫他訳、筑摩書房、二〇一三年
カール・ポラニー『大転換』吉沢英成他訳、東洋経済新報社、一九七五年
本多博之『天下統一とシルバーラッシュ』吉川弘文館、二〇一五年
アラン・マクファーレン『資本主義の文化』常行敏夫他訳、岩波書店、一九九二年
マーシャル・マクルーハン『グーテンベルクの銀河系』森常治訳、みすず書房、一九八六年
松尾尊兊『大正デモクラシー』岩波書店、一九七四年
アンガス・マディソン『世界経済の成長史 1820~1992年』金森久雄監訳、東洋経済新報社、二〇〇〇年
トマス・ロバート・マルサス『人口論』寺尾琢磨訳、慶応出版社、一九四八年
エルネスト・マンデル『後期資本主義』Ⅰ・Ⅱ、飯田裕康他訳、柘植書房、一九八〇年、一九八一年
エルネスト・マンデル『資本主義発展の長期波動』岡田光正訳、柘植書房、一九九〇年
御厨貴他『「災後」の文明』阪急コミュニケーションズ、二〇一四年
水野和夫『人々はなぜグローバル経済の本質を見誤るのか』日本経済新聞出版社、二〇〇七年
水野和夫『資本主義の終焉と歴史の危機』集英社新書、二〇一四年
見田宗介「現代社会はどこに向かうか」『定本 見田宗介著作集』Ⅰ、岩波書店、二〇一一年
見田宗介『現代社会の理論』岩波新書、一九九六年
見田宗介『現代日本の感覚と思想』講談社学術文庫、一九九五年
見田宗介・大澤真幸『二千年紀の社会と思想』太田出版、二〇一二年
南博・社会心理研究所『大正文化』勁草書房、一九六五年
南博・社会心理研究所『昭和文化』勁草書房、一九八七年
村井章介『世界史のなかの戦国日本』ちくま学芸文庫、二〇一二年
村上泰亮『反古典の政治経済学』上・下、中央公論社、一九九二年
村松岐夫他編『平成バブルの研究』上・下、東洋経済新報社、二〇〇二年
ドネラ・H・メドウズ他（ローマクラブ）『成長の限界』大来佐武郎監訳、ダイヤモンド社、一九七二年
ドネラ・H・メドウズ他『成長の限界 人類の選択』枝廣淳子訳、ダイヤモンド社、二〇〇五年
クルト・メンデルスゾーン『科学と西洋の世界制覇』常石敬一訳、みすず書房、一九八〇年
本川達雄『ゾウの時間 ネズミの時間』中公新書、一九九二年
柳田国男『明治大正史世相篇』『定本 柳田國男集』第二四巻、筑摩書房、一九六三年

山口三十四『人口成長と経済発展』有斐閣、二〇〇一年
山之内靖『総力戦体制』ちくま学芸文庫、二〇一五年
山本義隆『一六世紀文化革命』1・2、みすず書房、二〇〇七年
山本義隆『磁力と重力の発見』1～3、みすず書房、二〇〇三年
山本義隆『世界の見方の転換』1・2、みすず書房、二〇一四年
吉見俊哉『アメリカの越え方』（現代社会学ライブラリー5）弘文堂、二〇一二年
吉見俊哉『ポスト戦後社会』岩波新書、二〇〇九年
吉見俊哉『親米と反米』岩波新書、二〇〇七年
吉見俊哉『大学とは何か』岩波新書、二〇一一年
吉見俊哉『都市のドラマトゥルギー』河出文庫、二〇〇八年
吉見俊哉『博覧会の政治学』中公新書、一九九二年
吉見俊哉『万博と戦後日本』講談社学術文庫、二〇一一年
吉見俊哉編著『一九三〇年代のメディアと身体』青弓社、二〇〇二年
セルジュ・ラトゥーシュ『〈脱成長〉は、世界を変えられるか？』中野佳裕訳、作品社、二〇一三年
ヨルゲン・ランダース『2052―今後40年のグローバル予測』野中香方子訳、日経BP社、二〇一三年
マッシモ・リヴィ＝バッチ『人口の世界史』速水融他訳、東洋経済新報社、二〇一四年
デイヴィッド・リースマン『孤独な群衆』加藤秀俊訳、みすず書房、一九六四年
デイヴィッド・リースマン『何のための豊かさ』加藤秀俊訳、みすず書房、一九六八年
アンソニー・リード『大航海時代の東南アジア』Ⅰ・Ⅱ、平野秀秋他訳、法政大学出版局、二〇〇二年
ジェレミー・リフキン『限界費用ゼロ社会』柴田裕之訳、NHK出版、二〇一五年
クロード・レヴィ＝ストロース『野生の思考』大橋保夫訳、みすず書房、一九七六年
ウォルト・ホイットマン・ロストウ『経済成長の過程』酒井正三郎他訳、東洋経済新報社、一九五五年
ウォルト・ホイットマン・ロストウ『経済成長の諸段階』木村健康他訳、ダイヤモンド社、一九六一年
ウォルト・ホイットマン・ロストウ『大転換の時代』上・下、坂本二郎他訳、ダイヤモンド社、一九八二年
若林幹夫『未来の社会学』河出書房新社、二〇一四年

吉見俊哉（よしみ しゅんや）

一九五七年、東京都生まれ。東京大学大学院情報学環教授。同大学副学長、大学総合教育研究センター長などを歴任。社会学、都市論、メディア論、文化研究を主な専門としつつ、日本におけるカルチュラル・スタディーズの発展で中心的な役割を果たす。著書に、『都市のドラマトゥルギー』『博覧会の政治学』『親米と反米』『ポスト戦後社会』『万博と戦後日本』『夢の原子力』『「文系学部廃止」の衝撃』など。

大《だい》予《よ》言《げん》「歴《れき》史《し》の尺《しゃく》度《ど》」が示《しめ》す未《み》来《らい》

集英社新書〇八八〇D

二〇一七年四月一九日 第一刷発行

著者……吉《よし》見《み》俊《しゅん》哉《や》

発行者……茨木政彦

発行所……株式会社集英社

東京都千代田区一ツ橋二-五-一〇 郵便番号一〇一-八〇五〇

電話 〇三-三二三〇-六三九一（編集部）
〇三-三二三〇-六〇八〇（読者係）
〇三-三二三〇-六三九三（販売部）書店専用

装幀……原 研哉

印刷所……大日本印刷株式会社 凸版印刷株式会社

製本所……加藤製本株式会社

定価はカバーに表示してあります。

© Yoshimi Shunya 2017

ISBN 978-4-08-720880-1 C0220

Printed in Japan

造本には十分注意しておりますが、乱丁・落丁（本のページ順序の間違いや抜け落ち）の場合はお取り替え致します。購入された書店名を明記して小社読者係宛にお送り下さい。送料は小社負担でお取り替え致します。但し、古書店で購入したものについてはお取り替え出来ません。なお、本書の一部あるいは全部を無断で複写複製することは、法律で認められた場合を除き、著作権の侵害となります。また、業者など、読者本人以外による本書のデジタル化は、いかなる場合でも一切認められませんのでご注意下さい。

a pilot of wisdom

集英社新書
吉見俊哉の既刊本

『大予言　「歴史の尺度」が示す未来』は、
ここから生まれた！

「文系学部廃止」の衝撃

社会の歴史的変化に対応するためには、短期的な答えを出す「理系的な知」より、目的や価値の新たな軸を発見・創造する「文系的な知」こそが役に立つことを提示した一冊。

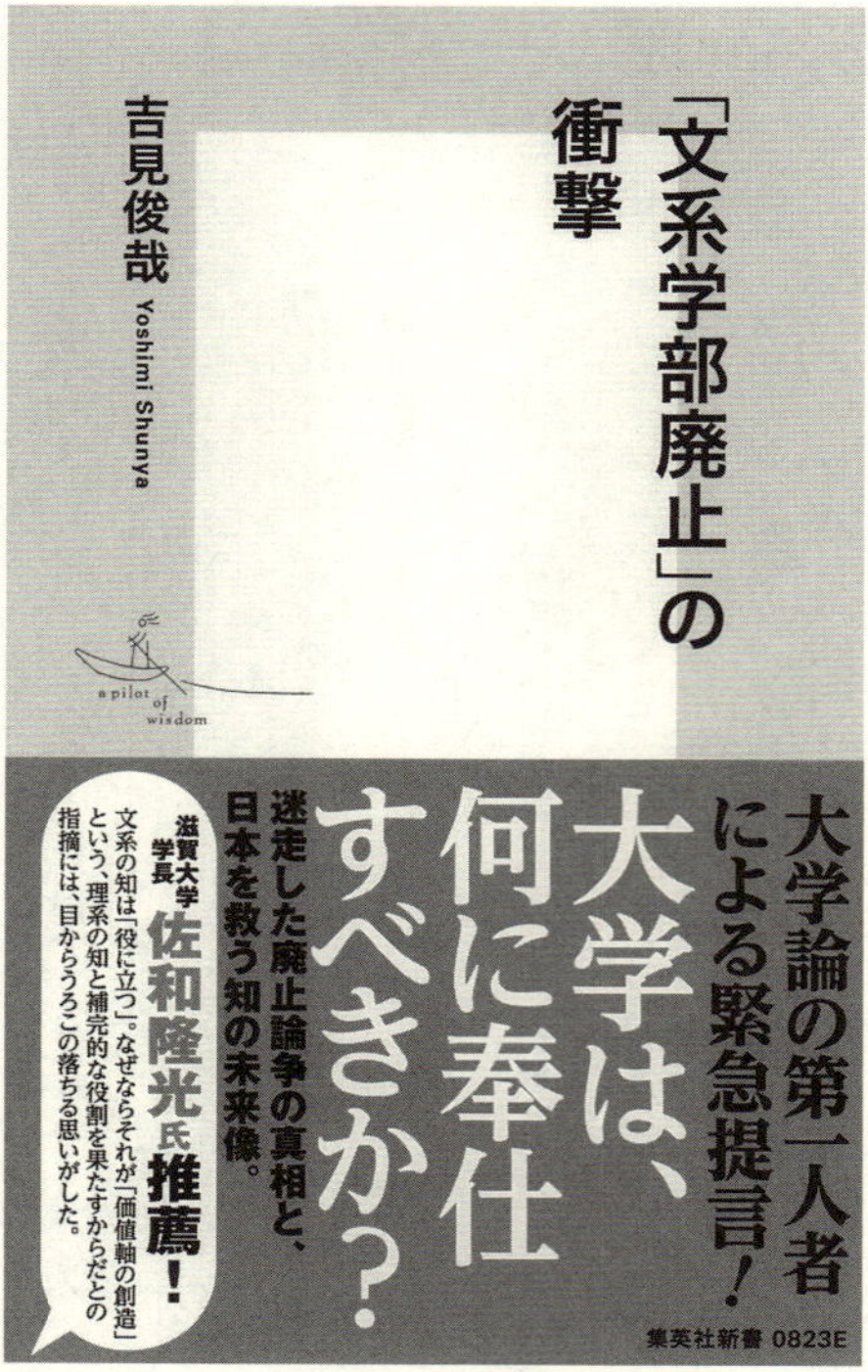

既刊情報の詳細は集英社新書のホームページへ
http://shinsho.shueisha.co.jp/